전자제품 매뉴얼로 배우는

# 일본어 실무 번역

김성경 · 황규대 · 김항율 공저

형설출판사

# 머리말

일본과의 무역 및 기술교역 증가와 함께 국내로 수입되는 일본가전제품들은 슬림형TV나 디지털캠코더와 같은 영상기기를 비롯하여 게임기, 냉장고, 에어컨과 같은 일반 가전제품에 이르기까지 다양하고 그 수요도 증가하는 추세이다. 현재 일본 가전제품들을 수입하는 일부 업체에서는 국내 사용자들을 위한 매뉴얼 제작에 있어서 공학을 전공하지 않은 일본어 번역가에 의존하고 있는 실정이다. 그러나 제품에 대한 충분한 배경지식이 부족한 상황에서는 오역은 물론 제품기능을 정확하게 전달하는 데 문제가 발생할 수도 있다.

이에 저자들은 실제로 일본에서 시판되는 가전제품의 매뉴얼을 이용한 교재 개발에 착수하게 되었다. 여러 해에 걸친 강의에서 느꼈던 점을 반영하여 학습자 꼭 알아야 할 전기지식에 관한 내용의 보충과 2년에 걸친 일본의 자료조사 등을 통해 본 교재를 완성하게 되었다. 본 교재는 기업체의 번역 업무에서 다루게 되는 일반적인 표현과 전문 어휘 등에 대한 이해를 높이고 이에 대한 정확한 해석을 가능하게 하는 데 목적을 두고 있으며, 가전제품의 매뉴얼에서만 접할 수 있는 기기 동작상의 표현, 외래어, 한자 등을 학습하도록 하였다.

본 교재는 제1, 2, 3부로 나누어 구성되어 있다. 제1부에서는 전기에 관한 일반적인 상식과 더불어 일본 주요 가전 메이커들의 역사와 주력상품 및 간단한 에피소드에 대하여 소개하였다. 제2부는 생활가전 편, 제3부는 영상·음향기기 편인데, 각각 제품의 동작 원리와 이와 관련된 상식을 간단히 소개하고 각 제품의 매뉴얼을 통하여 번역 연습을 할 수 있도록 편집하였다. 학습자의 이해를 도모하기 위하여 각 장마다 중요 어휘에 대한 해설을 싣고 있는데, 전문 외래어는 영문표기와 더불어 간단한 설명을 덧붙여 쉽게 알 수 있도록 하였고, 중요 어휘나 표현 그리고 유의어의 용법의 차이 등은 필요한 경우 예문을 통하여 학습자 스스로가 이해할 수 있도록 하였다.

각 장에서 다루고 있는 제품들은 가능한 한 최신형 제품으로 선정하고자 하였으나, 소비자 지향의 신제품 출시 경쟁으로 인해 집필하는 동안 이러한 의도와 조금 달라진 점은 학습자의 이해를 구하고 싶다. 아무쪼록 본 교재가 산업현장에서의 번역 실무 능력을 향상시키는데 큰 도움이 되었으면 하는 바람이다.

끝으로 자사의 제품 매뉴얼을 교육용으로 활용할 수 있게 허락해 준 일본의 SONY(ソニー株式会社), Hitachi(日立アプライアンス) 등의 관계자들과 수요가 많지 않은 전문교재임에도 불구하고 출판을 흔쾌히 허락해 주신 형설출판사의 장지익 회장님과 편집부원께 마음으로부터 깊은 감사의 말씀을 전한다.

저자 일동

# 차 례

## 第3部 影像·音響器機

제 1 부

# 전기이론과 일본의 가전 메이커 편

# 第1章　電気理論基礎

## 1. 電気の正体

テレビ、冷蔵庫、パソコン、エアコン、携帯電話など我々の身の回りにあるすべての電化製品は電気がなければ動かない。また、我々の生活から電気をなくして考える事は不可能である。それほどまでに電気は我々人間の生活の中に深く浸透してしまっているのだ。それでは、はたして電気とは、いったい何なのか。

すべての物質は、細かく分けていくと、原子という小さな粒の状態になっている。この原子には、原子核という中心部があり、その周囲をさらに小さな粒が回っている。これが電子である。電子は原子核に引きつけられながら、規則正しく回っているが、外部からの熱や光などのちょっとした刺激で、その軌道を外れて原子から簡単に飛び出してしまう。このような電子を自由電子といい、電気とはこの自由電子が移動する現象なのである。電子が飛び出した原子と電子は、互いに引き合う性質があり、これを電荷という。電子が飛び出した原子はプラスの電荷、電子はマイナスの電荷を帯びている。

ちなみに、電気(electrics)の語源は、ギリシャ語の「琥珀(elektron)」から出たものである。電子の持つ「不思議な力」がはじめて文献に記されたのは、紀元前600年頃のギリシャ時代にまで遡る。数学者タレス(紀元前624～547)が、装飾品として愛用していた「琥珀」をこすり合わせたところ、琥珀が周囲のチリなどを引き寄せた。もちろん、なぜそんな現像が起るのか当時は知る由もなく、これが静電気によるものだと解明されたのは、実に2000年以上経っ

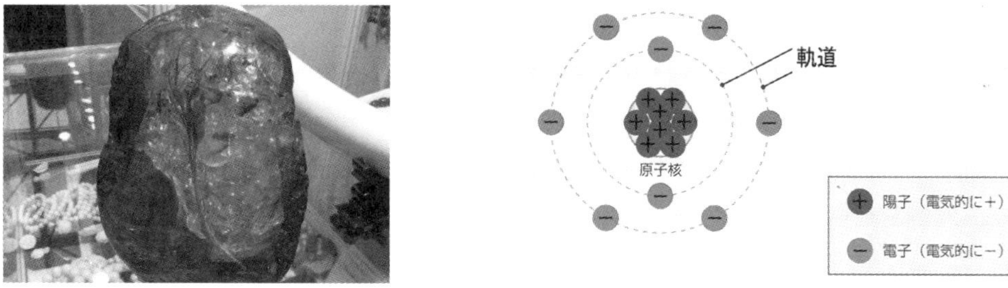


図 1-1　琥珀(左), 自由電子(右)

た1600年頃のことであった。静電気の正体を突き止めたイギリスの科学者ギルバート(1540～1603)は、それを「琥珀」にちなんでelectrics＝電気と命名した。[1)]

## 2. 電気エネルギーの利用

### 1) 「光」としての利用

電気エネルギーを光として利用した場合、すぐに思い浮べるのは白熱電球、蛍光灯などの照明器具である。その中で白熱電球について考えてみよう。白熱電球のガラスの中には、タングステンでできた細いフィラメントが入っている。このタングステンは高温に強い金属で、ここに電流を流すと、電気抵抗によって2000～3400℃にまで温度が上昇し、まずは目に見えない赤外線が放射される。さらに、温度を上げると可視光線が放射され光を出し続ける。白熱電球の発光メカニズムはこのように熱さと明るさ表裏一体なのである。

図 1-2　白熱電球(左), 蛍光灯(右)

1) 참고문헌. 「電気のしくみ」新星出版社 2008

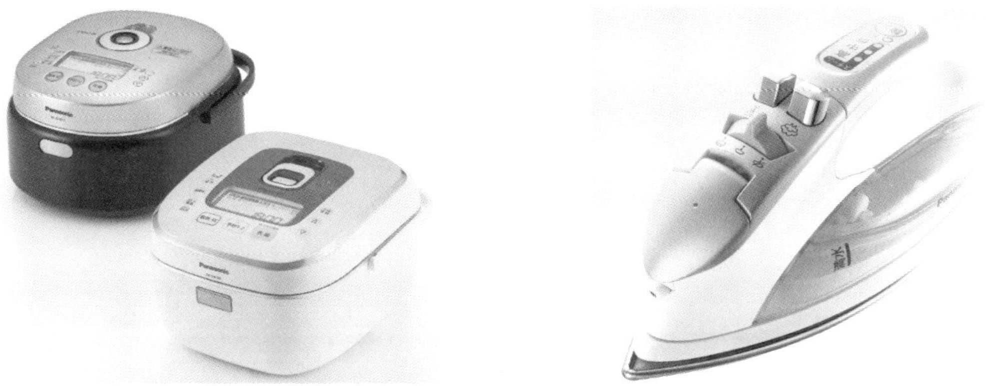

図1-3　電気炊飯器(左), 電気アイロン(右)

## 2)「熱源」としての利用

電気を熱源として利用する器具はいろいろあるが、ストーブは最もポピュラーなもののひとつである。その昔は、ニクロム線に電流を流して、電気抵抗で約700℃まで温度を上昇、赤熱させる電気ストーブが一般的だったが、現在ではセラミックヒーターが主流となっている。この暖房器具は、電気を通すことで発熱する半導体セラミックという材料を使った発熱体を利用して、温風をつくり出す。セラミックの発熱体は、ニクロム線のように赤熱せず、紙が触れても燃えないほどの温度で安全なため、電気炊飯器やアイロン、コーヒーメーカーなど、多くの機器に使われている。

## 3)「動力」としての利用

電気から動力を得る装置の代表格は、モーターである。電線に電流を流すと、そのまわりには磁界(磁石の力)と電界(電気の力)が生じる。これらの力が持つ作用を利用したのがモーターであり、エアコン、洗濯機、扇風機、電気カミソリ、さらに電車やエレベーターなど、家庭や社会のあらゆる機器の中で、縁の下の力持ちとして活躍している。

図1-4 洗濯機(左), 扇風機(右)

## 4) 「電波」としての利用

電気によって「情報を伝える」手段のひとつが電波である。電流のまわりには磁界と電界が生じると述べたが、電流の向きが瞬間に変わる交流をながすと、新しくできた電界と磁界が前の電界と磁界を押し出すようにして進む。こうして磁界と電界が鎖のようにつながりながら、遠く離れた場所にまで広がるのが電波であり、受けた側では、電界、磁界からもとの電気信号を再生する。電波は、周波数(1秒間の波の繰り返し回数)によって種類と用途が分けられ、テレビやラジオ、携帯電話など、それぞれ決まった周波数の電波に、音声や映像などの信号をのせて送っている。

図1-5 TV(左), 携帯電話(右)

## 3. 電気の種類

電気の種類には、直流と交流の２種類がある。直流は電流が常に一方向に流れる方式で、乾電池などで用いられている。交流は一定時間ごとに電流が流れる方向が変わる方式で、家庭用の電源などで用いられている。直流は電流の流れる方向が一方向なので、プラスとマイナスがある。乾電池にもプラス極があり、電池を逆にしてしまうと電気器具は作動しない。それに対して、交流は電流が流れる方向が変わるから、プラスやマイナスがない。家庭用電源のコンセントにはプラス極やマイナス極がないのはそのためで、電気製品は電源プラグをどちら向きに差し込んでも作動する。また、直流は「DC」、交流は「AC」と表示される。

交流は、電流の流れる向きが１秒間に何回変わるかということを、周波数という値で表す。単位はHz(ヘルツ)である。家庭用電源の周波数は、東日本では50Hz(1秒間に電流の向きが50回変わること)、西日本では60Hz(1秒間に電流の向きが60回変わること)となっている。これは明治時代に発電機を輸入し、電気の供給をはじめた際、東京ではドイツ製(50Hz)の発電機、大阪ではアメリカ製(60Hz)の発電機を使ったという単純な理由によるものである。最近の電気製品のほとんどは、50Hzと60Hzの両方の周波数に対応しているが、製品によっては、引っ越しなどで周波数の違う地域で使うときに、部品交換が必要となる場合もある。

交流には、遠くまで送電するときに、3つのメリットがある。まず、直流に比べて電気の損失が少ないこと。2つめは、遠くまで送電するときに必要な高い電圧を、直流より簡単に発生できること。3つめは、変圧器(トランス)という器具によって、電圧を自由に変えられることである。19世紀後半に送電事業が発展した当初は、直流により送電も行われていたが、以上のような理由から、20世紀に入ると次第に交流送電に切り替わっていったのである。

図 1-6 지역에 따른 주파수의 차이

## 4. 電気の主な単位

### 1) 電流

電気的にマイナスの性質をもっている電子は、クーロン力(電荷が反発したり、引き合ったりする力)によってプラス極の引き寄せられる。この「電子の移動」を電流と言う。電流とは自由電子が導体の中を連続的に移動していく現象のことなのである。図7のように乾電池のプラス極とマイナス極に導線をつないで、豆電球を点灯させてみよう。豆電球が点灯するのは導線内の自由電子がマイナス極側からプラス極側に向かって流れ出ているからであり、その電子の流れが電流なのだ。電子がマイナスからプラスへ移動するにもかかわらず、電気はプラスからマイナスへ流れるとされている。これは、電流の正体が自由電子の移動であることが解明される以前、時の科学者によって決められてしまったからである。後の研究によってこの矛盾が明らかになったが、電気現象の説明や計算などに問題が生じることはないため、そのまま現在にいたっている。

電流の単位はアンペア(A)で表す。電気と磁気の関係を証明したフランスの物理学者、アンペール(A. M. Ampére：1775～1836)にちなんでアンペアと名づけられた。

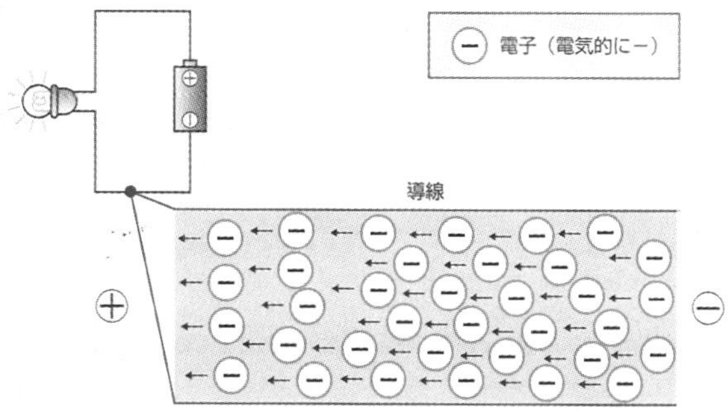


図 1-7

## 2) 電圧

電圧とは「電流を流そうとする力」のことである。乾電池のマイナス極からプラス極へと電子が移動するのは、マイナス極の電子の量がプラス極を上回っているためであり、これを電位差という。そしてこの電位差こそが電圧である。図1－8aのように、異なる水量の２つのタンクを１本の管でつなぐと、水位が高いほうにより大きな水圧がかかるので、この水位を電位差といえる。また水位が同じときでも、あるいは低いほうから高いほうへでも、ポンプという動力を使えば水を移動させることができる。ここでいうポンプとは豆電球を点灯させる乾電池のことであり、その役割を果たしているものが電圧なのだ(図1－8b)。

電圧の単位はボルト(V)で表す。電池を発明したイタリアの物理学者、ボルタ(A. Volta：1745～1827)にちなんでボルトと名づけられた。

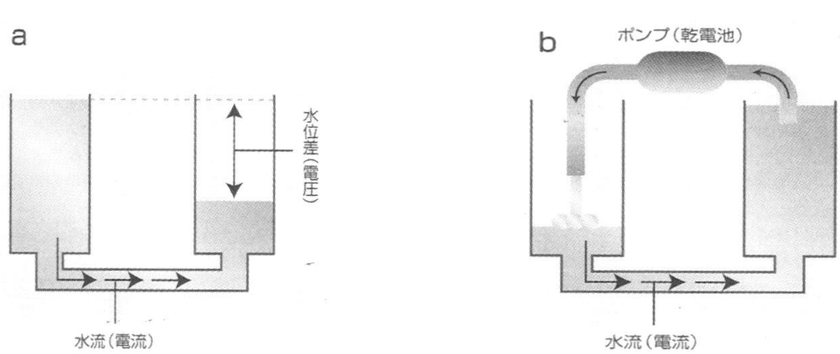


図 1-8

### 3) 電力

単位時間(1秒)あたりの「電気の仕事量」を意味するのが電力である。

電力の単位はワット(W)で表す。実用的な蒸気機関を発明したイギリスの機械技術者、ワット(J. Watt：1736～1819)にちなんでワットと名づけられた。なお、「電力(W)＝電流(A)×電圧(V)」ということになり、「電圧が高いほど、そして流れる電流が多いほど、より多くの仕事をする」ことがわかる。

1Wの電力を1時間使ったときの電力量は1ワット時といい、Whで表す。電化製品には、このWh＝消費電力が必ず表示されている。Whを知ることで、電気料金の目安をつけることもできる。たとえば、消費電力600Wのエアコンを6時間使用した場合の電力量は600W×6h＝3,600Wh。この要領で、1ヶ月に使用するすべての電化製品のWhを合計し、その数字に1Whあたりの電気料金をかければ、料金が算出できるのである。

### 4) 抵抗

電気が流れる際、導線内を通る自由電子が導線の金属原子とぶつかり、熱エネルギーが発生することになる。このような「電気の通しにくさ」を電気抵抗といい、オーム(Ω)という単位で表す。

単位はドイツの物理学者、(G. S. Ohm：1745～1827)にちなんでオームと名づけられた。

物質は、種類によって独自の結晶構造を持っており、その違いが抵抗値の差を生む。この抵抗値を比較して、電子が移動しやすい物質を導体、ほとんど移動できない物質を不導体、両者の中間的な性質を持つ物質を半導体と呼んで区別している。金、銀、銅、アルミニュウム、鉄などの金属は導体、シリコン、ゲルマニウム、セレンなどの物質は半導体、ゴム、ガラスなどは不導体に分類される。

### ▸ 도체, 반도체, 부도체

<table>
<tr><td rowspan="2">도체</td><td colspan="2"></td><td colspan="2"></td><td colspan="2"></td></tr>
<tr><td colspan="2">금반지</td><td colspan="2">구리선</td><td colspan="2">금속막대</td></tr>
<tr><td rowspan="2">반도체</td><td colspan="3"></td><td colspan="3">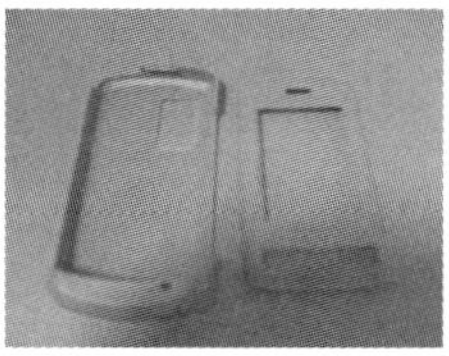</td></tr>
<tr><td colspan="3">칩</td><td colspan="3">휴대폰 실리콘 케이스</td></tr>
<tr><td rowspan="2">부도체</td><td colspan="2"></td><td colspan="2"></td><td colspan="2"></td></tr>
<tr><td colspan="2">유리컵</td><td colspan="2">목재</td><td colspan="2">플라스틱</td></tr>
</table>

# 第2章　日本の家電メーカー

## ソニー

SONY

### 1) 概要

正式社名は、「ソニー株式会社」、英名で「Sony Corporation」である。「ソニー」という名前は、ラテン語の「sonus(音、soundの語源)」と英語の「sonny(坊や)」から作られた。

日本初のテープレコーダーやトランジスタラジオを製造販売し、海外に大量に輸出してきた実績があり、エレクトロニクス系企業でのブランドイメージは世界でトップレベルといわれる。

高い創造性と技術力で目新しい商品を次々と発表し、自社開発の技術にこだわりユーザーの支持を得ることに成功してきた。しかし独自規格にこだわるあまりそれが逆に失敗となった例も多くある。

古くから本業であるエレクトロニクス事業の枠にとどまらず、エンターテイメント分野(音楽や映画等)に力を入れて来ており、ハード・ソフト両面からの展開により事業拡大に成功してきた。またゲーム分野、金融(保険と銀行)、流通(ソニープラザ)、化粧品、健康食品などの異分野にも進出している。

SONYのほか、低価格帯を主軸とし、SONYのロゴを使用していないAIWAを持つ。AIWAは元々低価格のオーディオ製品を手掛ける子会社であったがSONYと合併。なお、AIWAのブランド名は2008年5月に製品への使用を終了した。

これに加えて、ソニーの強みは「強力なサブ・ブランド」を持つことである。他社においてそれは単なるプロダクト・ネーム(商品名)の域を出ないが、ソニーでは明確なブランドとして存在する。VAIO、ウォークマン、プレイステーションなどは、それぞれが単独で高いブランド価値を有する。

## 2) 歴史

1946(昭和21)年5月7日、電気通信機および測定器の研究・製作を目的として、「東京通信工業株式会社(東通工)」を設立し、これが現在のソニーの基になる。東通工は、1955年2月、東通工製品にSONYのマークを使用することを決定し、1958年1月には、社名を「ソニー株式会社」に変更した。

1999年、エンターテインメントロボットの「AIBO(アイボ、ERS-110)」を発売した。2006年の4月には、韓国のサムスン(SAMSUNG)と第8世代液晶ディスプレイパネル製造に関して基本合意を締結している。

| |  |  |
|---|---|---|
| 1955年使われたSONYマーク | 1958年発売された日本初のトランジスタラジオ「TR-55」 | ペットロボット「AIBO」 |

## 3) 事業部門

ソニーグループは、自らの事業領域を、「エレクトロニクス」、「ゲーム」、「音楽」、「映画」、「金融(銀行、生命保険、損害保険、クレジット・カード)」、「その他(流通、インターネット接続事業、娯楽施設運営など)」の6部門と定義しているが、本体であるソニー株式会社が担当しているのは、この6分野全体の総括と、以下のエレクトロニクス分野の開発・設計である。

(1) AV機器

家庭用オーディオ、携帯型オーディオ、カーオーディオ、パーソナルナビゲーションシステム、ビデオカメラ、デジタルスチルカメラ、ブルーレイディスクプレーヤー/レコーダー、DVDビデオプレーヤー/レコーダー、液晶テレビ

|  |  |  |
|---|---|---|
| ハイビジョン·デジタルビデオカメラ HDR-SR12 | 液晶テレビのBRAVIA | ウォークマン「NW-A829」 |

(2) コンピュータ

光学ピックアップ、電池、オーディオ/ビデオ/データ記録メディア、データ記録システム、LCD、イメージセンサ、その他の半導体

(3) 情報・通信機器

パソコン、放送用・業務用オーディオ/ビデオ/モニター、その他の業務用機器

### 「ウォークマン」의 명칭에 관한 에피소드

소니는 워크맨을 해외에서도 판매하기 위해, 국내에서보다 6개월 늦게 해외 선전 준비를 시작했다. 그런데 이 과정에서 「워크맨」이란 이름은 다른 이름으로 바뀌고 만다. 해외의 판매회사들이 "「walk man」은 영문법에 맞지 않기 때문에 이런 제품 명칭을 사용할 수 없다"고 반대해온 것이다. 그래서 소니 아메리카, 소니 UK(영국) 등에서 각각 시로 다른 이름을 붙여서 판매하기 시작한 것이다. 미국에서는 「사운드어바웃」, 영국에서는 「스토우어웨이(밀항자라는 뜻)」, 스웨덴에서는 「프리 스타일」이라고 말이다. 그 결과 세계에는 「워크맨」 이외에 세 개의 서로 다른 이름이 생겨났다.

그런데, 모리타 사장이 사업차 유럽에 갔을 때 이런 일이 있었다. 한 사람이 메모를 하나 보여주면서 이렇게 얘기하는 것이었다. "미스터 모리타를 만난다고 하니까 제 아들이 「워크맨을 너무 갖고 싶은데, 어떻게 하면 살 수 있는지 좀 알아봐 달라」고 하던데, 「워크맨」이란 게 뭐죠?" 일본에서 인기가 있었던 워크맨을 외국인이나 스튜어디스 등이 선물로 사가게 되어, 「워크맨」이라는 이름이 먼저 알려지게 되었던 것이다. 특히 영어권이 아닌 나라 사람들에게는 영문법과 관계없이 더 알기 쉬운 이름이어서 보급되기 쉬웠던 것이다.

그 후 모리타 사장은 모든 나라에서 「워크맨」이라는 이름으로 통일시켜 사용할 것을 결심하게 된다.

다소 각 지역에서 반발이 있기는 했지만, 그 후 이 판단이 옳았다는 것이 증명되었다. 이 일본제 영어 「walk man」은 해드폰 스테레오의 총칭으로 오해받을 정도로 정착해서, 해외의 권위 있는 사전에까지 실리게 된다. 1981년에는 프랑스의 『푸치 라 루스』, 1986년에는 영국의 대표적인 사전인 『옥스포드 영어사전』에 게재되었으며, 또한 일본에서도 『広辞苑(こうじえん)』에 실리게 되었다. 모리타 사장은 「워크맨」이라는 말이 영어로 인정받을 정도로 상품이 전세계에서 팔리고 있다는 사실에 대해 그 누구보다 기뻐했다.

생산제품수는 제1호기를 판매하기 시작한 이래 1995년도에 생산누계 1억5천만대에 달했다.

ソニー창립50주년기념지 「GENRYU源流」에서

## パナソニック

Panasonic
ideas for life

### 1) 概要

正式社名は「パナソニック電工株式会社」、英名では「Panasonic Electric Works Co., Ltd.」である。パナソニックは、2008年9月までは、社名が「松下電器産業株式会社(創業者の松下幸之助の名前をとって作られたもの)」だったが、世界展開によって、「松下」、「ナショナル(National)」、「パナソニック(Panasonic)」、「テクニクス(Technics)」の名称を使い分けていて、ブランドイメージの統一が課題となり、2008年の10月から社名を「パナソニック株式会社」へ変更し、ブランドを統一した。

「Panasonic」は、1955年に輸出用スピーカーに最初に使用された。この名称は、「Pan(汎、あまねく)」と「Sonic(音)」という言葉を組み合わせ、「松下電器の音をあまねく世界中へ」という意味が込められている。「National」は、かつて、日本特定ブランドであり、1927年に創業者の松下幸之助が「国民の必需品にしたい」という強い思いをこめ、自転車用の角型ランプに最初に使用された。「Technics」は、商品特定ブランドで、1965年に日本国内向けの高級スピーカーに初めて使用された。

現在使われているパナソニックのスローガンは「Panasonic ideas for life」で、これには「世界中の人々の暮らしを輝かせる“アイディア”をお届けすることを通じて、地球の未来と社会の発展に貢献しつづける」という意味が込められている。

パナソニックは、国際的な日本の大手総合電機メーカーで、各種の電気製品の生産、販売を中心とした事業活動を行っている。今日では、事業領域も高度なエレクトロニクス技術

| 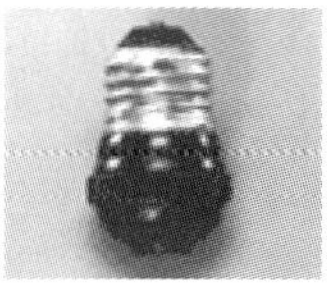 |  | 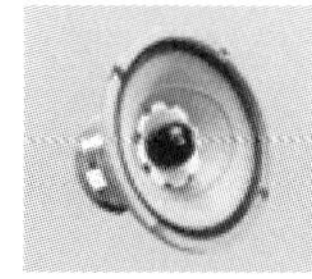 |
|---|---|---|
| 松下初の商品 | Nationalの名前が使われた時期の主力商品 | Panasonicno商標が使われた始めての商品 |

を基盤として、家庭用、業務用、産業用の広範な製品、システム、部品等に加え、住宅建材、住宅等に拡大している。

2006年総売上高を基準にすると、日立製作所に次ぐ日本で2番目、世界で4番目の電機メーカーであり、プラズマテレビ等の販売台数では世界シェア4割と世界1位である。

## 2) 歴史

パナソニックは、1917年ソケットの製造販売業を始めて、1918年3月に「松下電気器具製作所」を創立した。これがパナソニックの前身である。1927年には、「ナショナル(NATIONAL)」の商標を使用しはじめ、1935年に「松下電器株式会社」に社名を変更した。第二次世界大戦の際には軍需事業を始めている。1955年には、輸出品に初めて「PANASONIC」の商標を使用した。「NATIONAL」という商標を使わなかったのは、当時「NATIONAL」という商標がすでに米国で商標登録されていたからである。

## 3) 事業部門

松下電器は、家電製品を中心に、そこに使われる電子部品、設備機器、システム機器や各種サービス、さらには住宅に至るまで、幅広い製品やサービスを提供している。

### (1) AVCネットワーク分野(映像・音響・情報・通信機器)

プラズマテレビ、液晶テレビ、ブラウン管テレビ、DVDレコーダー、DVDプレーヤー、ビデオ、ビデオカメラ、デジタルカメラ、CD・MD・SDプレーヤー、その他オーディオ機器、SDメモリーカード等の記録メディア　など。

パソコン、複写機、プリンター、電話機、携帯電話、ファクシミリ、放送・業務用AVシステム機器、通信ネットワーク関連機器、交通関連システム機器、カーオーディオ・カーナビゲーション等の自動車用関連機器、健康・ヘルスケア機器　など。

(2) デバイス分野

半導体、電子部品(キャパシタ、チューナ、電源、回路部品、スピーカなど)、モータ、電池　など。

(3) アプライアンス分野(家庭電化事業、冷熱空調事業、照明事業、環境システム事業)

冷蔵庫、エアコン、洗濯機、衣類乾燥機、掃除機、アイロン、電子レンジ、炊飯器、その他調理機器、食器洗い乾燥機、扇風機、空気清浄機、電気暖房器、電気給湯機器、温水洗浄便座、照明管球、換気・送風・空調機器、カーエアコン、コンプレッサー、自動販売機　など。

|  |  |  |
| --- | --- | --- |
| 冷蔵冷凍庫<br>「NR-F532T」 | スチームオーブンレンジ<br>「NE-R301」 | ドラム式洗濯機<br>「NA-VR1100」 |

(4) その他(FA機器、産業機器)

産業用ロボット、溶接機器、自転車、輸入部材　など。

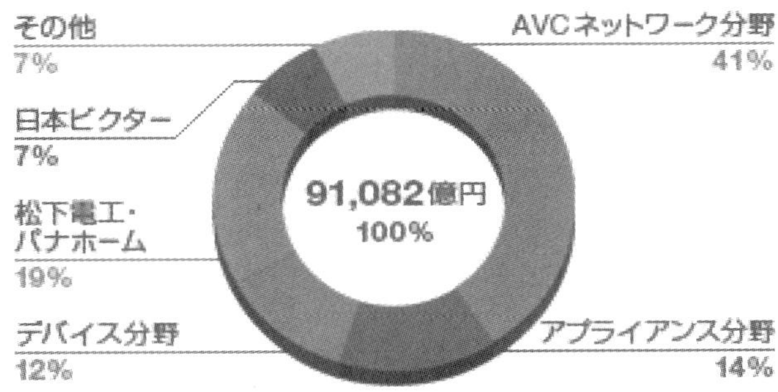


図 2-1 松下電器の売上高構成比(2007年3月基準)

## 創業者「松下幸之助」

파나소닉(구 마츠시타 전기)의 창업자인 마츠시타 고노스케(松下幸之助)는, 1894년 태어났다. 유년시절 자전거 판매점 등에서 일을 시작했으며 1918년「마츠시타 전기 기구 제작소(松下電気器具製作所)」를 창업하였다. 현재는 이른바「경영의 신(経営の神様)」이라고까지 불리며 많은 경영자들의 선망의 대상이 되고 있다. 그가 남긴 명언으로는 "2층에 오르고 싶다, 어떻게 해서든 2층에 올라가고 싶다, 2층에 올라가는 것이 유일한 목표다, 하고 생각하는 사람은 결국엔 사다리를 생각해낸다(二階に上がりたい、何としても上がりたい、二階に上がることが唯一の目的だ、と考える人はハシゴを考える)." 등이 있다.

그는 1950년 이후 백만장자 순위에서 10회에 걸쳐 1위를 기록하는 등, 일본 최고의 부호에까지 이르렀지만, 한편으로는 일찍부터「CSR(Corporate Social Responsibility, 기업의 사회적 책임)」이나 사원 복지를 중시했던 인물이기도 하다. 즉, 우리나라의 유한양행 창업자인「유일한(柳一韓) 박사」와 같은 인물이다.

마츠시타 고노스케는 수많은 명언을 남겼는데, 이 중 CSR과 관련해서 다음과 같이 말했다고 한다.

> 「기업은 그 사회가 필요로 하기 때문에 성립하는 것이다. 따라서 그 활동이 사람들에게 도움이 되고, 또한 그것이 사회 생활을 유지하고 윤택함을 가져오며, 문화를 발전시킴으로써 비로소 기업은 존재할 수 있다. 기업은, 말하자면 사회의 공공에 도움을 주는 집단이다. (企業はその社会が必要とするから成り立っているもので、その活動が人々の役に立ち、それが社会生活を維持し潤いを持たせ、文化を発展させて、はじめて企業は存在できる。企業とは、いわゆる社会の公器である。)」

## 東芝

TOSHIBA
Leading Innovation >>>

### 1) 概要

正式社名は「株式会社 東芝」、英名では「TOSHIBA CORPORATION」で、日立製作所と並び日本を代表する総合電機メーカーである。

製造からサービスに至るまでのいろいろな子会社・関連会社は「東芝グループ」を形成し、その中核に位置する企業であり、また、三井グループの構成企業でもある。白物家電(家庭用の冷蔵庫、洗濯機、炊飯器、など。製品全体が白であったことから名付けられた)のパイオニアである一面ももっている。

2006FIFAワールドカップ・ドイツ大会のパソコン、PCサーバーなどのIT機器の提供、その補修体制の構築をサポートする「オフィシャルITパートナー」である。一方で、かつてはオリンピックのスポンサーに立候補していたものの、全て松下電器に権利を奪われたという前歴がある。

現在の企業ロゴに使われているスローガン「Leading Innovation」は、2006年下半期から新しく掲げているもので、企業活動のあらゆる側面で次々とイノベーション(革新)の波を起こしていくという意味を込めている。

### 2) 歴史

東芝は、明治8年(1875年)創業した「田中製造所」と明治23年(1890年)創業した「白熱舎」が前身である。田中製造所は、明治37年(1904年6月)、「芝浦製作所」に社名を変え、これに白熱舎が変わった「東京電気」と合併し、「東京芝浦電気」になる。東京芝浦電気は、1984年、人々が略して呼んでいた愛称である「東芝」を公式的な社名として採択した。

東芝は、長い歴史にふさわしく、日本初や世界初といった製品を多く作っている。(炭素電球、水車発電器(60kW)、扇風機、誘導電動機、X線管、ラジオ受信機、電気洗濯機、電気冷蔵庫、電気掃除機、蛍光ランプ、レーダ、テレビ送信機、電子レンジ、12,000kWの原子力用タービン、日本語ワードプロセッサ、世界初のカラーテレビ電話、世界初の郵便自動処理装置、世界初のHDD&DVDビデオレコーダー、など)

|  | 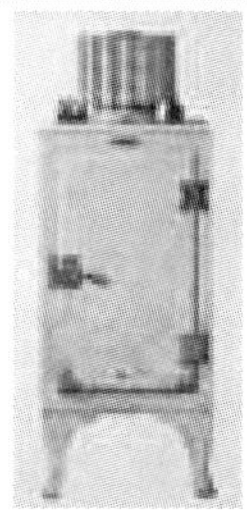 |  |  |
|---|---|---|---|
| 日本初の炭素電球 | 日本初の洗濯機 | 日本初の冷蔵庫 | 原子力用タービン |

## 3) 事業部門

### (1) 生活家電

家庭用扇風機は、1970年末期から、一部の特殊な機種を除き、4枚羽へと変更、「4枚羽の東芝」のキャッチコピーで、他社の製品より優れているイメージを前面に押し出した。

冷蔵庫においては、日本で初めて冷蔵庫の商品化に成功したためか、東芝の主力商品といわれている。

| 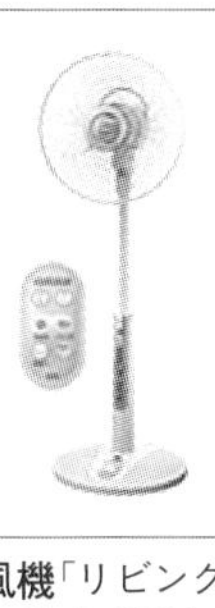 |  |  |
|---|---|---|
| 扇風機「リビング扇」<br>F-LJ60X | 冷蔵庫「置けちゃうビッグ」<br>GR-X56FT | サイクロン式掃除機<br>VC-1000X |

### (2) コンピュータ

パーソナルコンピュータでは、ノート型のPCで一世を風靡した「DynaBook(ダイナブック、海外向けはSatellite)」を生み出し、1993年から2000年までノートPCシェア7年連続世界1位という偉業を達成した。半導体はDRAMやフラッシュメモリ、プロセッサなどを製作・販売している。

### (3) AV機器

映像分野の薄型テレビでは、テレビの映像を簡単に録画できる液晶テレビ「REGZA」を主軸とし、映像エンジンによる表現力が評価され、2007年度4位だった国内シェアを2008年4月には2位にまで上げた。

HDD&DVDレコーダでは、2001年に世界に先がけて製品化(RD-2000)を実現し、RD-Styleとして、次々と新機種を発売している。その後、地上デジタル放送に対応するため、システムを一新し、ブランド名をVARDIAに変更した。

2003年12月には世界最小となる0.85インチハードディスクドライブを開発。百円玉よりも小さな直径の円盤に数ギガバイトの容量を持つ超小型磁気ディスク装置で、「世界最小のハードディスクドライブ」として2005年版のギネスブックに掲載された。

オーディオ部門では、現在はハードディスク搭載のMP3プレイヤー、gigabeatをリリースしている。

### (4) 情報・通信機器

携帯電話では、自社製の高性能3Dグラフィックアクセラレータ「MOBILE TURBO T4G」を多くの機種に搭載している。また、グループ企業である東芝松下ディスプレイテクノロジー社製のポリシリコンTFT液晶ディスプレイもユーザーからの評判が高い。

放送機器としては、テレビマスター(東芝では「APC装置」と呼ぶ)を作っていて、主にフジテレビやFNN・FNS系列局などの民放局に多数納入している他、放送大学にも納入している。その他、テレビ・ラジオの送信機なども製造している。

## シャープ

### 1) 概要

正式社名は「シャープ株式会社」で、英名は「Sharp Corporation」である。液晶の応用技術を軸とした製品で世界トップクラスの技術力を誇る総合家電メーカーである。

戦後、総合家電では松下電器産業やソニーが台頭し、営業・販売力において圧倒的な差を付けられていたが、1962年には日本の家電企業で初めて電子レンジを発売(当初は業務用)し、1966年には世界初のターンテーブル方式の電子レンジを開発する。さらに1964年にはオールトランジスタダイオードによる電子式卓上計算機(世界初)を開発。

その後、計算機の表示部品としての液晶技術の開発を始め、1973年液晶を表示装置に使ったCMOS化電卓(世界初)を開発する。この間、1963年に太陽電池の量産を開始している。太陽電池は世界トップシェアである。なお、一般の電池(乾電池、二次電池など)は生産していない。

シャープの強みのある製品は他にはファクシミリ、パソコン並みにモデルチェンジをする電子辞書、カシオと競い合う電卓、電子レンジ、近年ではコピーなどの複合機、液晶テレビAQUOS、AQUOS携帯電話などユニークな製品が主力商品である。

### 2) 歴史

1912年、金属加工業を創業、創業者の早川徳次が発明した「徳尾錠(ベルトのバックルの名前)」の製作販売を開始。1915年にはシャープペンシルを発明し、欧米に輸出を始めるが、これが米国で大ヒットし、現在の社名はこれから由来している。この年設立した「早川兄弟商会金属文具製作所」がシャープの前身である。社名は、1936年「早川金属工業株式会社」、1942年「早川電気工業株式会社」を経て、1970に現在の「シャープ株式会社」に変更する。

|  |  |  |  |
|---|---|---|---|
| 創業者が発明した穴の要らないベルト・バックル(1912) | 社名の由来でもあるシャープ·ペンシル(1915) | 世界初のターンテーブル方式の電子レンジ(1966) | 液晶の実用化を実現した世界初の液晶電卓(1973) |

## 3) 営業部門

### (1) 生活家電

除菌イオン空気清浄機、エアコンなど、太陽光発電「SUNVISTA」、左右両開き扉冷蔵庫(両開き扉はシャープの特許)、$Ag^{+}$イオンコート洗濯機、ウォーターオーブン、電子レンジ、家庭用テレビゲーム機、プロフェッショナル機器、業務用POSシステム、業務用FAシステム、などの業務用機器

### (2) AV機器

液晶テレビ、ハイビジョンレコーダー、DVDレコーダー、DVDプレーヤー、ビデオテープレコーダー、ホームシアターシステム、液晶カラーモニター、家庭用カムコーダー「液晶ビューカム」、ミニコンポ、MDラジカセ、ポータブルMD機器、ボイスレコーダーなどメモリオーディオ、記録メディア、携帯電話・PHS(大画面液晶を搭載したワンセグ対応携帯電話が好調な売り上げを記録し、国内携帯電話事業者(au、NTTドコモ、ソフトバンク)向けに携帯電話を供給している。)

|  | 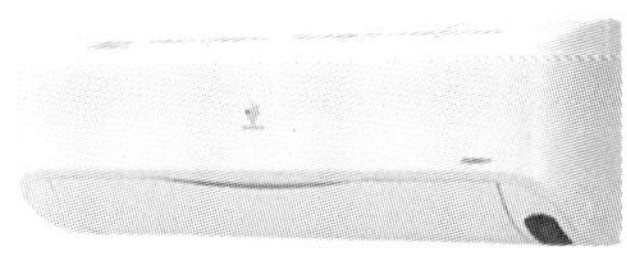 |  |
| --- | --- | --- |
| 液晶テレビ　AQUOS<br>「LC-52RX5」 | 殺菌イオン搭載エアコン<br>「AY-W40SC」 | サイクロン式掃除機<br>「EC-VX2」 |

### (3) 情報・通信機器

家庭用パソコン、メビウスシリーズ、インターネットAQUOS(いわゆる「パソコンテレビ」)、パソコン用ソフトウェア、パソコン用プリンターやスキャナーなど各種DTP関連機器、ポケコン(ポケット・コンピュータの略字、SharpとCasioから発売されている)、PDA、電子辞書、電卓、家庭用ファクシミリ、留守番電話機、コードレス電話機、など。

## 日立

HITACHI
Inspire the Next

### 1) 概要

正式社名は「株式会社日立製作所」、英名では「Hitachi, Ltd.」で、情報通信システム、電子デバイス、電力・産業システム、デジタルメディア・生活家電、高機能材料、物流・サービス、金融の7部門を主力とし、東芝、三菱電気とともに総合電機メーカー3社の一角を占める。企業の規模は総合電機メーカーの中で最大であり、日本の全業種中でもトヨタ自動車、NTT、本田技研工業に次ぐ大きさである。

全世界に製造・販売拠点を広げる多国籍企業でもあり、売上の38.5%は日本国外からもたらされる。2007年現在、シーメンス、サムスンに次ぐ世界3位の電機メーカーである。

連結子会社932社、持分法適用会社158社、計1,090社を傘下に置き、日立グループを形成しており、近年は他の各電機メーカーとの合弁会社設立が目立っている。

2001年から新しいブランドとして使っているスローガンは「Inspire the Next」(インスパイア・ザ・ネクスト)で、「次の時代に新しい息吹を与える」という意味である。

### 2) 歴史

前身は、茨城県日立市にあった「久原鉱業所日立銅山」に付属する掘削機械やポンプ、モーターの修理工場であった。1910年(明治43年)に小平浪平が日本初の5馬力誘導電動機(モーター)を完成させ、日立製作所を創業した。

|  |  | ずっと使うから、日立のエコ |
|---|---|---|
| 5馬力誘導電動機 | 日立の電子顕微鏡 | 「日立の樹」 |

注）「日立の樹」

日立をイメージしたCMソングである。一時期、日立製の携帯電話に着信メロディとして収録されていたこともあった。また、日立のECHOのマークとしても使われている。

## 3) 事業部門

### (1) 生活家電

エアコン、冷蔵庫、洗濯機などの家電製品(白物家電)は日立アプライアンスにて生産されている。

### (2) コンピュータおよび電子デバイス

半導体、計測・分析装置、医療機器を製造する。

### (3) AV機器

子会社の日立マクセル(maxellブランド)はカセットテープ、MD、DVD-Rなどの磁気ディスク記録媒体も手がけ、自社ブランドのみならずOEM販売も行っている。

Woooブランドで知られる音響機器・映像機器はコンシューマ事業グループにて生産されている。液晶ディスプレイなども生産。

| 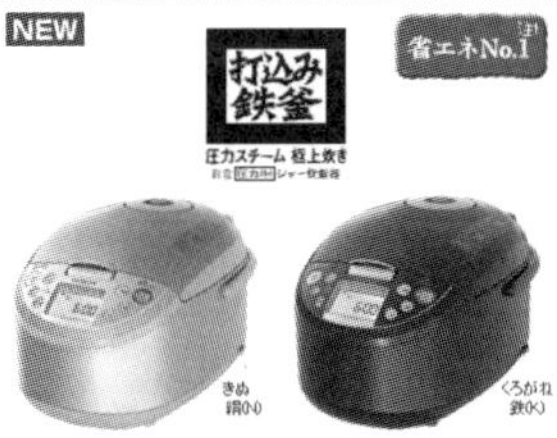 |  |  |
|---|---|---|
| 圧力IH炊飯器<br>「RZ-HV100K」 | 洗濯乾燥機 ビッグドラム<br>「BD-V2000」 | サイクロン式掃除機<br>「ロボットサイクロン」 |

### (4) 情報・通信機器

ハードディスクドライブ(HDD)、ディスクアレイ装置、サーバの製造。IBM互換の大型汎用機やベクトル型スーパーコンピューター、パソコンではHP社よりOEM提供のフローラシリーズを手がける。

### (5) その他

発電機、変圧器、電力設備、蒸気タービンや大型ボイラーを製造するほか、国内における3つ(日立・三菱・東芝)の原子炉製造メーカーの一つでもある。

日立は鉄道事業にも手がけており、新幹線の先頭車両の殆どは日立製作所が作っている。車両から送電設備、座席予約・発券システム、信号・中央指令等の運行管理システムまで、鉄道に関わるもの全てを作ることが出来る世界で唯一の会社と言われている。

## 三菱

MITSUBISHI
三菱電機
*Changes for the Better*

### 1）概要

正式社名は、「三菱電機　株式会社」、英名は「Mitsubishi Electric Co., Ltd」である。三菱グループに属しており、日本の総合電機メーカーである。日本の総合電機メーカーとしては日立製作所、東芝に次ぐ業界3位で、家電から重電、人工衛星まであらゆる製品を販売している。近年は、事業の「選択と集中」に成功し、業績を伸ばしている。

現在使われているスローガンは、「Changes for the better」で、これには「常により良いものを目指し、変革していく」という三菱の目標と姿勢が込められている。

主力商品としては、エアコン、換気扇、ロスナイ(三菱の熱交換型換気扇)、ジェットタオル、冷蔵庫、炊飯器、エレベーター、オーロラビジョン(超大型ディスプレイ)、GPS、DVDレコーダー、BDレコーダー、液晶テレビ、鉄道関連、携帯電話、大型望遠鏡などがあげられる。

FA機器(FA：Factory Automation、工場内を自動化・無人化する技術)、昇降機(エレベーター等)、タービン発電機、鉄道車両用電機品、パワー半導体、人工衛星等で国内トップシェアを誇る。最近はFA機器や自動車機器が好調で、FA機器は三菱電機の

大正10年から生産された扇風機と発電機

世界で最も高い173mの「エレベーター試験塔」(愛知県)

世界最長のオーロラビジョン香港競馬会に納品

大きな稼ぎ頭である。宇宙・防衛分野に強みを持っており、防衛エレクトロニクス分野での防衛省契約実績は長年にわたり第1位を維持している。

## 2) 歴史

1921(大正10)年1月、三菱造船の電機製作所を母体に三菱電機株式会社として独立した。1966(昭和41)年には日本初の人工衛星の開発に成功する。

「三菱」という社名は、創業者の一族の岩崎家と土佐内山家の家紋の名称「三階菱」と「三ツ柏」からとったものであり、商標である「スリーダイヤ」もこの家紋から由来する。

| | | |
|---|---|---|
| 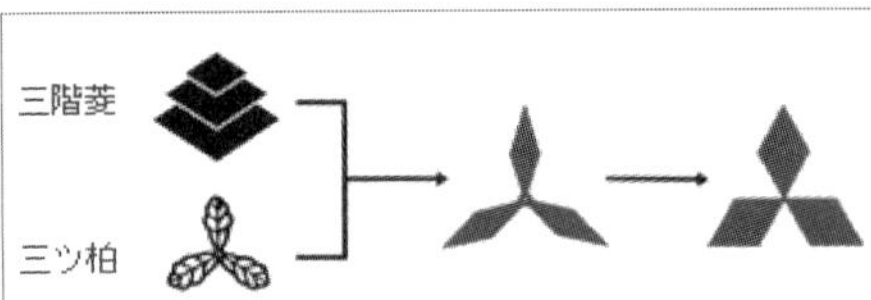 | MITSUBISHI 三菱電機 Changes for the Better | MITSUBISHI ELECTRIC Changes for the Better |
| | 国内用 | 海外用 |

## 3) 事業部門

### (1) 生活家電

洗濯機、照明器具、空気清浄機、冷蔵庫、扇風機、ルームエアコン、電子レンジ、など

| | | |
|---|---|---|
| 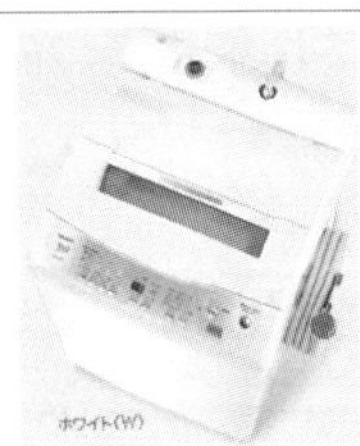 |  | 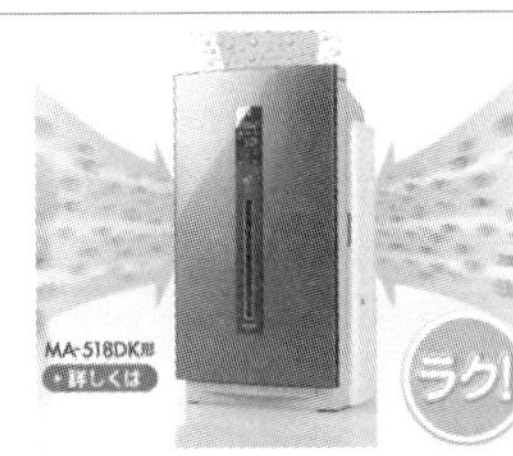 |
| 全自動洗濯機「MAW-HV9YP」 | DVDレコーダー「DVR-DW200」 | 空気清浄器「MA-518DK」 |

### (2) コンピュータおよび電子デバイス

パワーモジュール、高周波素子、光素子、液晶表示装置、プリント基板(PCB：Print Circuit Board)

### (3) AV機器

液晶テレビ、プロジェクター、DVD、ディスプレイモニター、など。

### (4) 情報·通信機器

有・無線通信機器、映像監視システム、衛星通信装置、人工衛星、レーザー装置、放送機器

### (5) その他

発電システム、交通システム、昇降機、などの重電システム。インバーター、電子開閉器、配電用変圧器、工業用ミシン、レーザー加工機、カーオーディオ、自動車用電装品、などの産業用システム。

## 三洋

## 1) 概要

正式社名は「三洋電機株式会社」、英名では「SANYO Electric Co.,Ltd.」である。2005年までは、総合家電メーカーであったが、2005年11月18日に総合家電から撤退を発表している(家電部門は強みのある冷熱機器などに集中)。現在は、自然環境に優しい二次電池・太陽光発電事業や携帯電話をはじめとするモバイル関連事業を中心に経営を再建しようとしている。

世界初、業界初(特に白物家電や通信機器に目立つ)といった商品を他社と比べ非常に多く投入し、開発技術力は高いものの、採算に合わないと主力商品以外はすぐに撤退、他社へ売却する傾向がある。現在の三洋のロゴは、1986年に新しく変わったものである。

## 2) 歴史

1947年2月、「三洋電機製作所」を創業し、自転車発電ランプ1号機47型を発売する。1950年、創業者の井植歳男によって現在の「三洋電機株式会社」へ社名が変わった。「三洋」とは、太平洋、大西洋、インド洋、この3つの海につながる国々いわゆる全世界を表わし、世界を相手に人間、技術、サービスを三本の柱としてすすんでいこうという意味である。

| 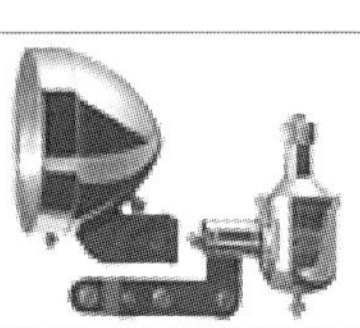 |  |  |
| --- | --- | --- |
| 自転車発電ランプ | プラスチックラジオ1号 | 日本初のエアコン |

### 3) 事業部門

自社ブランドの家電製品自体のシェアは小さいものの、洗剤の不要な洗濯機や、ニッケル・カドミウム蓄電池、リチウム電池の商品化など、一部の技術力は高いものを持っており、自社ブランドが表に出ない光デバイスや二次電池、パソコン等電子機器用コンデンサなど一部の電子デバイスや、完成品のOEM供給ではトップシェアを持つ製品が数多く存在し、「縁の下の三洋(電機)」と言われることもある。

#### (1) 生活家電

コインランドリーの機器では国内市場をほぼ独占している。また、冷熱機器における技術力が高く、エアコンなどは三洋の主力商品である。

| | | |
|---|---|---|
|  |  | <br> |
| ドラム式洗濯機　AQUA<br>「AWD-AQ150」 | 空気清浄器<br>「ABC-VW251」 | 加湿セラミックファンヒーター<br>「RSF-VW13A」 |

#### (2) AV機器

デジタルカメラのOEM供給元としては世界トップシェアを誇っている。また、「デジカメ」・「ムービーデジカメ」の商標をもっている。

#### (3) その他

業務用機器では、CD-Rドライブの書き込みエラー防止機能「BURN-Proof(バーン・プルーフ)」を世界で初めて開発した。

# 제 2 부

# 생활가전 편

# 第3章　炊飯器(Electric Rice-Cooker)

炊飯器は、電気を熱源として米を炊く器具である。

初めて実用的な炊飯器を発明したのは「光伸社」だったが、この製品化に成功したのは、1955年、東芝から発売された「自動式電気釜」である。これは、自動的に電源OFFにする機能によるもので、炊飯中に見張りをする必要がなくなった。その後1965年には、象印マホービンが保温機能を備えた電子ジャーを発売し、大ヒット商品となる。1992年には、韓国の大熊電器から世界初の電気圧力炊飯器が開発され、商品化された。

1980年代からは、マイコン(Micro-computer)制御によって米の量に合わせて加熱の程度を変えるニューロ・ファジィ機能化が進み(マイコン炊飯器)、80年代末からはIH(Induction Heating)方式による加熱を採用した製品も出ている(IH炊飯器)。これらは、外部の温度や気圧に影響される欠点があり、これを改善したのが圧力IH炊飯器である。最近は、内なべの素材を金属以外の炭素材や陶器などにしている高級品も販売されている。

## IH炊飯器の構造

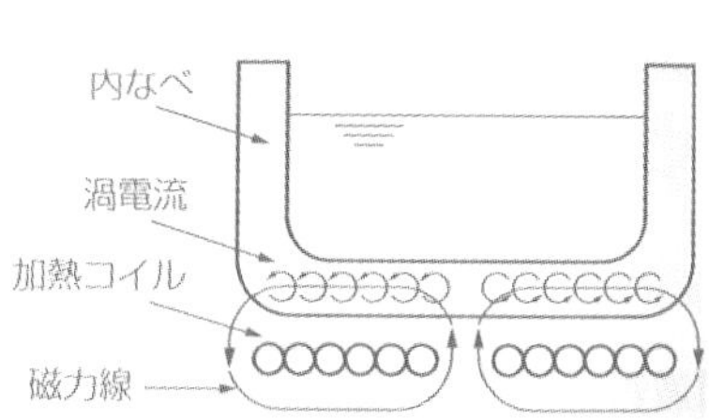

誘導加熱（IH）方式

炊飯器は、感熱部が温度勾配などから炊飯量を判定して適切な加熱量に抑制し、かつ炊飯完了時には、水がなくなって温度が100℃から急激に上昇するのを検出し、むらしに履行させる。

▸ 炊飯器の種類による加熱方式の比較

| マイコン炊飯器 | おかゆ、早炊き、炊き込み、すしめしなどの炊飯工程がメモリされており、ご飯に合わせて炊き分けができるが、お釜の下部のヒーターが熱を伝えるため、IH式と比べ熱効率が低い。 | 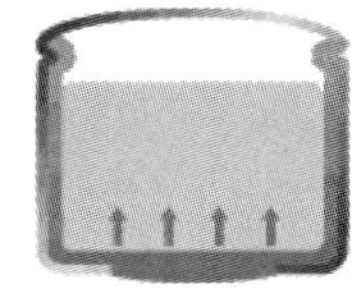 |
|---|---|---|
| IH炊飯器 | IH(Induction Heating、電磁誘導加熱)とは、火を使わず鍋自体を発熱させる技術のことで、IH炊飯器は、IHコイルによる磁力線の働きで、内釜自体をヒーターのように発熱させる仕組みになっている。<br>IH炊飯器は、お釜自体が直接発熱するため、通常のマイコン炊飯器より熱効率が非常によい。 |  |
| 圧力IH炊飯器 | 圧力IH炊飯器は、IH炊飯器の内部にさらに圧力を加え、炊飯器内の気圧を上げて炊飯時の沸点を高める。これによって、通常の炊飯器より高温で炊飯することができるようになっている。したがって米以外の穀物までも調理でき、また、外部の気圧の差でご飯の炊き具合いが変わる問題を解決している。 | 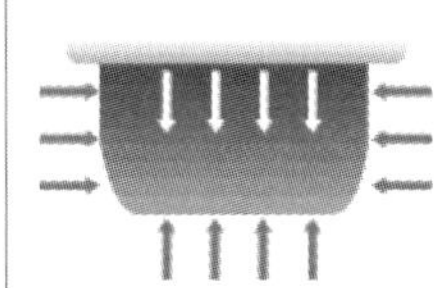 |

## 用語解説

① マホービン：진공상태를 이용하여 용기 내의 물질을 일정한 온도로 장시간 보존할 수 있도록 만든 포트나 물병(魔法瓶(まほうびん)). 한 때 象印의 주력상품이기도 하였으며, 象印의 공식명칭에 사용되고 있다. (象印マホービン)

② ニューロ－ファジィ：뉴로－퍼지(neuro-fuzzy), 인공지능. 뉴로는 신경망, 퍼지는 애매모호함이라는 뜻으로 컴퓨터가 인간의 사고체계와 유사하게 판단하거나 학습할 수 있는 기능

③ IH(Induction Heating)：유도가열(誘導加熱). 금속이 갖고 있는 전기저항에 의해 발생되는 열로 가열하는 것

④ 温度勾配(おんどこうばい)：온도구배. 고체, 액체, 기체 내부의 온도가 위치에 따라 서로 다를 경우 발생하는 단위 길이 당 온도변화의 비율

⑤ おかゆ：죽

⑥ 早炊(はやだ)き：밥을 빨리 짓는 것

⑦ 炊(た)き込(こ)み：생선살이나 채소 등을 넣어 만든 영양밥

⑧ すしめし：스시를 만들 때 사용하는 밥

⑨ 沸点(ふってん)：비등점. 액체가 끓기 시작하는 온도

⑩ 炊(た)く：(밥 등을) 짓다

⑪ 見張(みは)り：망을 보는 것, 또는 사람. 見張る、見張りをする、見張り番、見張りに立つ

⑫ 備(そな)える：미리 준비하다

⑬ 進(すす)む：나아가다, 진행되다 ↔ 退(しりぞ)く

⑭ むらし：밥이 다 된 후에 약한 열로 뜸을 들이는 것

⑮ ～分(わ)け：각각을 따로 나누어서 ～하다. ～해서 구분하다. 炊き分け、見分け

⑯ ～ず：～하지 않다. 使わず、食べず、起きず、せず、来(こ)ず

⑰ 働(はたら)き：일, 기능, 작동, 작용

⑱ したがって：따라서

⑲ 具合(ぐあい)：형편, 정도. 炊き具合 밥의 상태

### 具合와 調子

1) 일반적으로 몸이 아픈 사람에게 몸 상태를 물을 때는 具合가 사용되며, 건강한 사람에게 몸 상태를 물을 때는 調子가 사용되는 경향이 있다. 즉 "君、今日は、調子が良さそうだね"라고 하면, 이 말을 듣는 사람(君)은 건강한 사람이며, "今日は具合が悪いの？"라고 말한다면 이 말을 듣는 사람은 몸이 아픈 사람인 것이 일반적이다.
   - [?怪我 / ?病気]の調子はどうですか。
   - [怪我 / 病気]の具合はどうですか。

2) 또한, 일상적인 범위 내에서의 변동사항에 대해서는 調子를 사용하는 반면에, 갑작스럽게 발생한 예기치 못한 일에 대하여 언급할 때는 具合를 사용하는 경향이 있다.
   - いきなり具合が悪くなって、約束に行けなくなった。

3) 쓰이는 대상으로는 具合는 주로 사람의 건강상태에 대하여 언급할 때 사용되며, 調子는 기계나 자동차 등의 사물에 주로 사용된다. 참고로, 都合는 시간이나 계획 등에 대하여 사용된다.
   - 最近具合が悪い。(요즘 건강 상태가 나쁘다.)
   - 最近車の調子が悪い。(요즘 자동차 상태가 나쁘다.)
   - 今日は都合が悪い。(오늘은 시간을 낼 수가 없다.)

## 漢字練習

| 成功(せいこう) | | | | |
|---|---|---|---|---|
| 制御(せいぎょ) | | | | |
| 改善(かいぜん) | | | | |
| 適切(てきせつ) | | | | |

## 練習問題

圧力IH炊飯器の長所について説明せよ。

## 1. 各部の名前(象印、圧力IH炊飯器、NP-LS型)

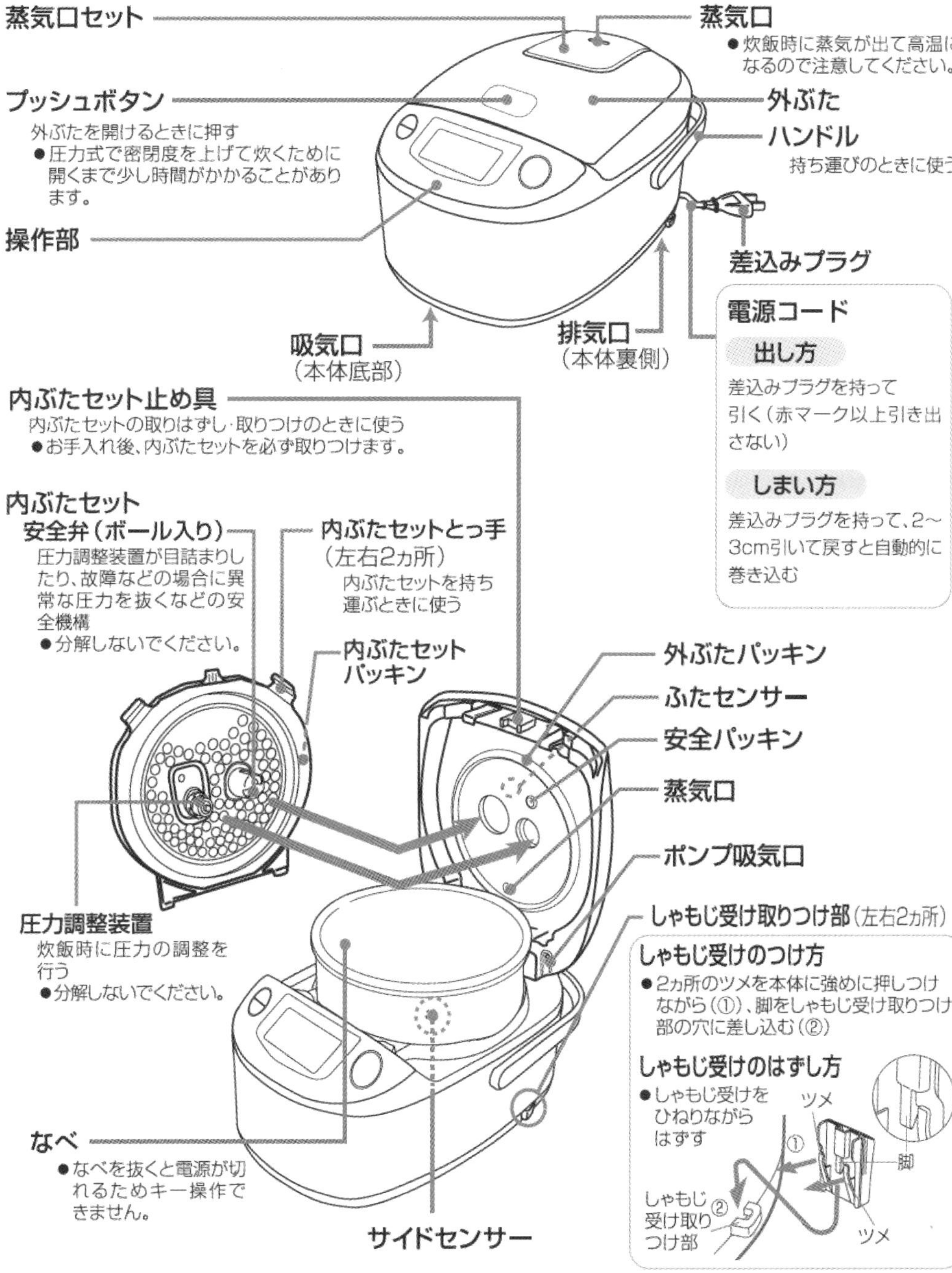

## 2. 操作パネルのはたらき

- キーは確実に押してください。
- 報知音の変化や、「炊飯」キー、「とりけし」キー中央の（●、━）は、目の不自由な方へ配慮したものです。

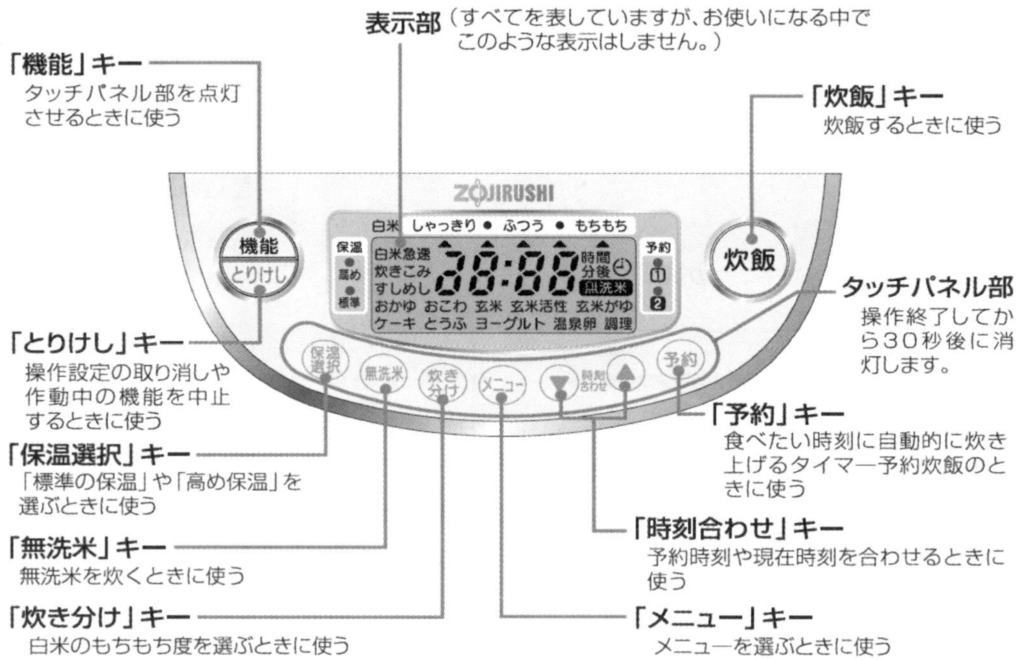


## 3. 基本操作と使用法

### (1) 炊飯の手順

① 炊飯まえに本体各部の点検を行う

- 右図の各部にご飯粒や雑穀などの異物が付着していないかを確認します。

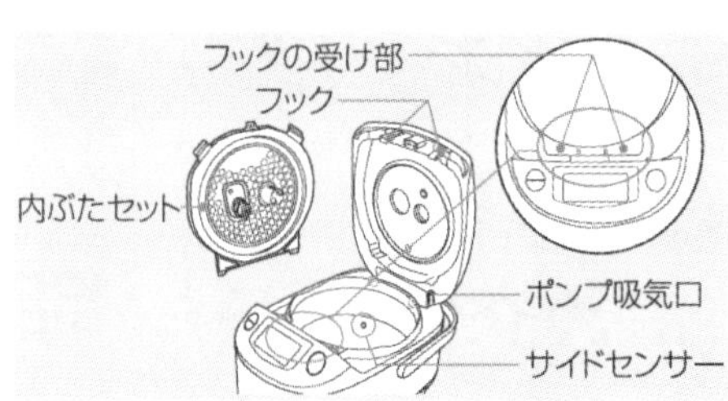


※ 圧力調整装置、安全弁は分解しないでください。故障の原因になります。

② 付属の計量カップで米を量る

- 白米用の計量カップ(180mL)すりきり1杯ずつ
- 目詰まりしやすいアマランサスなどの小さくて軽い雑穀は混ぜて炊かないでください。圧力調整装置、安全弁を詰まらせることがあり、危険です。

③ 米を洗って、水加減をする

- 水平なところで、メニューに合ったなべの水位目盛に合わせます。
- 水にひたさなくてもすぐに炊けます。ひたしておくと、少しやわらかめに炊き上がります。

④ なべを本体に入れて、外ぶたを閉め、差込みプラグを差し込む

- なべ外側や本体庫内の水分や異物をふき取り、なべを本体に入れます。内ぶたセットは必ず取りつけます。
- 外ぶたを勢いよく閉めると、圧力式密封性のため、きっちり閉まらないことがあります。
- なべが入っていないと通電できません。

⑤「機能」ボタンを押して、タッチパネル部を点灯させる

- 操作部に指や物が触れた状態、または汚れが付着した状態で、「機能」ボタンを押さないでください。タッチパネルのボタン操作ができない原因になります。

⑥「炊き分け」か「メニュー」で、炊きたいメニューを選ぶ

- メニューが決定されるまでタッチパネルは消灯しません。

白米を炊くとき

- 「炊き分け」ボタンで、白米のもちもち度を選びます。
- ボタンを押すごとに、「▲」を移動させて白米のもちもち度を選びます。
- ボタンを押し続けると、早送りができます。(「ふつう」に戻ると止まります。)
- 白米のもちもち度(「▲」の位置)は、次にメニューを選び直して炊飯するまで記憶されます。

ボタンを押すごとに、
「▲」の位置が「ふつう」→「ややもちもち」→「もちもち」→「しゃっきり」→「ややしゃっきり」の順に変わります。

白米急速・炊きこみ・すしめし・おかゆ・おこわ・玄米・玄米活性・玄米がゆを炊く時

- 「メニュー」ボタンで、炊きたいメニューを選びます。
- ボタンを押し続けると、早送りができます。(「白米急速」に戻ると止まります。)

- 「玄米」・「玄米活性」は、次にメニューを選び直して炊飯するまで記憶されます。
- 「白米急速」は、白米を早く炊きたいときに選びます。少しかためになります。

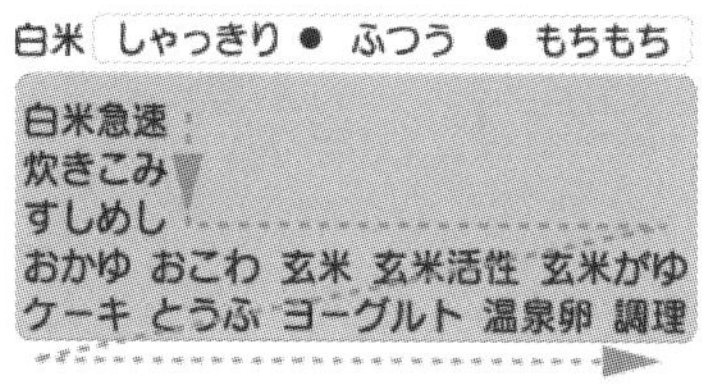


ボタンを押すごとに、
点滅表示が「白米急速」→「炊きこみ」→「すしめし」→「おかゆ」→「おこわ」→「玄米」→「玄米活性」→「玄米かゆ」→「ケーキ」→「とうふ」→「ヨーグルト」→「温泉卵」→「調理」の順に点滅します。

⑦「炊飯」ボタンを押す

- 「炊飯」ボタンが点灯し、炊飯開始のメロディー(ブザー)が鳴ります。
- 炊飯を開始するとタッチパネルは消灯します。

- むらしになると、炊き上がりまでの残り時間を表示します。
- 炊飯中に「機能」ボタンを押してもタッチパネル部は点灯しません。

⑧ 炊き上がりのメロディー(ブザー)が鳴り、保温に切りかわったらすぐにご飯をほぐす

- 炊き上がると自動的に保温に移り、標準保温ランプが点灯し、1時間単位で保温経過時間を表示します。
- すぐにほぐして余分な水分を逃がし、ご飯のかたまり・べたつきをおさえてください。
- 保温機能を使わずになべの中にご飯を保存するといやなにおいの原因になります。
- 保温中に現在時刻を知りたいときは、「機能」ボタンを押し、「時刻合わせ」ボタンの「▲」または「▼」を押してください。もう一度「時刻合わせ」ボタンを押すと、保温経過時間に戻ります。

- 保温を取り消して、再び保温にすると「0時間」の表示に戻ります。

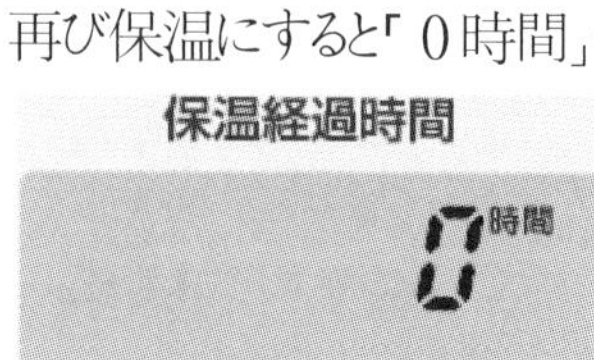

- 炊飯終了時の報知音は他の報知のしかたに切りかえることができます。

⑨ 使用後は「とりけし」ボタンを押し、差込みプラグを抜く

(2) 無洗米の炊き方

① 付属の計量カップで無洗米を量る

- 無洗米専用の計量カップ(171mL)すりきり1杯ずつ

② 無洗米のひと粒ひと粒が水になじむように2～3回優しくかき混ぜてから、水加減をする

- 水平なところで、メニューに合ったなべの水位目盛に合わせます。
- 無洗米は、精米製法などにより米の表面にデンプン質が多く残っている場合があります。米のデンプン質で、水が白くにごっていると焦げ・ふきこぼれ・炊き上がりが悪くなる原因になります。白くにごるときは、1～2度水を入れかえてすすぎます。
- 調味料を加えて炊くときは、なべの底からよくかき混ぜます。
- 水にひたさなくてもすぐに炊けます。ひたしておくと、少しやわらかめに炊き上がります。

③「機能」ボタンを押して、タッチパネル部を点灯させる

④「無洗米」で無洗米選択したあと、「炊き分け」か「メニュー」でメニューを選ぶ

- 無洗米での「玄米」・「玄米活性」・「玄米がゆ」は選べません。
- メニューが決定されるまでタッチパネルは消灯しません。

無洗米選択のしかた

i）「無洗米」ボタンを押す

「玄米」・「玄米活性」・「玄米がゆ」がメニュー選択されている状態で「無洗米」ボタンを押すと、メニュー選択は「無洗米・ふつう」へ移ります。

ii）表示部に「無洗米」が表示される

iii）無洗米選択を完了

無洗米選択の解除

i）「無洗米」ボタンを押す

ii）表示部の「無洗米」が消える

iii）無洗米選択の解除を完了

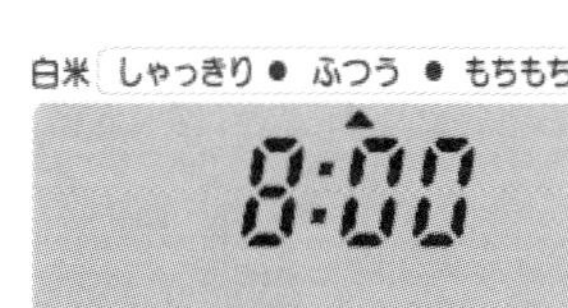


⑤「炊飯」ボタンを押す

(3) とうふ、ヨーグルト、温泉卵、調理の作り方

① 付属の健康調理なべに調理する材料を入れ、ふたをする

- とうふ、ヨーグルト、温泉卵は、ふたを必ずしてください。
- 調理メニューのときは、ふたをしないでください。

② なべに水を入れ手順①で用意した健康調理なべをなべに入れ、なべを本体に入れて外ふたを閉め、差込みプラグを差し込む

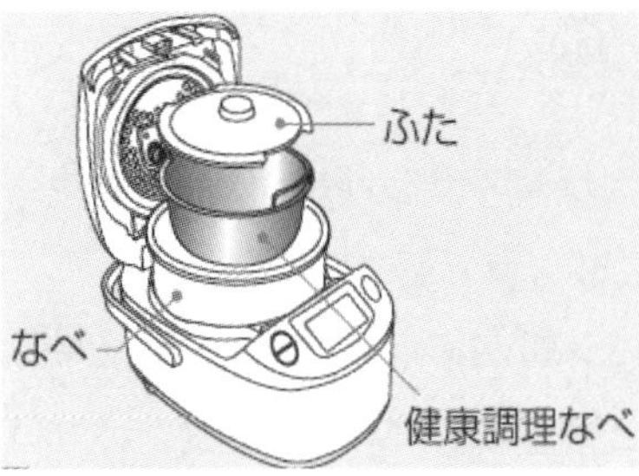


なべには下記の表を参考として水位目盛まで水を加えてください。

<table>
<tr><th rowspan="2">メニュー</th><th colspan="2">水加減</th><th rowspan="2">ふたの有無</th></tr>
<tr><th>1.0Lサイズ</th><th>1.8Lサイズ</th></tr>
<tr><td>とうふ</td><td rowspan="4">白米の水位目盛 0.5</td><td rowspan="4">白米の水位目盛 1</td><td rowspan="3">有</td></tr>
<tr><td>ヨーグルト</td></tr>
<tr><td>温泉卵</td></tr>
<tr><td>調理</td><td>無</td></tr>
</table>

③「機能」ボタンを押してタッチパネル部を点灯させ、「メニュー」でメニューを選ぶ

- メニューが決定されるまでタッチパネルは消灯しません。
- 調理時間が表示されます。(初期設定　とうふ：60分、ヨーグルト：3時間、温泉卵：40分、調理：30分)「▲」「▼」ボタンで設定時間を変更することができます。
- 無洗米選択中は、「とうふ」・「ヨーグルト」・「温泉卵」・「調理」は選べません。
- 市販のヨーグルトによっては、固まるまでの時間にバラツキがありますので時間を調節してください。
- とうふは、にがりの濃度によって固まるまでの時間にバラツキがありますので時間を調節してください。
- 温泉卵は卵の個数、かたさの好みによって時間を調節してください。
- 調理は具材の量によって時間を調節してください。

④「炊飯」ボタンを押す

- 調理を開始するとタッチパネルは消灯します。
- メニュー調理中でも「とりけし」ボタンを押し、終了させることができます。

⑤ メニューの調理が終り、メロディー(ブザー)が鳴ったら「とりけし」ボタンを押し、健康調理なべを取り出す

- 調理が終わったあとも、健康調理なべを取り出さない場合、注意を促すため30分ごとにブザーでお知らせします。必ず早めに「とりけし」ボタンを押し、健康調理なべを取り出してください。

- 調理後は、健康調理なべのとっ手は高温になっている場合がありますので十分注意してください。
- とうふ、ヨーグルトが固まっていない場合は、手順③からもう一度やり直し、時間を延長してください。
- できあがったヨーグルトを「もと」にして、さらにヨーグルトをつくることはおやめください。
- 終了後内部は熱くなっていますので必ず本体が冷えてから湯を捨ててください。

(4) ケーキの作り方

① なべの内側の底および側面にバターを薄く、まんべんなく塗る
- バターの塗り方にむらがあると、なべ肌に生地がくっつきやすくなります。

② ケーキの生地を作る

③ ケーキの生地を①のなべに流し込み、表面を平らにならす。続いて、生地の間の空気を抜く
- 空気を抜くときは、なべの底を手のひらで「パンパン」と数回たたきます。調理台やかたいものを利用すると、なべが変形し、うまく焼けない原因になります。

④ 外ふたを閉め「機能」を押して、タッチパネル部を点灯させ、「メニュー」を押して「ケーキ」を選ぶ
- 「メニュー」ボタンを押して「ケーキ」を選ぶと、表示部には調理時間が表示されます。この時間は「ケーキ」メニューの標準時間で「時刻合わせ」ボタンの「▲」「▼」を押すことで調理時間を変更することができます。
- 無洗米選択中は「ケーキ」は選べません。

⑤「炊飯」ボタンを押す

⑥ できあがりのメロディー(ブザー)が鳴ったら、調理終了。「とりけし」を押し、なべからケーキを取り出す
- ケーキは調理終了後すぐに取り出してください。すぐに取り出さないと、なべ肌にくっつくことがあります。
- 調理が終わったあとは必ず「とりけし」ボタンを押してください。「とりけし」ボタンをおさないとケーキ取り出し忘れの注意を促すためのブザーが30分ごとに鳴ります。
- ケーキの焼き上がりが不十分な場合は、手順④からもう一度操作し調理時間を追加してください。
- ケーキ調理後のにおいが気になる場合は、お手入れしてください。
- 調理終了時は庫内が熱くなっていますので、ケーキの取り出しは十分注意してください。

## 4. 手入れ·注意事項

- 必ず差込みプラグを抜き、本体・なべが冷えてから行ってください。
- シンナー・ベンジン・みがき粉・たわし類(ナイロン・金属製など)・漂白剤などを使わないでください。

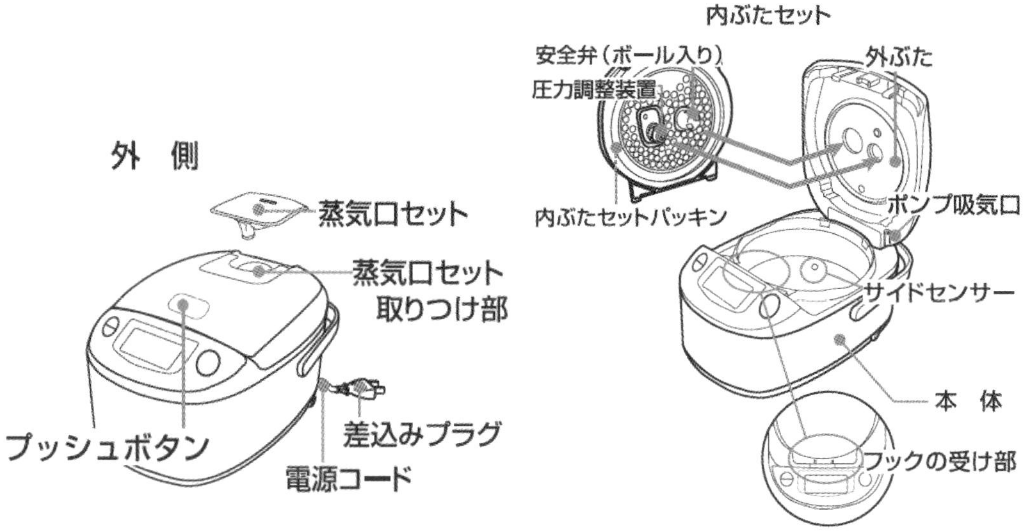


図3-1 お手入れ可能なところ

(1) 外側のお手入れ

① 外側

- 化学ぞうきんを使うときは、強くふいたり長い時間触れさせないでください。
- 操作部が汚れた状態やぬれた状態ではタッチパネル部のボタンを受け付けないことがあります。

② プッシュボタン

- プッシュボタンの周囲に生米などが入ったときは竹ぐしやつまようじで必ず取り除いてください。
- 外ぶたが開かなくなることがあります。

③ 蒸気口セット取りつけ部

- 蒸気口セットを上に引いてはずし、本体部分を固くしぼったふきんでふいてください。

④ 差込みプラグ、電源コード

- 乾いたふきんでふいてください。

(2) 蒸気口セットのお手入れ

蒸気口セットの外側、内側は水で流し洗いする。

① 蒸気口ケースのはずし方

- 蒸気口ケースは蒸気口キャップの「はずす」表示方向に回してはずします。

② 蒸気口ケースのつけ方

- 蒸気口キャップの▽マークと蒸気口ケースの△マークを合わせ「つける」表示方向に回して確実につけてください。

③ 蒸気口パッキンのはずし方・つけ方

- 蒸気口キャップの切り欠き部よりはずします。
- つける際は、ねじれたりしないようにしてください。ねじれたまま使用すると蒸気やおねばがもれる恐れがあります。

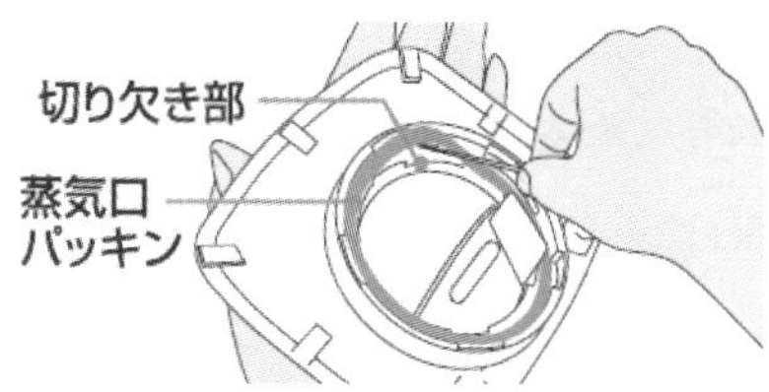


(3) しゃもじ・しゃもじ受け・なべ・健康調理なべセットのお手入れ

- スポンジなどのやわらかいもので洗ってください。
- 汚れが気になる場合は中性洗剤(食器用洗剤)を使って洗ってください。

※ なべのフッ素皮膜は傷がつくと、はがれる原因になりますので、ていねいなお取り扱いをお願いします。

- スプーンや茶わんなどを入れて洗わないでください。
- みがき粉やたわしなどで洗わないでください。
- 酢は使わないでください。
- 調味料を使ったときは早めにお手入れしてください。

(4) 庫内のにおいが気になる場合のお手入れ

① なべの「白米」の水位目盛(1.0Lサイズは1，1.8Lサイズは2)まで水を入れる

② 外ふたを閉め「機能」ボタンを押し、「メニュー」を押して「白米急速」を選ぶ

③ 「炊飯」ボタンを押す

④ メロディーが鳴り、保温に切りかわったら「とりけし」ボタンを押す

⑤ 本体が冷えたら、製品全体のお手入れをする

(5) 内側のお手入れ

内ぶたセットはご使用後、必ずお手入れをしてください。汚れが残ったまま放置すると、変色やさびの原因になります。

① 圧力調整装置

- ご飯粒、雑穀などの異物が詰まっているときは、竹ぐしなどで取り除いてください。
- お手入れの際には分解しないでください。

② 内ぶたセットパッキン

- 内ぶたセットごと、湯または水に浸してスポンジで洗ってください。
- ご飯粒などがつくと蒸気もれやご飯の乾燥によりおいしく炊けなかったり、おいしく保温できない原因になりますので取り除いてください。
- 内ぶたセットパッキンは取りはずせません。

③ 外ぶた

- 外ぶたをしっかり持ち、固くしぼったふきんでふいてください。
- 外ぶたの内側についたおねばやご飯粒をきれいにふき取ってください。

④ ポンプ吸気口

- ご飯粒、雑穀などの異物が詰まっているときは、竹ぐしなどで取り除いてください。

⑤ サイドセンサー

- 固くしぼったふきんでふきとってください。
- 生米や異物が詰まっているときは竹ぐしやつまようじで取り除いてください。

⑥ フックの受け部

- この部分に落ちたご飯を取り除いてください。
- 外ぶたが開かなくなることがあります。

(6) 内ぶたセットのはずし方・つけ方

① はずし方

- 内ぶたセットとっ手を片手でささえながら(図3－2の①)、内ぶたセット止め具を押し上げて(図3－2の②)はずします。
- 内ぶたセット止め具を押し上げずに内ぶたセットとっ手を持って引っ張らないでください。(内ぶたセット、または外ぶたの故障の原因になります。)

② つけ方

- 内ぶたセットのツメ(2ヶ所)を外ぶたのツメ差し込み部に合わせて内ぶたセット止め

具がカチッと音がするまで押し込みます。

- 取りつけるときは外ぶたパッキンを内ぶたセットに引っかけないでください。

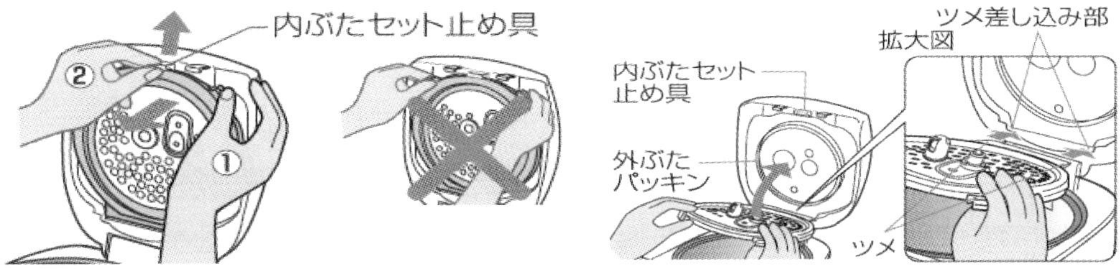


図3-2

## 5. 重要語彙

① 差し込みプラグ：플러그(plug)

② 止め具：고정구

③ 安全弁：안전밸브

④ 取っ手：손잡이

⑤ しゃもじ：주걱

⑥ 取り消し：취소

⑦ タッチパネル：터치 패널(touch panel)

⑧ 無洗米：씻어나온 쌀, 청결미

⑨ もちもち：반죽이나 밥, 떡 등에 끈기가 많은 상태. もちもちする(찰지다)

⑩ 雑穀：잡곡

⑪ すりきり：시원하게, 깨끗이, 개운하게

⑫ アマランサス：[식물명]아마란서스(amaranthus), 색비름

⑬ 水加減：물의 양을 조절하는 것(水加減の目安)

⑭ 目盛：눈금

⑮ 勢いよく：힘차게, 세게

⑯ 早送り : 빨리감기

⑰ しゃっきり : 빳빳한 또는 딱딱한 모양

⑱ むらし : 뜸(蒸らし). ご飯は15分ほど蒸らしましょう。(밥은 15분 정도 뜸들입시다)

⑲ ほぐす : 풀다(解す)

⑳ べたつき : 들러붙음. べたつく(끈적거리다)

㉑ 焦げ : 타서 눌음

㉒ ふきこぼれ : 탕이나 국이 끓어서 흘러넘치는 것

㉓ 炊き上がり : 밥이 다 된 상태

㉔ バラツキ : 격차, 흐트러짐, 불규칙함

㉕ 好み : 취향, 기호

㉖ 具材 : 요리에서 건더기(具)가 되는 식품

㉗ 促す : 재촉하다, 권유하다

㉘ やり直す : 다시 하다

㉙ まんべんなく : 남김없이, 빠짐없이, 전체에 동등하게

㉚ なべ肌 : 솥이나 냄비의 안쪽 표면

㉛ 生地 : 선천적인 성질(본성), 밀가루 반죽, 직물의 바탕(~감)

㉜ くっつき : 딱 들러붙음. cf) お焦

㉝ 手のひら : 손바닥

㉞ お手入れ : 손질, 유지관리

㉟ みがき粉 : 마분, 클렌저, 세척용 분말 가루

㊱ たわし類 : 수세미류

㊲ ぞうきん : 걸레

㊳ 生米 : 생쌀. cf) 新米 ↔ 古米

㊴ 竹ぐし : 대나무 꼬치

㊵ つまようじ : 이쑤시개

㊶ ふきん : 행주

㊷ 流し洗い : 흐르는 물로 씻는 것

㊸ 切り欠き部 : 부품이나 재료를 서로 맞추기 위해 잘라낸 부분

㊹ 際 : 때, 즈음

㊺ ねじれる : 비틀어지다, 꼬이다

㊻ おねば : 밥물, 곡정수

㊼ フッ素 : 불소(원소기호 : F)

㊽ 茶わん : 공기 그릇

㊾ 酢 : 식초

㊿ 引っ張る : 잡아당기다

51 引っかける : 걸다, 걸치다

# 第4章　電子レンジ(Microwave Oven)

電子レンジは、マイクロ波という高周波の電波を利用して食品などを加熱する調理器具である。

電子レンジは、中にあるマグネトロンという発振器から波長の極めて短いマイクロ波を発射する。マイクロ波は、空気、紙、ガラス、陶器などは通過するが、水には吸収される性質があり、レンジ内の金属に反射されて食品内部に含まれている水の分子を揺り動かす。分子と分子が擦れ合うとさらに摩擦熱が生じ、この摩擦熱によって食品はレンジの内部で短期間で加熱される。マイクロ波が透過するガラスなどの容器には水分が含まれていないため、食品は温まっても容器は温まらない。

発明者はアメリカのレイセオン社(Raytheon)で働いていたレーダー設備設置技師のパーシー・スペンサー(Percy Spencer)で、最初に電子レンジで調理した食物は、ポップコーンだったと言われる。レイセオン社はマイクロ波による調理について1946年に特許をとり、1947年に最初の製品を発売した。

日本での商品化は、1962年、シャープが業務用として発売したものが第1号とされ、一般家庭用の発売は1965年が最初と言われる。

主な種類は、単機能レンジとオーブンレンジに分けることができる。単機能レンジとは、いわゆる、ただ温めるだけのレンジであり、出力レベルの強弱を変更することによって、「解凍」、「温める」、「炊く」、「煮る」ことができるが、「焼く」ことはできない。オーブンレンジは、単機能レンジにはない「トースター」、「オーブン」、「グリル」機能がついているものである。さらに、最近ファミリー向けで主流となりつつあるのがスチームオーブンレンジである。これは、他のレンジがラップなしで温めるとぱさぱさになったり、固くなったりする欠点を解決するためにスチーム機能がついているものである。

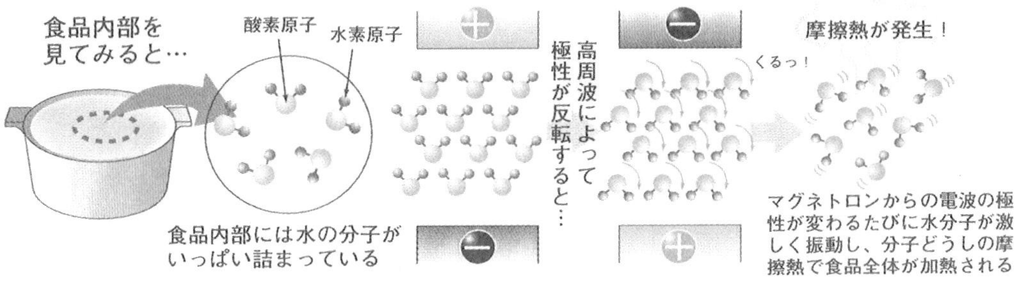


図4-1 マイクロ波による加熱の仕組み

## 用語解説

① マイクロ波(は) : 마이크로파. 일반적인 전파 구분에서 파장이 1m~0.1mm(주파수 300MHz~30GHz)인 전파. 전화나 텔레비전의 원거리 중계나 레이더 등에 사용됨
② マグネトロン : 마그네트론(magnetron). 자기장 속에서 극초단파를 발진하는 진공관(3극관)으로 자전관이라고도 함
③ 極(きわ)めて : 극히
④ ~合(あ)う : 서로 ~하다, 擦(す)れ合(あ)う, 話し合う, 言い合う
⑤ 揺(ゆ)り動(うご)かす : 흔들어서 움직이게 하다
⑥ 温(あたた)まる : 따뜻해지다
⑦ いわゆる : 이른바, 소위, 흔히 말하는
⑧ ~向(む)け : ~를 대상으로 한. cf) 子供向けの映画(어린이용 영화), 主婦向けの商売(주부를 대상으로 한 장사)
⑨ ~となりつつある : 점차 ~이 되고 있다. ~となる(~이 되다), つつ(~하면서, 두 동작이 계속 진행되고 있는 것)
⑩ ぱさぱさ : 바삭바삭, 푸석푸석, 말라서 물기나 기름기가 없는 모양

## 漢字練習

| 透過(とうか) | | | | |
|---|---|---|---|---|
| 調理(ちょうり) | | | | |
| 特許(とっきょ) | | | | |
| 解凍(かいとう) | | | | |

## 練習問題

電子レンジによって食物が温まる理由について説明せよ。

# 1. 各部の名前

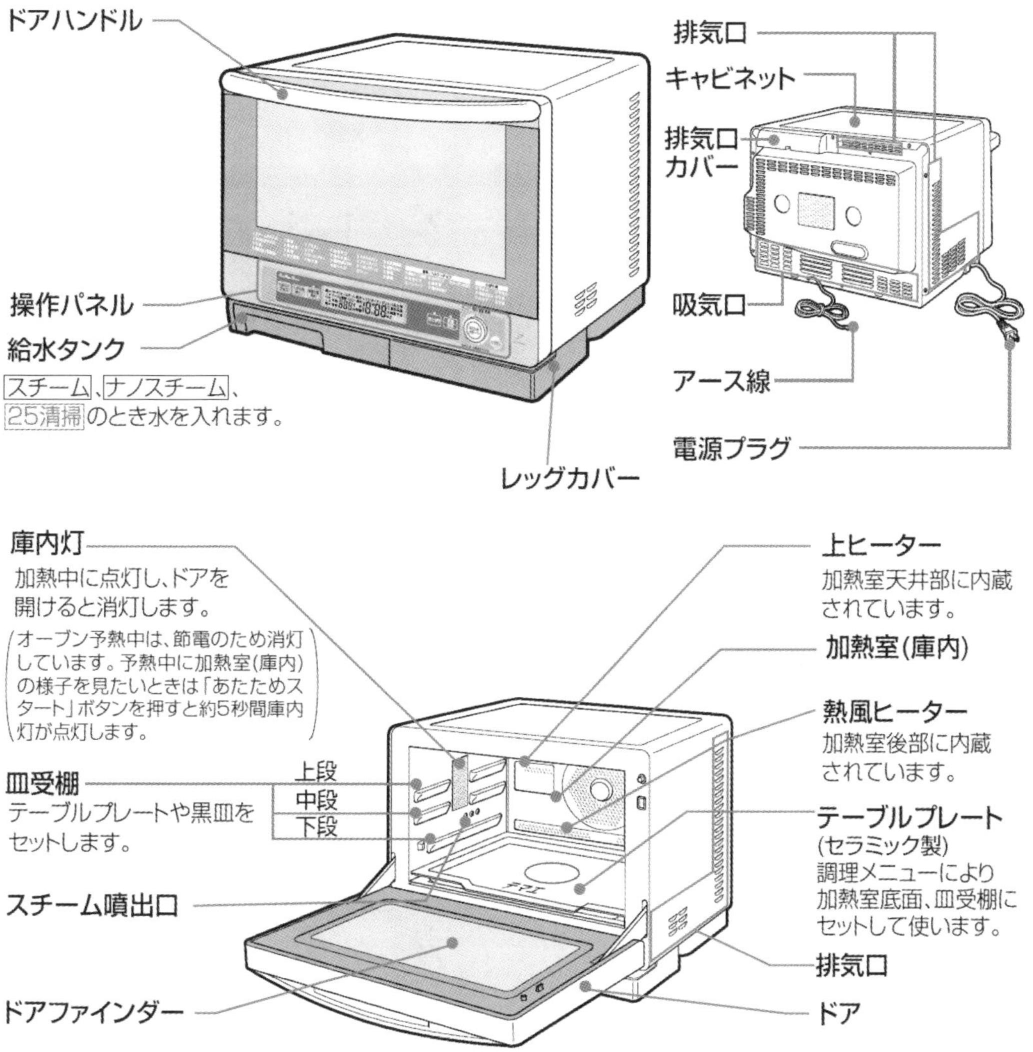


**スチームボイラー**
水を沸とうさせるボイラーです。本体内部に組み込まれています。

図4-2 スチームオーブンレンジ(日立、MRO-FV100型)

## 2. 操作パネルのはたらき(パナソニック、ビストロ、NE-W300型)

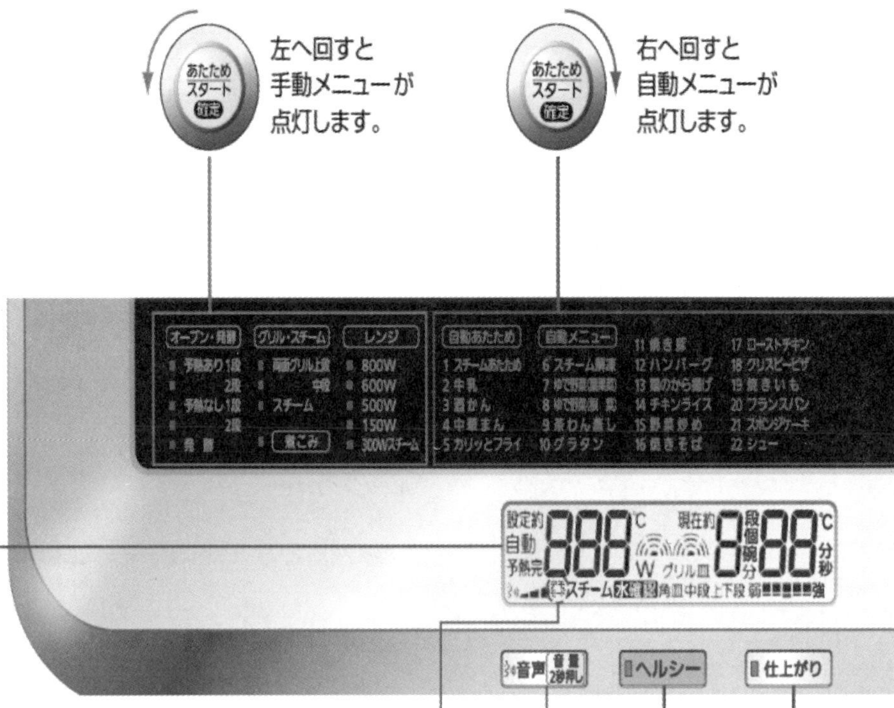


### 表示部

自動メニュー番号や仕上がり調節、温度や時間などを表示します。

※説明のために全項目が点灯した状態にしています。

### 「デモモード」が表示されているとき

店頭用モードのため、調理できません。
ダイヤルを左に回して、「レンジ」800~150Wのいずれかに合わせ、「あたため·スタート」ボタンを4回押す。さらに「取消」ボタンを4回押して、解除してください。

### アンテナ表示について

庫内底面に内蔵している電波をコントロールする部品です。

自動「あたため」、「自動メニュー 5、10~16、23~27」、手動「両面グリル」のとき、2つのアンテナで電波をコントロールしている様子を表示しています。

### 合わせ技サイン

選んだボタンや自動メニューで使われる加熱方法を光でお知らせします。

スチーム　レンジ　ヒーター

（スチーム加熱）（レンジ加熱）（ヒーター加熱）

### メニュー全点灯の消しかた

**基本設定を変える**

●電源を入れたとき、メニューが消灯した状態になるように設定を変えることができます。

●「0」表示中に「ヘルシー」ボタンを2秒押し、さらに「ヘルシー」ボタンを3回押します。元に戻すとき（全点灯）は同じ操作を行ってください。

●消灯に設定したときは、ダイヤルを回すと順次メニューが点灯します。

※メニューが全点灯する設定のときには、調理終了後など、最後の操作から約1分後にメニューは消灯します。

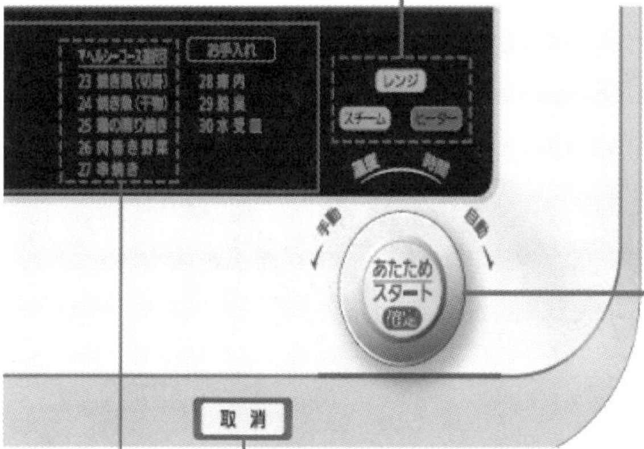


ダイヤル／あたため・スタートボタン

### 取消ボタン

**■操作を取り消す／調理を中止するとき**

調理中にできばえを見たいときは、このボタンを押さずに、ドアを開けて確認します。
ドアを閉め、「あたため・スタート」ボタンを押すと、調理を再開します。

次の操作に迷ったときに2〜3秒あくと、音声で操作をご案内します

音声　音量 2秒押し

音声ボタン

ヘルシー

ヘルシーボタン

仕上がり

仕上がりボタン

## 3. 基本操作と使用法

### 1) ダイヤルの機能

(1) メニューを選んだり、温度や時間の設定、あたためやのみものの仕上がり温度が調節できます。

- 左に(時計の逆方向)回すと手動メニューが選べます。縦一列のメニュー名が点灯し、ダイヤルを回すごとに選んだメニューの横のランプが赤く光ります。
- 右(時計の方向)に回すと自動あたためと自動メニューが選べます。縦一列のメニュー名が点灯し、ダイヤルを回すごとに表示部のメニュー番号が進んでいきます。

(2) 選んだメニューや合わせた温度、時間を確定します。また、加熱をスタートさせます。

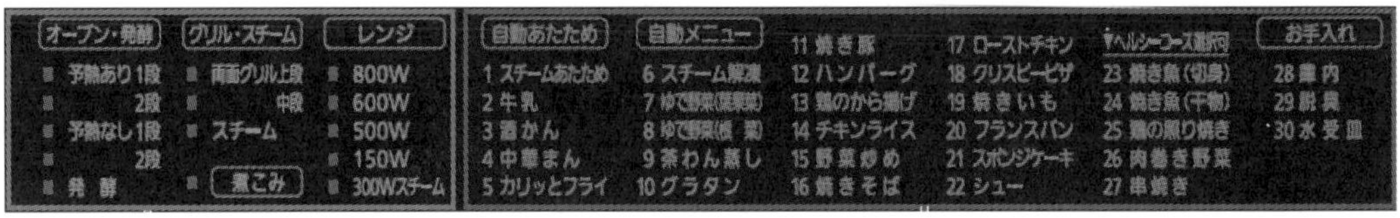


① あたためる場合

- 食品を入れる。
- 「あたため・スタート」ボタンを押して加熱をスタートさせる。

② 自動で加熱するとき(絵は、「1スチームあたため」の場合)

- 食品を入れる。
- ダイヤルを右に回してメニューを選ぶ。
- 縦一列のメニュー名が点灯し、ダイヤルを回すごとに表示部のメニュー番号が進んでいきます。
- 「あたため・スタート」ボタンを押して加熱をスタートさせる。

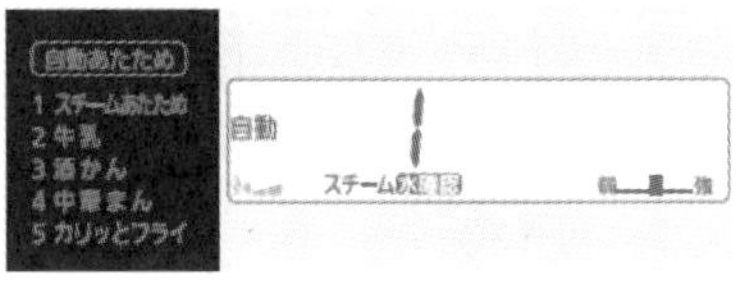


③ 手動で加熱するとき(絵は、「レンジ」800W、1分30秒で加熱する場合)

- 食品を入れる：ダイヤルを左に回してメニュー、出力を選び、押して確定する。
- 選んだメニューの横のランプが赤く光ります。
- ダイヤルを回して時間(または温度)を合わせ、押して加熱をスタートさせる：「オーブン・発酵」は、温度を合わせたあと、さらに時間を合わせて加熱をスタートさせます。

## 2) 使用法

(1) あたためる(1品の「あたため」)

① 食品を入れる

- 100～500gまで。
- 食品により、ラップをする。
- 市販の冷凍食品などの加工食品は、パッケージの指示に従う。
- スープやみそ汁はマグカップを使わない。(沸騰(ふっとう)するおそれ)
- 食品の分量にあった耐熱容器で。

②「あたため」ボタンを押す

- 現在温度は約50秒後から表示します。(0℃未満は表示しません。)

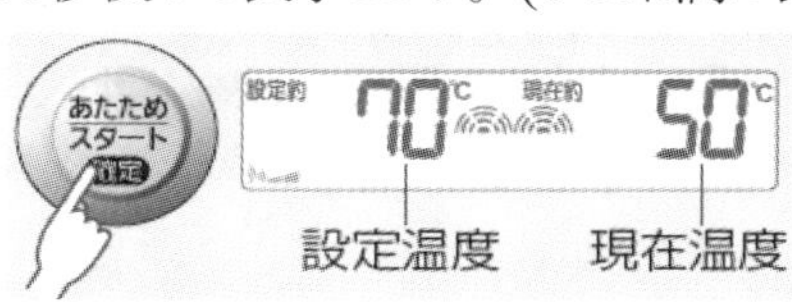


※ 仕上がり温度を変えるとき

- 「温度」が点灯中(約14秒間)にダイヤルを回して変更できます。
- 「仕上がり」ボタンを押しても変更できます。

※ 終了後にあたため足りないとき

- 取り出して混ぜたり、並べ替えなどをして、「レンジ」600Wで、様子を見ながら加熱します。

(2) あたためる(1品の「スチームあたため」)

① 食品を入れる

- 100～500gまで。
- ラップはしない。
- 市販の冷凍食品などの加工食品は、パッケージの指示に従う。

② 自動メニュー「1」を選ぶ

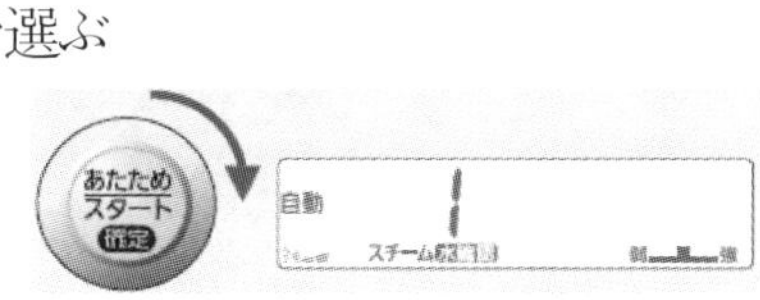

③ スタートする

- 残り時間は途中から表示します。

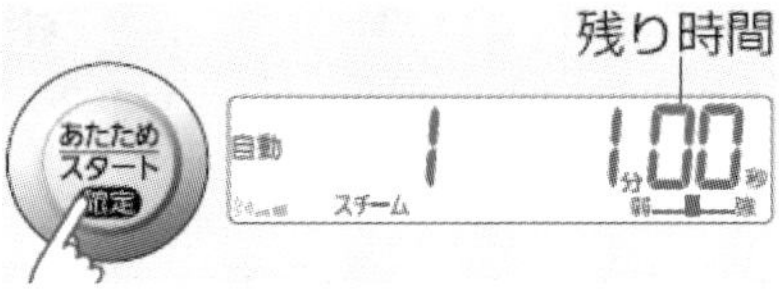


※ 連続使用するときは、赤外線センサーをうまく働かせるために、ドアや庫内をふいてください。

※ 仕上がり温度を変えるとき

- 「温度」が点灯中(約14秒間)にダイヤルを回して変更できます。(スタート後も変更可能)

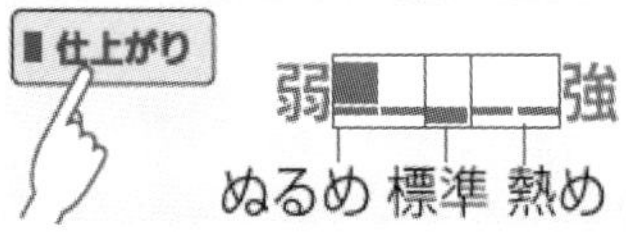


- 「仕上がり」ボタンを押しても変更できます。
- 変えた温度は記憶され、次回のあたため時に表示します。

(3) あたためる(2品の「あたため」)

① 食品を入れる

- 背の高い方を左に置いてください。赤外線センサーを正しく作動させるためです。
- できるだけ中央に寄せて、置いてください。
- 65℃以上に設定してください。
- カレーライスは80℃に設定してください。
- 1皿約100～250gまで。
- それぞれ食品の分量はほぼ同量に。
- 食品の分量に合った耐熱機器で。
- 食品によって、ラップが必要です。

②「あたため」ボタンを押す

※ 2品あたために向かない商品

- スープ、みそ汁などの汁もの
- タレ、ソースのかかった食品
- 冷凍カレー、冷凍シチュー
- 市販の冷凍食品、加工食品(自動あたため不可のもの)

(4) あたためる(飲み物)

① 飲み物を置く

- 容器の８分目まで入れる。(少量では沸騰(ふっとう)するおそれ)

• 加熱の前後は、必ず混ぜる。

• 2杯目以上は、分量をそろえる。

• 広口で背の低い容器を使う。

② 自動メニュー「2」か「3」を選ぶ

• 同じ設定温度でも、牛乳と酒では暖まり方が異なるため、正しく使い分けてください。

③ スタートする

(5) あたためる(中華まん)

① タンクに満水まで水を入れる

② 食品を入れる

• ふたやラップはしない。

• 平皿にのせる。

③ 自動メニュー「4」を選び、個数を合わせる

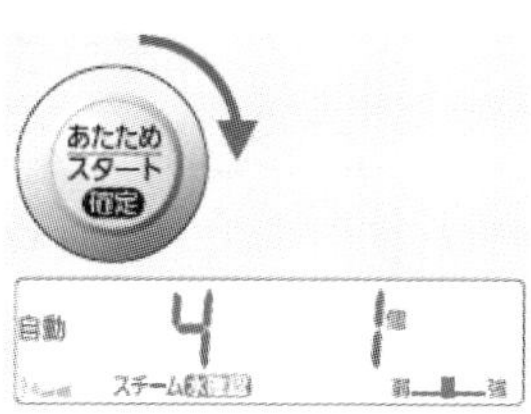


• 分量は一度に1～4個まで。

• 1個の重さは70～120gまで。

※ 70g未満や120gを超えるもののあたためはうまくできません。

④ 大きさや重さに合わせて仕上がりを選ぶ(5段階)

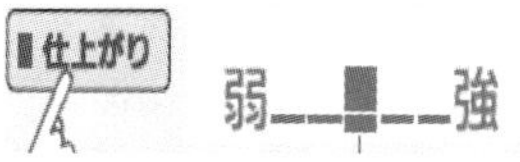


⑤ スタートする

(6) あたためる(揚げ物)

① タンクに満水まで水を入れる

② 食品を入れる(上段)

• ラップはしない。

• 種類の違う食品を同時にあたためるときは、厚みと重さをそろえる。

• 食品はグリル皿に直接のせる。(オーブンシートも使えます)

③ 自動メニュー「5」を選ぶ

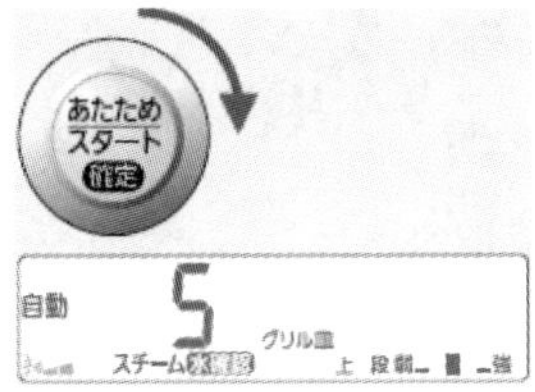


④ 種類や重さに合わせて仕上がりを選ぶ(「弱・中・強」の3段階)

⑤ スタートする

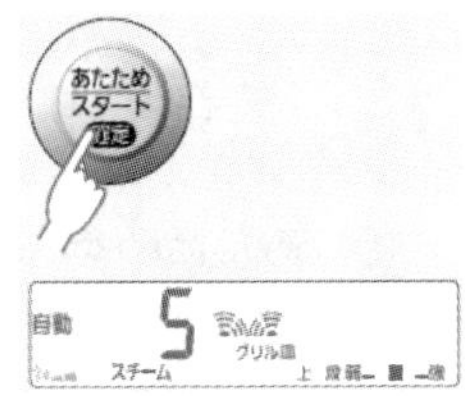


※ アルミホイルは火花が出るので、使えません。

※ 冷凍のものはあたためられません。

※ 100g以下のものや、500g以上の天ぷらのあたためはうまくできません。

(7) 解凍する(スチーム解凍)

① タンクに満水まで水を入れる

② 食品を入れる

- 発泡スチロールのトレーのまま入れる。
- ラップはしない。
- トレーがなければ、耐熱性の平皿で。
- 分量は約100～500gまで。
- 100gは仕上がりを「やや弱」に、500gは仕上がりを「やや強」に、さしみは仕上がりを「弱」に。(仕上がりの変更は5段階)
- 薄い・細い部分にアルミホイルを巻くと変色や煮えを防ぐことができます。

※ 赤外線センサーをうまく働かせるために、庫内は十分に冷まし、水滴などがついているときはふき取ってください。

③ 自動メニュー「 6 」を選ぶ

- 形状や開始温度によって、部分的に煮えることがあります。
- 肉の細切り、いかに切り目を入れるなど包丁で切れる固さにするときは「弱」で解凍してください。

④ スタートする

(8) ゆでる(ゆで野菜、ゆで根菜)

① 食品を入れる

- 野菜が100g未満のとき、大きめに切ったとき、厚めに切ったときなどは「レンジ600W」で様子を見ながら加熱する

② 自動メニュー「７」か「８」を選ぶ

- 季節や野菜の状態により、仕上がりが異なります。
- ゆで野菜は「７」、ゆで根菜は「８」

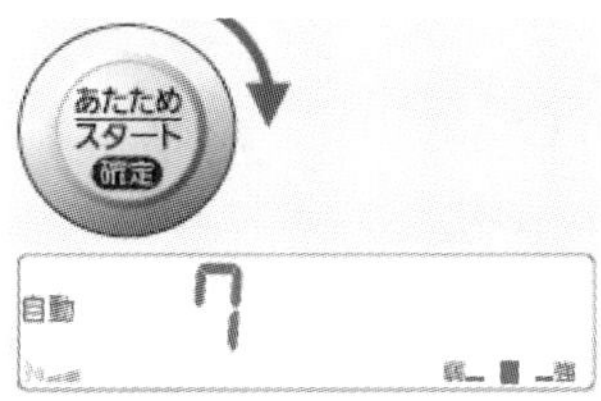


③ スタートする

- 根菜は、加熱後約5分蒸らす。(ムラ解消のため)

※ 取り出すときは皿が熱くなっているので、ふきんなどを使って、取り出してください。

※ アクの強い野菜は、加熱前や加熱後、水にさらして、アク抜きをしてください。

※ 彩りをよくしたいときは、加熱後流水にさらして色止めしてください。

※ 薄く切ったもの、小さく切ったもの(にんじんやミックスベジタブル)などの少量加熱は火花が出てこげることがあります。水にくぐらせて耐熱性の皿に並べ、ラップをして「レンジ」600Wで様子を見ながら加熱してください。

(9) オーブンで焼く(予熱してから焼く)

① 庫内に何も入れない

- 各皿や食品を入れて予熱すると焼き上がりが悪くなります。
- トーストを焼くときのみ、角皿を下段に入れて予熱します。

② オーブン予熱あり「1段」か「2段」かを選び、確定する

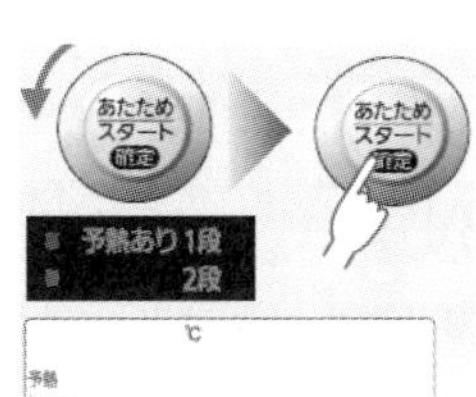

③ 温度を合わせる

- 100℃～320℃まで。

④ スタートする(庫内をあたためる)

- 予熱時間の目安
  150℃：約4分、200℃：約10分、250℃：約14分

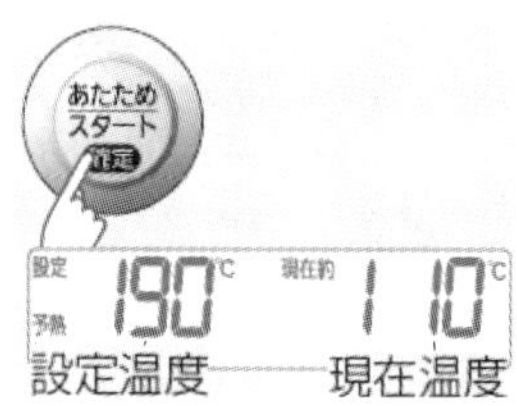


※ ピッピッと鳴って予熱が完了すると「予熱完」と表示される。

⑤ 予熱が完了したら食品を入れる

- 角皿受けの上段、下段、上・下段に入れる。

※ 中段は使えません。熱風の影響で焼きムラになります。

⑥ 時間を合わせる

- 最大設定時間は120分。

⑦ スタートする

- 温度は調理中も変えられます。
- 終了後は、すぐに電源プラグを抜かないでください。電気部品保護のため、約15分間ファンが回ります。

(10) オーブンで焼く(予熱なしで焼く)

① 食品を入れる

- 上段、下段、上・下段に入れる。中段は使えません。

② オーブン予熱なし「1段」か「2段」かを選び、確定する

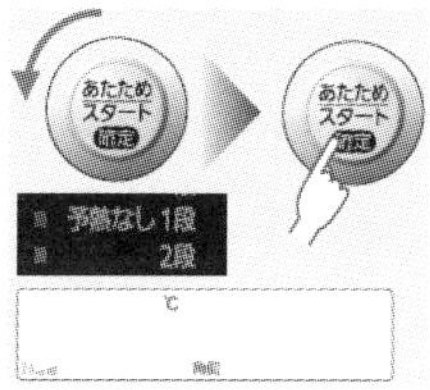


③ 温度を合わせて確定する

- 100℃～320℃まで。

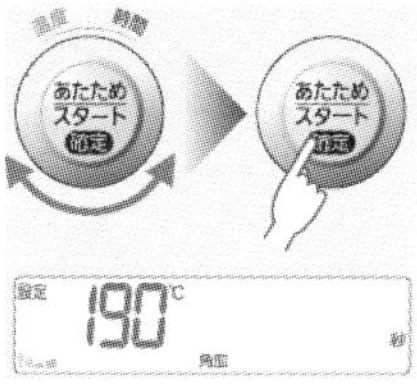


④ 時間を合わせる

- 最大設定時間は120分。

⑤ スタートする

- 温度は調理中も変えられます。
- 終了後は、すぐに電源プラグを抜かないでください。電気部品保護のため、約15分間ファンが回ります。

(11) 煮こむ(カレーなどの長時間コトコト煮こむ料理)

① 食品を入れる

- ふたをして、庫内中央に。
- 深めの器をお使いください。

② 「煮こみ」を選び、確定する

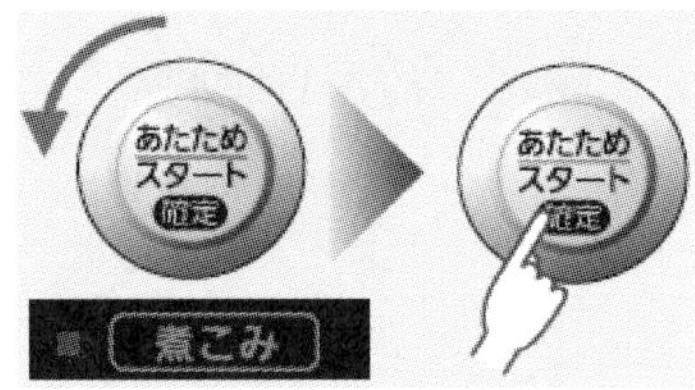


③ 時間を合わせる

- 最大設定時間は120分。

④ スタートする

- 途中、自動的に弱出力に替わります。

(12) 発酵させる

① タンクに満水まで水を入れる

② 食品を入れる

- 上段、下段、上・下段に入れる。中段は使えません。

③ 「発酵」を選び、確定する

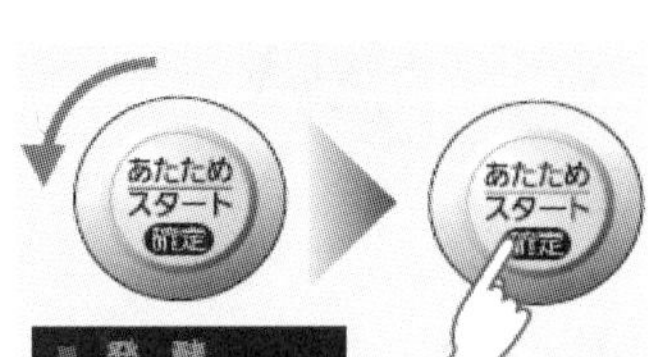


④ 温度を合わせて確定する

- 30、35、40、45℃のいずれかに合わせます。

• 発酵中は温度変更できません。

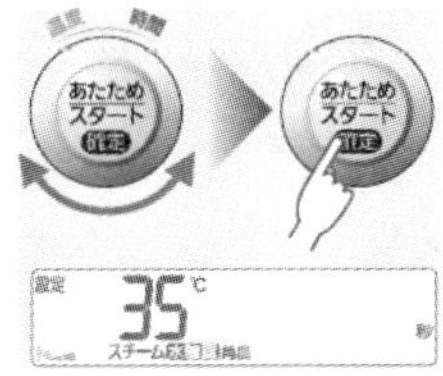


⑤ 時間を合わせる

• 最大設定時間は30分。

⑥ スタートする

• 発酵温度を保持するために、庫内灯は消灯しています。

• 食品や室温などにより、庫内温度が変わるため、様子を見ながら発酵の温度や時間を調節したり、霧吹きをしてください。

(13) グリルで焼く(両面をグリルで焼く)

① 食品を入れる

• 上段、または中段に入れる。

② 両面グリル「上段」か「中段」を選び、確定する

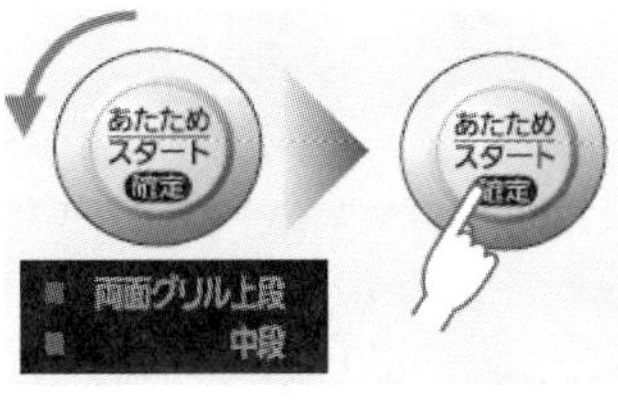


③ 時間を合わせる

• 最大設定時間は30分。

④ スタートする

- 調理後はすぐに電源プラグを抜かないでください。

※ グリル皿に触れていない部分には、焦げ色がつきません。

※ 火花が出るため、角皿やアルミホイル、金ぐしなど金属製のものは、使わないでください。

(14) グリルで焼く(上面をグリルで焼く、上面だけに焦げ色を追加したいときなど)

① 食品を入れる

- 上段、中段、下段

② 両面グリル「上段」を選び、「仕上がり」ボタンを2秒間押す

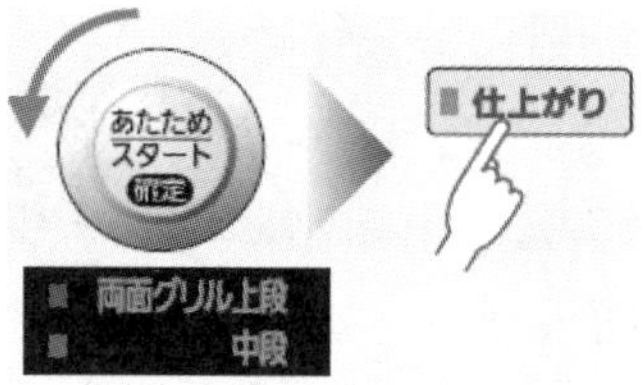


③ 時間を合わせる

- 最大設定時間は30分。

④ スタートする

- 調理後はすぐに電源プラグを抜かないでください。

(15) 蒸す

① タンクに満水まで水を入れる

② 食品を入れる

- 上段、中段、下段。
- ラップはしない。
- 食品はグリル皿に直接のせられます。耐熱容器も使えます。

③ スチームを選び、確定する

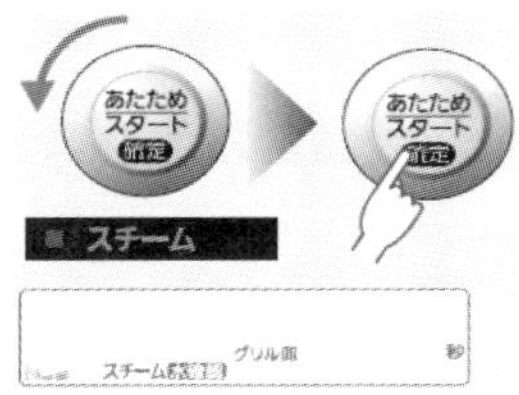


④ 時間を合わせる

- 最大設定時間は30分。

⑤ スタートする

- スタートして約4分後、スチームが発生します。

## 4. お手入れ・注意事項

(1) 警告

- 本体のお手入れ時、電源プラグは抜く。(感電のおそれがあります)
- 庫内が冷めてからお手入れする。(やけどやけがのおそれがあります)

(2) 庫内の汚れが気になるとき

① 角皿、グリル皿、セラミックカバーを取り出す
② 自動メニュー「28」を選ぶ
③ スタートする
④ 終了後、電源プラグを抜き、庫内の浮き出た汚れをふき取る

### (3) 臭いが気になるとき

ヒーターを使用しているため終了後、本体や庫内が熱くなっています。お気を付けください。

① 角皿、グリル皿、セラミックカバーを取り出す
- 庫内の汚れをふき取っておく。

② 自動メニュー「29」を選ぶ

③ スタートする

### (4) 水受皿の汚れ(水アカ)が気になるとき

① 角皿、グリル皿、セラミックカバーを取り出す

② 水にクエン酸を混ぜて溶かす
- 水50ml、クエン酸小さじ約1/4(約1.2g)

③ ②を水受皿にあふれない程度に注ぎセラミックカバーを戻す

④ 自動メニュー「30」を選ぶ

⑤ スタートする

⑥ 終了後、セラミックカバーを水洗いし、すみやかに水受皿に残った湯をふき取る
- 時間をおくと、フッ素コートが痛むことがあります。
- 強くこすらないでください。フッ素コートがはがれる原因になります。特にクレンザー・漂白剤などは使用しないでください。

### (5) 水を抜きたいとき

① 角皿、グリル皿、セラミックカバー、給水タンクを取り出す

② 排水する
- 「仕上がり」ボタンを2秒間押すとノズルから排水される。

③ 水受皿に排水された水をふき取る
- 連続使用は3回まで。

## 5. 重要語彙

① コンベクションヒーター : 컨벡션 히터(convection heater, 강제대류 방식 히터). 오븐 내부에 있는 팬이 돌면서 열을 고르게 전달해주는 히터

② 庫内灯 : 오븐 내부등

③ 皿受け棚 : 접시 받침대

④ 仕上がり : 완성, 마무리

⑤ 店頭 : 가게 앞, 店頭用(전시용)

⑥ 様子 : 사물의 상태, 상황, 모습

⑦ 合わせ技 : 복합기능. 合わせる(합치다)+技(기술)

⑧ ヘルシー : 헬시(healthy), 건강한

⑨ できばえ : 만들어진 모양새, 솜씨

⑩ 発酵 : 발효

⑪ 沸騰 : 비등, 액체가 끓어오르는 것

⑫ 並べ替え : 재배열, 바꾸어 늘어놓음

⑬ パッケージ : 패키지(package), 상품 포장용 용기

⑭ うまい : 잘하다, 맛있다

⑮ 働かせる : 동작시키다

⑯ できるだけ : 가능한 한, 될 수 있는 대로, 할 수 있는 한

> ※ できるだけ는 정도, なるべく는 빈도나 경향을 수식하는 어감의 차이가 있으나 적절한 문맥이 뒷받침되지 않는 한 같은 의미로 쓰임.
>
> 예) [できるだけ小さく] 切った紙片を貼り付けてください。
> [なるべく小さく] 切った紙片を貼り付けてください。
> [なるべく [小さく切った紙片を] 貼り付けて] ください。
>
> 즉, できるだけ는 "가능한 한 작게(정도)"를 의미하지만, なるべく는 "되도록이면 작게(정도)"를 의미하기도 하고, "가능한 붙이도록 하다(빈도나 경향)"를 수식하기도 한다.

⑰ 寄せる : 가까이 대다, 접근하다

⑱ 向かない : 적합하지 않은, 어울리지 않는

⑲ 酒かん : 술을 데우는 것

⑳ 中華まん : 중국식 만두

㉑ 揚(あ)げ物(もの) : 튀김, 튀긴 음식, 《俗》 장물

㉒ アルミホイル : 알루미늄 호일

㉓ 火花(ひばな) : 불꽃

㉔ 天(てん)ぷら : 튀김. ~を揚(あ)げる(~튀기다). cf) 天丼(てんどん)

㉕ 発泡(はっぽう)スチロール : 발포 스티롤(styrol, 절연체나 단열재 등으로 쓰이는 합성수지)

㉖ トレー : 트레이(tray), 접시, 쟁반, 상자

㉗ 水滴(すいてき) : 물방울

㉘ 包丁(ほうちょう) : 부엌칼

㉙ ゆで根菜(こんさい) : 삶거나 데친 근채(무, 토란, 당근 등의 뿌리채소)

㉚ ムラ : 얼룩짐

㉛ 彩(いろど)り : 색감, 채색, 착색

㉜ さらす : (햇볕, 비, 바람 등에) 노출시키다

㉝ アク抜(ぬ)き : 채소나 산나물 등의 떫거나 쓴 맛을 우려냄

㉞ 色止(いろど)め : 탈색이나 퇴색을 방지하는 것

㉟ くぐらせる : 담그다, 잠수시키다

㊱ 目安(めやす) : 표준, 기준, 목표

㊲ 焼(や)きムラ : 열에 의해서 생긴 얼룩

㊳ コトコト : 물체가 가볍게 부딪히는 소리, 딸그락 딸그락, 보글보글

㊴ 煮(に)こむ : 푹 끓이거나 삶다

㊵ 霧(きり)吹(ふ)き : 분무 또는 분무기

㊶ やけど : 화상

㊷ 浮(う)き出(で)る : 떠오르다

㊸ 水(みず)アカ : 물때

㊹ すみやかだ : 재빠른, 신속한

㊺ クレンザー : 클린저(cleanser), 세제, 연마분(가루비누를 섞어 만든 것으로 금속이나 타일을 닦을 때 사용하는 분말)

㊻ ノズル : 노즐(nozzle)

# 第5章　洗濯機(Washing Machine)

洗濯機は、一般的に、水、洗剤、かき回す機械力、この3つの要素で汚れを落とす。

電気洗濯機は、1903年、はじめてアメリカで発明され、1906年には電気洗濯機の大量生産が開始される。日本製の洗濯機の第一号は1930年に東芝の前身である芝浦製作所から販売された。

洗濯機にはいろいろな種類があるが、二槽式・全自動式、乾燥機付洗濯機などに分けられる。最近は洗濯槽と脱水槽が別々にある二槽式はほとんど使われない。構造による分類では、主流はパルセーター式であるが、この方式では衣類同士がこすれあったり、からまったりして衣類自体を傷めるという欠点があり、これを解決するために遠心力で汚れを落とす遠心力洗濯機も登場している。最新式の洗濯機の中には、電解水と超音波を利用することで、軽い汚れであれば洗剤を使わなくても落とすことができる製品などもある。

1960年代以後、長年の主流方式として使われたのはパルセーター式であったが、現在はドラム式洗濯機が主流になりつつある。発売初期のドラム式洗濯機は、パルセーター式より大きいし、重くて、特に日本のように部屋のスペースが狭い場合は、ドラム式を購入しても設置することができない場合もあったという。

(1) パルセーター式の原理と構造(日立、ビートウォッシュ、BW−E580JV型)

槽の底に小型の回転翼(パルセーター)を持ち、洗濯時には、これを高速回転させて水流を発生させる方式。脱水時には脱水槽が高速で回転し、遠心力を使って水分を取る。

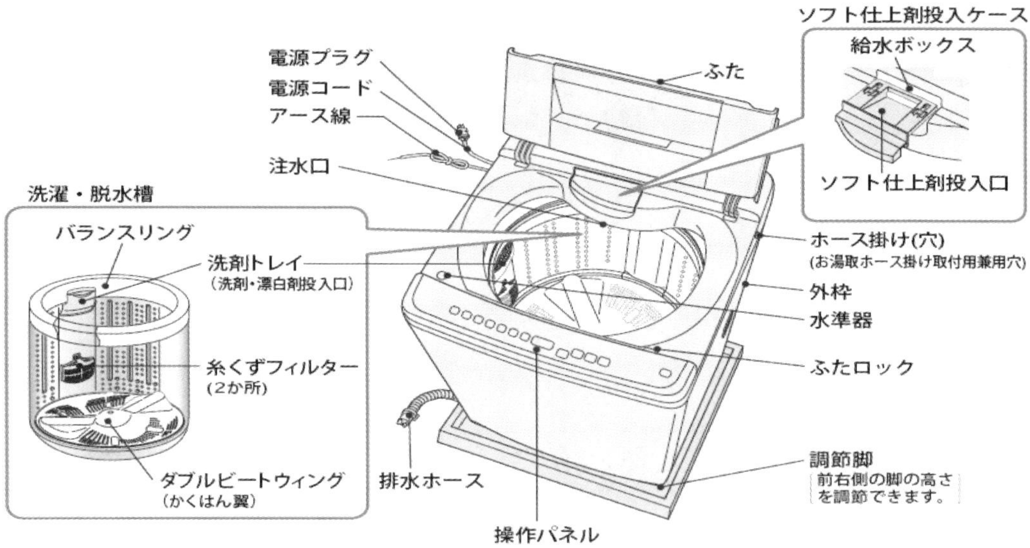


### (2) ドラム式洗濯機の原理

ドラム式洗濯機は、横型のドラムが回転し、洗濯機の中で洗濯物を持ち上げ、落下させることによって汚れを落すという原理を利用している。いわゆる、叩き洗いである。

▸ ドラム式洗濯機の長所と短所

| | |
|---|---|
| 長所 | 洗濯物の絡みが少なく、生地の傷みが少ない。<br>槽が横を向いた機種が多く、洗濯物の出し入れが容易。<br>洗剤の使用が少ない。<br>少ない洗濯水で洗濯が可能なため、水道代を節約できる。<br>洗濯物を入れたドラムごと回転させ叩き洗いができる。 |
| 短所 | 洗濯時間が長く、電気代が高い。<br>洗濯容量が少ない。 |

### (3) 水量と洗濯時間の調節(おまかせ機能)

これはセンサとマイコン(micro-computer)によって自動的に決められる。たとえば、洗濯機に洗濯物を入れてスイッチを入れると、まず、2～3回、空回りして、その負荷によってセンサが水量を決める。さらに、少し水を入れた状態で再び回転させ、その負荷をまた測定し、その負荷をマイコンに入力されているデーターに照らし合わせ、洗濯時間を決める。

## 用語解説

① 電解水(でんかいすい) : 전해수. 수돗물이나 지하수를 전기분해하여 얻어지는 물로 약전해수(음용)와 강전해수(산업용)로 구분됨

② 超音波(ちょうおんぱ) : 초음파. 음향의 일종으로 통상 인간의 청력으로 들을 수 없는 높은 주파(20kHz 이상)의 음파로 통신, 계측, 가전 분야 등에 응용됨

③ ソフト仕上剤(しあげざい) : 섬유유연제(柔軟剤). 세탁 후 섬유를 유연하게 하기 위한 양이온 계면활성제. 세제에 사용되는 음이온 계면활성제와는 달리 세정 효과는 없으나 섬유에서 발생되는 정전기를 방지하는 효과가 있다. cf) 漂白剤(ひょうはくざい)(표백제)

④ かき回(まわ)す : 휘젓다

⑤ 絡(から)まる : 엉키다, 휘감기다, 휘감기다

⑥ 持(も)ち上(あ)げる : 들어올리다

⑦ 叩(たた)き洗(あら)い : 두드려 빠는 것

⑧ 空回(からまわ)りする : 공회전하다, 헛돌다

⑨ 照(て)らし合(あ)わせる : 대조하다, 비춰보다

## 漢字練習

| | | | | |
|---|---|---|---|---|
| 登場(とうじょう) | | | | |
| 購入(こうにゅう) | | | | |
| 設置(せっち) | | | | |
| 負荷(ふか) | | | | |

## 練習問題

最近パルセーター式洗濯機に比べドラム式洗濯機の普及が急激に増えている理由について考えよ。

## 1. 各部の名前(日立、ビッグドラム、BD-V2000型)

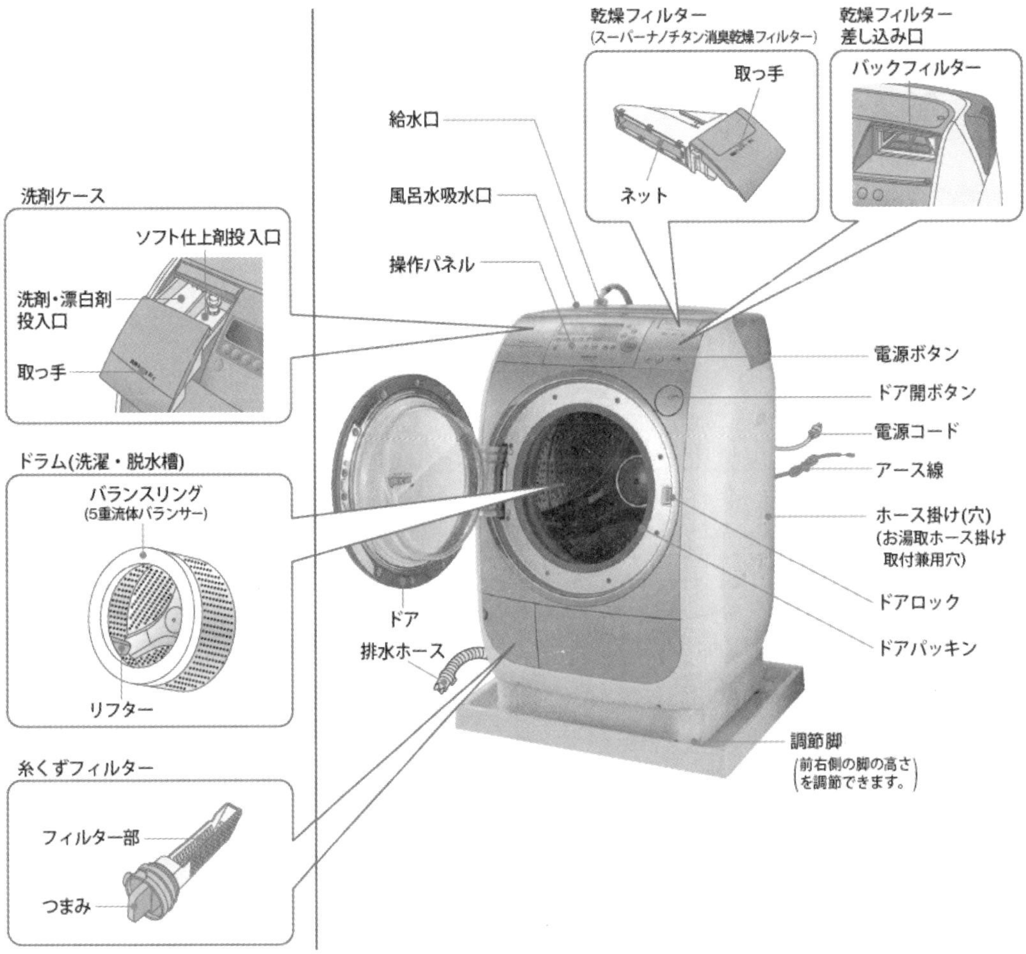

## 2. 操作パネルのはたらき

### お知らせ表示

| | |
|---|---|
| 糸くずフィルター | ●糸くずフィルターが目詰まりしたときや、正しくセットされていないとき、「洗濯」コースまたは「洗▸乾」コースを30回運転したときに点灯します。 |
| 乾燥フィルター | ●乾燥フィルターが目詰まりしたときに点灯または点滅します。 |
| 高温 | ●ドラム内が高温のとき点灯または点滅します。 |
| ⊶(ドアロック) | ●ドアがロックされているあいだ、ランプが点灯または点滅します。 |
| 風アイロン | ●風アイロン設定時に点灯します。風アイロン動作中は点滅します。 |

### 洗剤量目安表示

洗剤量はコンパクト(濃縮)粉末洗剤「アタック」を基準にしています。

### 運転内容を変える

「洗い」「すすぎ」「脱水」「乾燥」の内容や組合せを切り替えます。

- ●スタート後は、「一時停止」を押して変更します。「洗い」が終わると変更できません。※「洗いのみ」を運転した場合は、内容は変更できません。
- ●内容を変更できないコースもあります。

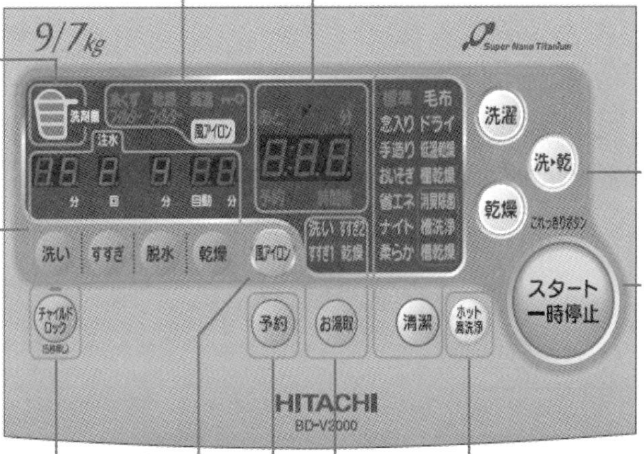


### チャイルドロックを設定する

子供が勝手にドアを開けられないようにします。

- ●設定した場合には、ランプが点灯します。

### 風アイロンを使う

「風アイロン」ボタンを押すと、乾燥運転中に「風アイロン」機能が動作します。

- ●設定できないコースもあります。
- ●工場出荷時は設定していません。
- ●前回選んだ内容を記憶します。

### 予約をする

何時間後に運転を終了させるか、3～12時間後まで1時間単位で予約できます。

- ●予約設定できないコースもあります。
- ●「乾燥」「清潔」運転はいずれも予約できません。

## 残時間・予約時間表示

運転スタート後に残時間の目安を表示します。
予約ボタンを押すごとに、予約設定時間が表示されます。
スタート後は「予約」「┳O」のみが点灯します。

## コースを選ぶ

「洗濯」「洗▶乾」「乾燥」「清潔」ボタンを押すと、選べるコースが順に点灯します。

- 「洗濯」「洗▶乾」「乾燥」「清潔」によって、選べるコースは異なります。
- 洗剤量目安表示中に点滅しているボタンを押すと、給水が始まります。

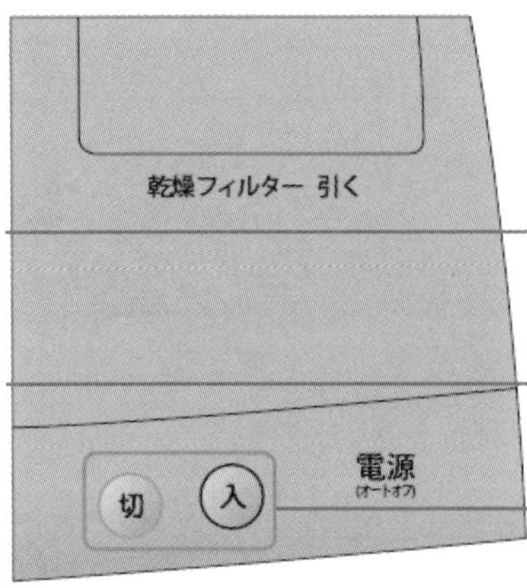


## スタート／一時停止

運転のスタートや、一時停止を行います。

- 乾燥中に「一時停止」を押しても、ドラム内が冷えるまでドアは開きません。
- ドアが閉まっていることを確認してから押してください。本体の故障の原因になります。

## 電　源

電源の入・切を行います。

- 運転が終了するとメロディ(ブザー)が鳴って、自動的に電源は切れます。
- スタートさせずに10分間放置すると自動的に切れます。

## 風呂水を使う

「お湯取」ボタンを押すと、風呂水を利用する行程が順に点灯します。

- 風呂水を利用しないときは、ボタンを押してランプをすべて消してください。
- 工場出荷時は設定していません。
- 前回選んだ内容を記憶します。
- 設定できないコースもあります。

## ホット高洗浄を使う

「ホット高洗浄」ボタンを押すと、洗濯物に温風を吹きかけ、洗剤を活性化させて洗います。

- 設定できないコースもあります。
- 前回選んだ内容は記憶しません。

## 3. 基本操作と使用法

### (1) 洗濯の手順

準備をする → 洗濯物にあったコースを設定する → 洗濯物量をセンサーが計測する(計測しないコースもある) → 洗剤などを入れる → 洗い → すすぎ → 脱水 → 乾燥 → 片付けをする ⇒ お手入れをする

### (2) 洗濯機の準備

① 排水ホースをセットする
② 水道の水栓をゆっくり開く
③ 電源プラグをコンセントに差す
④ 糸くずフィルター、乾燥フィルターが取りつけられていることを確認する
⑤ 風呂水を使うときはお湯取ホースを準備する

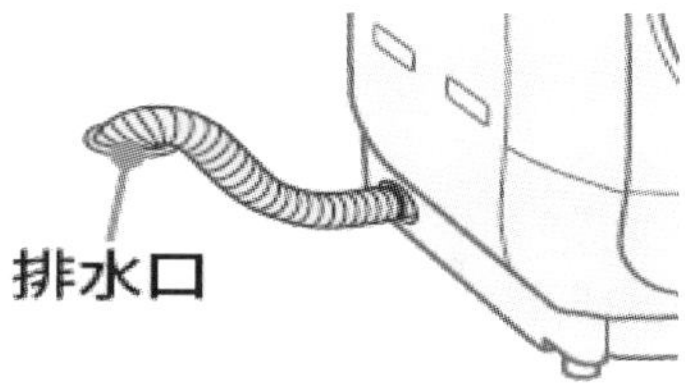


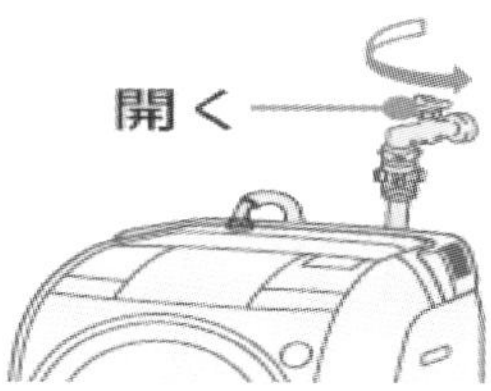


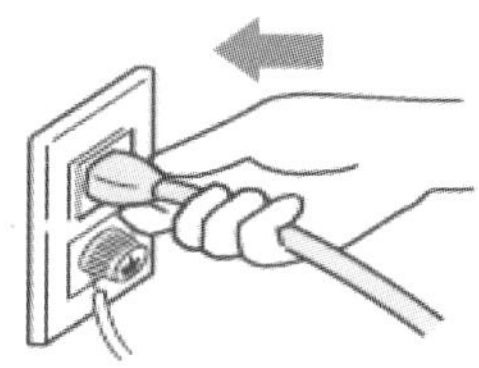

### (3) 各コースの使い分け(洗濯)

| おすすめコース | こんなときに | 洗濯物の量 | | おすすめ洗剤 |
|---|---|---|---|---|
| | | 洗濯のみ | 洗濯＋乾燥 | |
| 標準 | 普段の洗濯物 | 9kg | 7kg | 粉末合成洗剤または液体洗剤 |
| 念入り | 汚れが多いときや厚手の洗濯物 | 9kg | 7kg | |
| 手作り | 自分でコースを造る | 9kg | 7kg | |
| おいそぎ | 軽い汚れを短時間に洗濯・乾燥 | 4.5kg | 2kg | |
| 省エネ | 少ない消費電力で運転する | | 7kg | |
| ナイト | 静かに運転したいとき | | 4.5kg | |
| 柔らか | タオルなどを風合いよく仕上げたいとき | 4.5kg | | |
| 毛布 | 毛布などの洗濯・乾燥 | 4.7kg | 3kg | 液体洗剤 |
| ドライ | ドライマーク付き衣類を洗濯するとき | 1.5kg | | ドライマーク衣類専用洗剤または液体中性洗剤 |

(4) 洗濯する / 洗濯~乾燥する

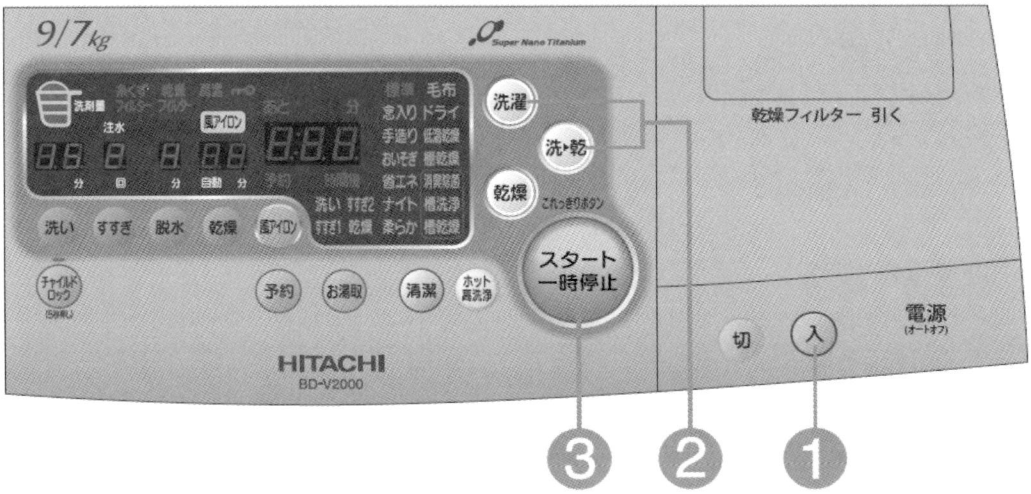


準備) 水道の水栓を開ける。

① 「ドア開」ボタンを押して、ドアを開けて、洗濯物を入れてドアを閉め、「入」ボタンを押す

② 「洗濯」、「洗+乾」運転したいいずれかのボタンを押し、希望のコースのランプを点灯させる

- ボタンを押すと表示文字が点灯します。ご希望のコースを選んでください。

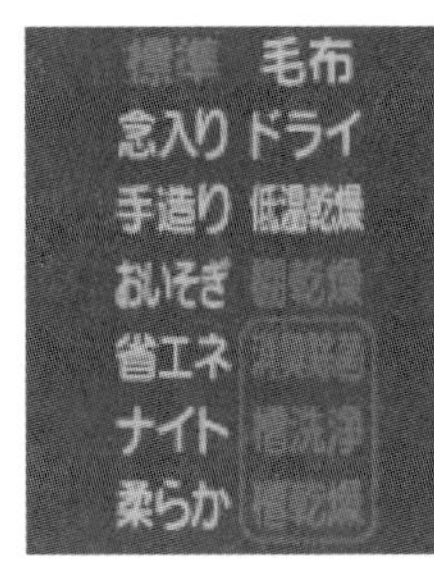


(設定) 風アイロンを使うときは「風アイロン」を押し、ランプを点灯させる。

(設定) ホット高洗浄を使うときは「ホット高洗浄」を押し、ボタンを点灯させる。

(設定) お湯取設定したいときは「お湯取」を押し、お湯取したい行程のランプを点灯させる。

③ 「スタート / 一時停止」を押す

- メロディが鳴って洗濯物の量を計測し、30秒~2分後に洗剤量(目安)を表示します。

④ 洗剤量(目安)にしたがって、洗剤、漂白剤、ソフト仕上剤を入れる

- 洗剤量(目安)が表示されてから約1分後に給水が始まります。
- 運転終了の約5~10分前に終了予告音が鳴り、その後メロディが鳴ったら終了です。

### (5) 各コースの使い分け(乾燥)

| おすすめコース | こんなときに | 乾燥容量 |
|---|---|---|
| 標準 | 普段の乾燥 | 7kg |
| 念入り | 厚手の乾燥 | 7kg |
| 省エネ | 少ない消費電力で運転する | 7kg |
| ナイト | 静かに乾燥したいとき | 4.5kg |
| 低温乾燥 | 熱に弱い洗濯物(化学繊維のくつ下、ランジェリー)などの乾燥 | 4.5kg |
| 棚乾燥 | ドライマークの付いた衣類や、スニーカーなどの乾燥 | 0.4kg |

### (6) 乾燥する

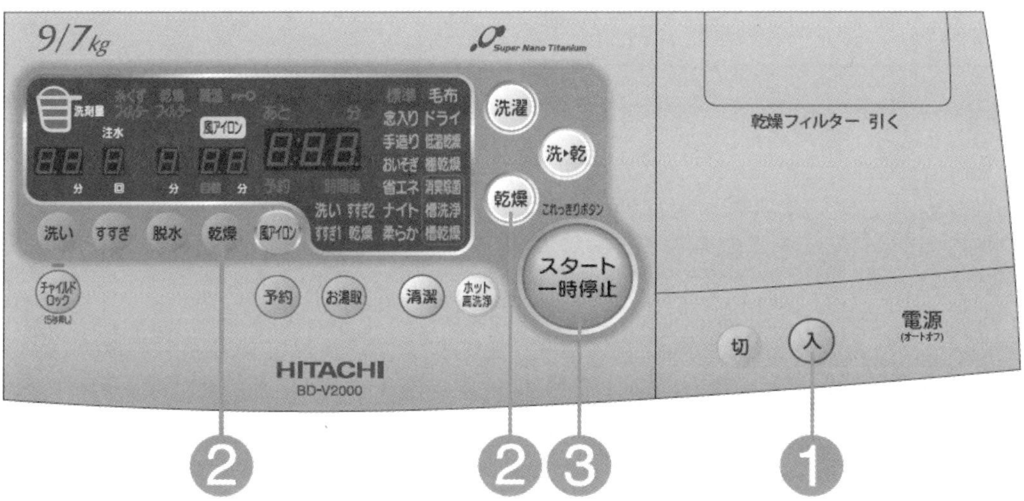


準備) 水道の水栓を開ける。

① 「ドア開」ボタンを押して、ドアを開けて、洗濯物を入れてドアを閉め、「入」ボタンを押す

② 「乾燥」を押し、希望のコースのランプを点灯させる

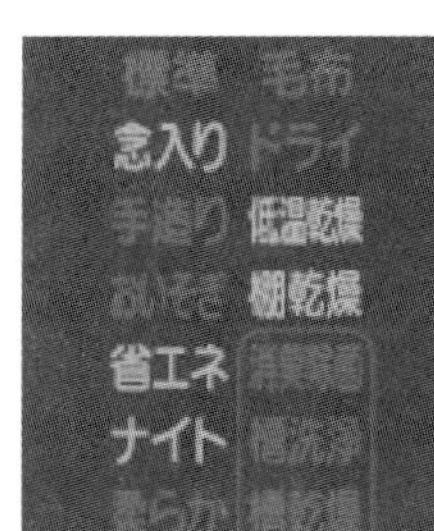


- ボタンを押すと表示文字が点灯します。ご希望のコースを選んでください。
- タイマー運転(10 / 30 / 60 / 90分)するときは、「標準」のランプを点灯させた状態で「乾燥」ボタンを押し、希望の時間のランプを点灯させる。

(設定) 風アイロンを使うときは「風アイロン」を押し、ランプを点灯させる。

(設定) お湯取設定したいときは「お湯取」を押し、お湯取したい行程のランプを点灯させる。

③「スタート / 一時停止」を押す

- 運転終了の約5～10分前に終了予告音が鳴り、その後メロディが鳴ったら終了です。

(7) 各コースの使い分け(清潔コース)

| おすすめコース | こんなときに | 乾燥容量 | 運転時間 |
|---|---|---|---|
| 消臭除菌 | においや雑菌が気になるもの | 1kg | 35分 |
| 槽洗浄 | ドラムの汚れが気になるとき | 衣類は入れないでください | 3時間 / 11時間 |
| 槽乾燥 | カビの発生を防止したいとき | | 30分 |

(8) 清潔コース

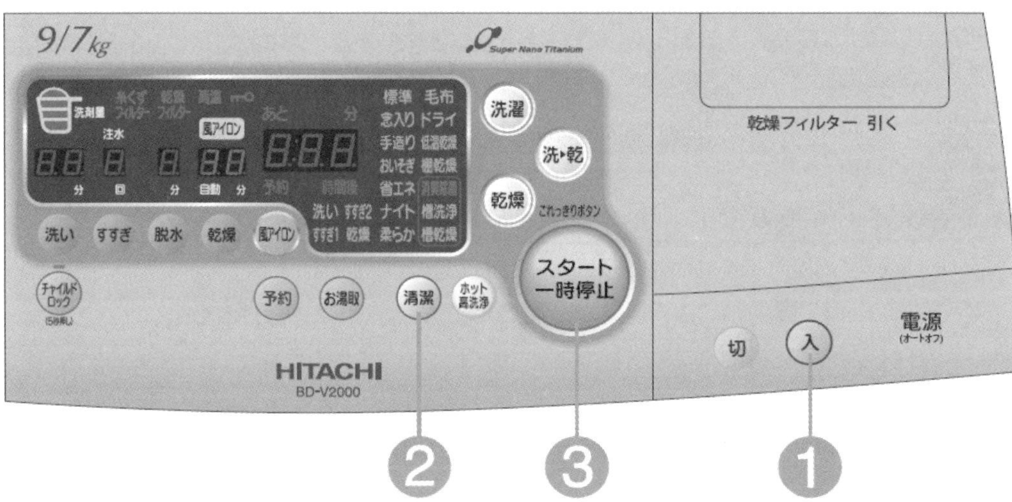


準備) 水道の水栓を開ける。

①「ドア開」ボタンを押して、ドアを開け、「入」ボタンを押す

②「清潔」を押し、希望のコースのランプを点灯させる

- ボタンを押すと表示文字が点灯します。ご希望のコースと運転時間(「槽洗浄」のみ)を選んでください。
- タイマー運転(10 / 30 / 60 / 90分)するときは、「標準」のランプを点灯させた状態で「乾燥」ボタンを押し、希望の時間のランプを点灯させる。

(設定) お湯取設定したいときは「お湯取」を押し、お湯取したい行程のランプを点灯させる。(「槽洗浄」コースで設定できます)

※「消臭除菌」コースは洗濯物を入れてください。

③ ドアを閉めて、「スタート / 一時停止」を押す

- メロディが鳴ったら終了です。
- 「槽洗浄」コースの場合は、洗い時間設定が100分以上のため、「--」で表示します。

(9) 毛布を洗濯する / 洗濯~乾燥する

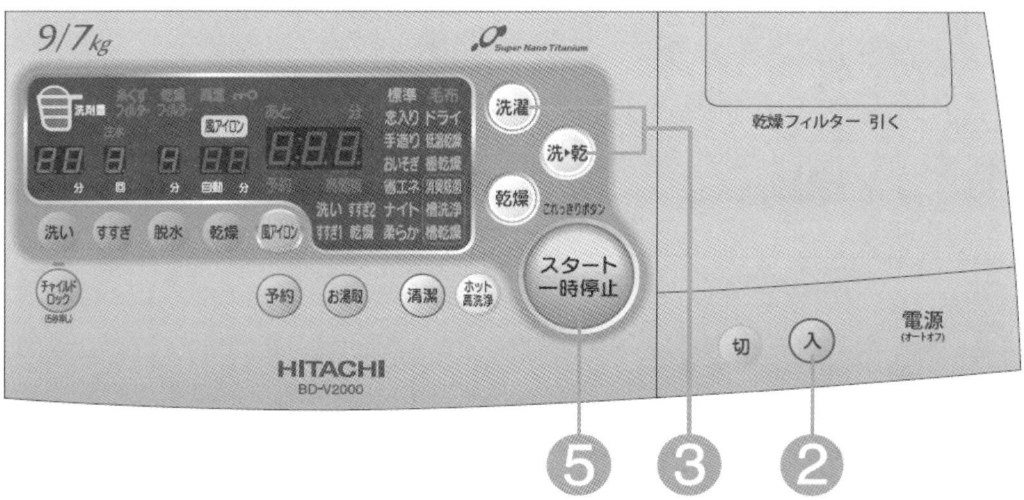


準備) 水道の水栓を開ける。

① 「ドア開」ボタンを押して、ドアを開ける

② 洗濯物を入れ、「洗濯」運転(3kg以上)の場合は、お洗濯キャップを取り付け、「入」を押す

※「洗▶乾」運転の場合は、お洗濯キャップを使用しないでください。

③ ドアを閉め、「洗濯 / 洗+乾」の運転したいいずれかのボタンを押し、「毛布」のランプを点灯させる。

(設定) お湯取設定したいときは「お湯取」を押し、お湯取したい行程のランプを点灯させる。

④ 液体洗剤は洗剤投入口に、ソフト仕上剤はソフト仕上剤投入口に入れる。

※ 粉末洗剤は使用しないでください。

⑤ 「スタート / 一時停止」を押す

- 運転終了の約5~10分前に終了予告音が鳴り、その後メロディが鳴ったら終了です。

(10) ドライマーク付き衣類の洗濯をする

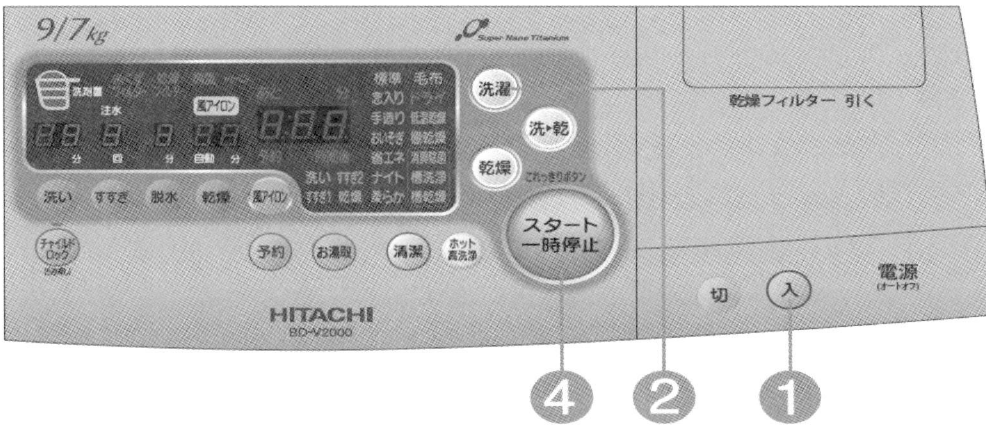

準備) 水道の水栓を開ける。

① 「ドア開」ボタンを押して、ドアを開けて、洗濯物を入れてドアを閉め、「入」ボタンを押す

- 衣類は裏返しにします。
- セーター1枚のときは、他の洗濯物を追加してください。洗濯物の片寄りにより、脱水時にアンバランスを検知してしまう場合があります。

② 「洗濯」を押し、「ドライ」のランプを点灯させる

③ 液体中性洗剤は洗剤投入口に、ソフト仕上剤はソフト仕上剤投入口に入れる

※ 粉末洗剤は使用しないでください。

④ 「スタート／一時停止」を押す

- 運転終了の約5～10分前に終了予告音が鳴り、その後メロディが鳴ったら終了です。

(11) 棚乾燥をする

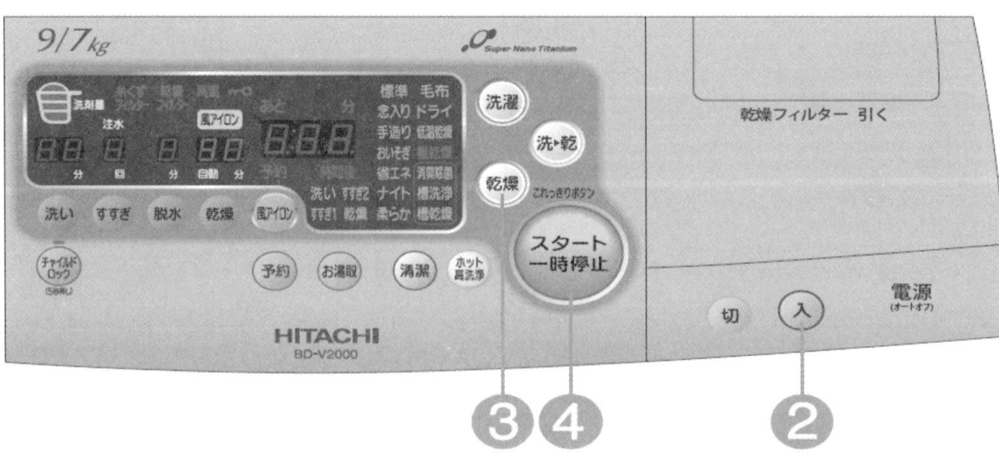

準備) 水道の水栓を開ける。

①「ドア開」ボタンを押して、ドアを開ける

② 乾燥棚を取り付け、洗濯物を載せて、ドアを閉め、「入」ボタンを押す

③「乾燥」を押し、「棚乾燥」のランプを点灯させる

(設定) お湯取設定したいときは「お湯取」を押し、お湯取したい行程のランプを点灯させる 。

④「スタート / 一時停止」を押す

- 運転終了の約5～10分前に終了予告音が鳴り、その後メロディが鳴ったら終了です。

(12) 予約運転をする

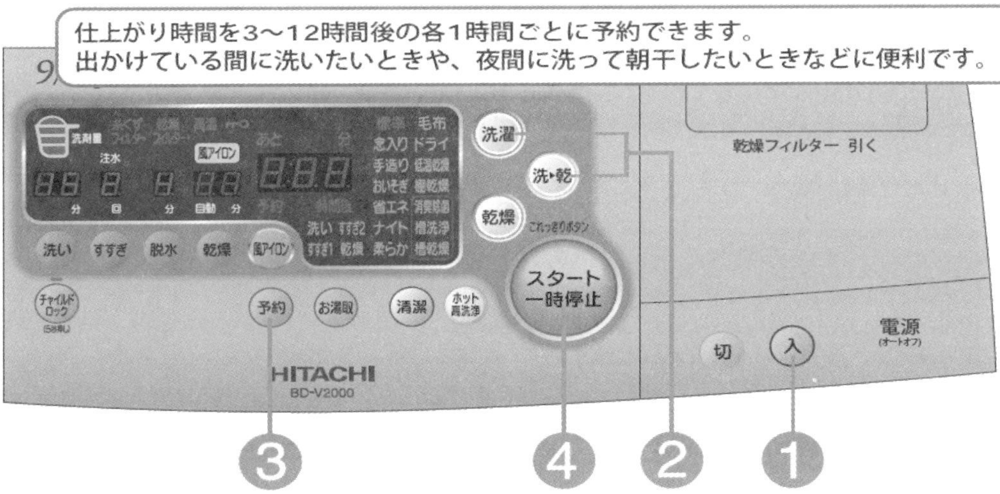


準備) 水道の水栓を開ける。

①「ドア開」ボタンを押して、ドアを開けて、洗濯物を入れてドアを閉め、「入」ボタンを押す

②「洗濯」「洗＋乾」運転したいいずれかのボタンを押し、希望のコースのランプを点灯させる

- ボタンを押すと表示文字が点灯します。ご希望のコースを選んでください。

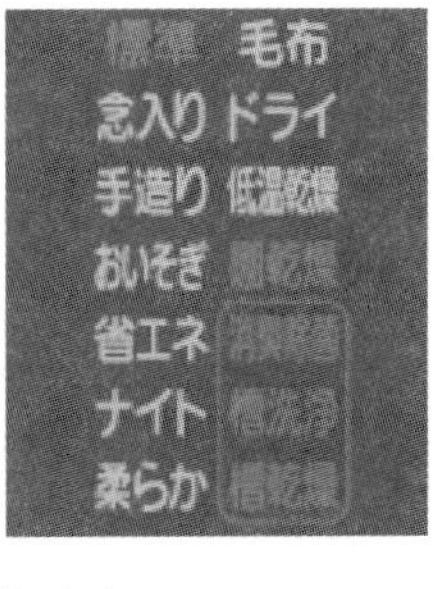


(設定) 風アイロンを使うときは「風アイロン」を押し、ランプを点灯させる。

(設定) ホット高洗浄を使うときは「ホット高洗浄」を押し、ボタンを点灯させる。

(設定) お湯取設定したいときは「お湯取」を押し、お湯取したい行程のランプを点灯させる。

③「予約」を押し、仕上がり時間を設定する

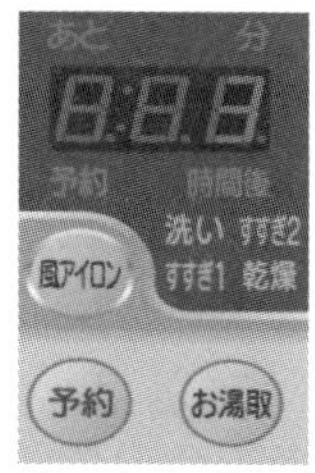


④「スタート/一時停止」を押す

- メロディが鳴ったら洗濯物の量を計測し、30秒～2分後に洗剤量(目安)を表示します。

⑤ 洗剤量(目安)にしたがって、洗剤、漂白剤、ソフト仕上剤を入れる

- 洗濯内容を表示したあと、「予約」、「」表示以外は消灯します。

(13) その他のいろいろな使い方

① ホット高洗浄を使う

- 高濃度洗剤液を洗濯物に振りかけたあと、温風を吹きかけ洗剤を活性化させて洗浄します。
  - i) ホット高洗浄を選ぶ。(運転時間が約13分長くなります)
  - ii) 循環ポンプを使って洗剤を溶かす。
  - iii) 高濃度洗剤液を振りかけ浸透させる。
  - iv) 温風を洗濯物に吹きかけ、洗剤が酵素パワーを発揮する温度まで温め、汚れを浮かせる。
  - v) たたき洗い。(水を追加し、約2倍の高濃度洗剤液を循環させながら洗う)

② ふんわりガードを設定・解除したいとき

- 乾燥終了後、洗濯物を取り出すまで、ふんわり感を保つため、ドラムの回転を行ないます。ふんわりガード運転中は、休止のときもドアロックされているため、一時停止ボタンを押してからドアを開けてください。工場出荷時は「設定なし」にしています。

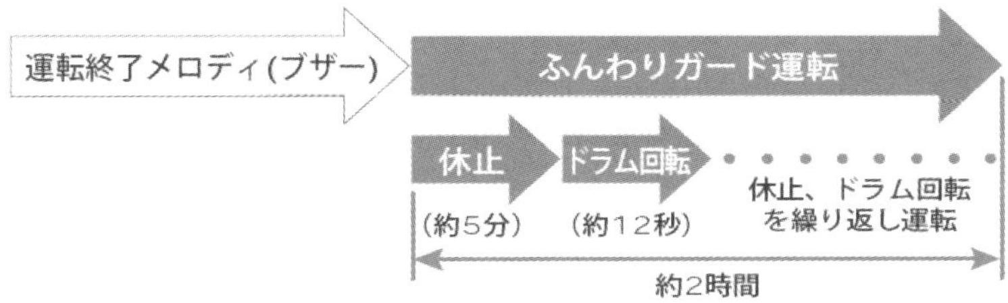


i) スタートボタンを押す前に、「入」を押し、電源を入れる。

ii) 「乾燥」を3秒以上押す。(ピー音)

- 設定完了は「ピー」で、解除したときは「ピッ」でお知らせします。

③ ほぐし脱水を解除・設定したいとき

- 「洗濯」運転の最終脱水は、脱水終了後にほぐす運転を行い(2～4分)、洗濯物を取り出しやすくします。ほぐし脱水中は、残り時間表示が点滅します。工場出荷時は「設定なし」にしています。

設定時

解除時

i) 「入」を押し、電源を入れる。

ii) 「洗濯」を3秒以上押す。

④ 温度センサー制御を設定・解除したいとき

- 室温を検知し、洗い時間をコントロールします。室温が低い場合は、洗い時間が長くなります。

i) 「入」を押し、電源を入れる。

ii) 「予約」を3秒以上押す。

iii) 「洗い」を押す。

iv) 「スタート / 一時停止」を押す。

## 4. お手入れ・注意事項

### (1) 糸くずフィルターのお手入れ

① 糸くずフィルターカバーを開ける

② 糸くずフィルターのつまみを左に約1回転回す

③ 糸くずフィルターを手前にゆっくり引き出す

④ 糸くずを取り除き、目詰まりを洗い落とす

(2) 洗剤ケース(洗剤やソフト仕上剤が残っていたり、汚れていたら)

① 洗剤ケースを取り外す

- 洗剤ケースを手前に止まるまで引く → 左に洗剤ケースを押しながら再度、手前に引く。

② キャップを取り外し、掃除する

③ 水分を拭き取り、元どおり取り付ける

(3) クリーンフィルター(風呂水の吸水が遅くなったら)

① ストレーナーを時計の逆方向に回して取り外し、フィルターやネットを取り出し、洗浄する

② 水気を拭き取り、元どおり取り付ける

(4) 乾燥フィルター(乾燥フィルターは、乾燥運転を行なったあと、毎回お手入れしてください。)

① 乾燥フィルターを手前に引き出して取り外す

② ネットを裏返しにしてお手入れする

- 掃除機でネットに付着した糸くずなどを取り除きます。
- 汚れがひどい場合は洗い流します。(よく乾かしてから本体に取り付けてください)

③ ネットを元どおり内側に入れ、ネットがフィルター枠からはみ出さないようにする

④ バックフィルターなどに糸くずが付着していないことを確認し、元どおりしっかりと取り付ける

(5) 本体、ドラム(水滴が付いたり、汚れたら)

① 本体の水滴や汚れは、柔らかい布で拭き取ってください

② ドア内側のガラス面が汚れたら、湿った布で拭き取ってください

③ ドアなどのプラスチック部品や、金属部品に洗剤やソフト仕上剤が付いたときも、柔らかい布で拭き取ってください

④ 本体各部に直接水をかけないでください

⑤ ベンジン、シンナー、クレンザー、アルカリ性洗剤、弱アルカリ性洗剤、ワックスなどで拭いたり、たわしでこすらないでください

⑥ ドラムのさびは、市販のクリームクレンザーで拭き取ってください

## 5. 重要語彙

① バランスリング：밸런스 링(balance ring). 세탁조의 균형을 유지하기 위한 장치

② リフター：리프터(lifter). 드럼세탁기에서 세탁물을 일정 높이로 들어 올렸다가 떨어뜨려 세탁을 원활하게 하는 장치

③ アース線：접지선(earth wire). 가전제품에 흐르는 미세한 전류를 땅으로 흘려보내기 위한 선. 누전에 대하여 인체를 보호하고 장비의 안전을 위하여 사용됨

④ 糸(いと)くず：실밥

⑤ コンパクト：컴팩트(compact), 소형, 농축

⑥ アタック：일본의 회사 花王(かおう)에서 나온 의류용 세제의 이름

⑦ すすぎ：헹굼

⑧ のみ：~만, ~뿐

> ※ *のみ*와 *だけ*의 차이는 문장 스타일의 차이. 즉 *のみ*는 형식적인 문장(문어체)에서, *だけ*는 보다 회화체적인 문장에서 사용됨

⑨ 風(かぜ)アイロン：세탁건조기에 사용되며, 약 시속 360km의 바람을 이용하여 세탁물의 주름을 없애는 기능

⑩ いずれも：어느 쪽이든지, 양쪽 모두

> ※ 한국어에서는 대상이 두 개인 경우에도 "모두"라는 말을 사용할 수 있으나, 일본어에서는 "全部"로 표현하면 부자연스럽다. 이런 경우 *いずれも*를 사용

⑪ お湯取(ゆと)り：욕조에 사용한 온수를 세탁에 재활용하는 것

⑫ 行程(こうてい)：행정

⑬ ホット高洗浄(こうせんじょう)：세탁물에 따뜻한 바람을 불어서 세제를 활성화시켜서 세탁하는 기능

⑭ 片付(かたづ)ける：정리하다

⑮ 念入(ねんい)り：정성을 들임, 세심한 주의를 기울임

⑯ 厚手(あつで)：두꺼운 또는 두꺼운 것

⑰ 手作(てづく)り：손으로 만든

⑱ ドライ：드라이클리닝(dry cleaning)

⑲ 水栓(すいせん)：수도꼭지(=じゃぐち)

⑳ 省エネ : 에너지절약

㉑ 繊維 : 섬유

㉒ スニーカー : 운동화

㉓ 消臭除菌 : 냄새와 세균을 제거함

| | |
|---|---|
| **殺菌(살균)** | 유해한 미생물을 죽이는 것. 단, 대상이나 정도에 대한 정의가 없으므로 여러 종의 미생물 중에서 단 하나의 종만을 죽이더라도 "살균"이라고 할 수 있다. 또, 살균 후에도 미생물이 남아있을 수 있다. (멸균과 다른점)<br>cf. 静菌(미생물을 죽이지 않고 저온보존 등의 방법으로 증식 억제) |
| **滅菌(멸균)** | 유해, 무해와 관계없이 대상물에 존재하는 모든 미생물과 바이러스를 사멸시키거나 제거하는 것. 따라서 사람의 손에 대하여 "멸균"이란 불가능하다. (손에 있는 모든 세포를 모두 죽여야 하기 때문)<br>"멸균"이란 용어 사용을 위해서는 "SAL(Sterility Assurance Level, 무균성보증 레벨)"에 정해진 수치(미생물 존재확률이 1/100만 이하)를 만족해야 한다. |
| **消毒(소독)** | 대상물에 존재하는 병원성 미생물을, 그 대상물을 사용하더라도 해가 없을 정도까지 줄이는 것. 병원성을 없애거나 살균 등의 방법이 사용되기도 한다. |
| **除菌(제균)** | 대상물에서 균을 제거해서 줄이는 것. 예를 들어 손을 씻거나 세탁을 하면 여과작용에 의해 오염이 희석되기 때문에 균이 제거된다. 대상이나 정도와 상관없이 사용된다. |
| **抗菌(항균)** | 세균의 증식을 억제하는 것. 대상이나 정도와 상관없이 사용된다. 또한 경제산업성(経済産業省)의 정의에 의하면 곰팡이 등의 진균류는 세균에 포함되지 않기 때문에 항균의 대상이 아니다.<br>cf. 防カビ(진균의 증식 억제) |

㉔ 槽 : 세탁기의 내부의 통(세탁조)

㉕ カビ : 곰팡이

㉖ 裏返し : 뒤로 뒤집음

㉗ 片寄り : 한 쪽으로 쏠림

㉘ 朝干し : 아침에 건조시키는 것

㉙ 振りかける : (가루 등을) 뿌리다

㉚ 浸透する : 침투하다

㉛ 吹きかける : 바람을 세게 불다, 내뿜다

㉜ 酵素 : 효소

㉝ ふんわり : 푹신하게, 고슬고슬, 둥실둥실

㉞ ほぐし : 엉킨 것을 푸는 것(ほぐす)

㉟ 手前(てまえ) : 바로 앞

㊱ ストレーナー : 스트레이너(strainer), 금속망으로 만든 여과기

㊲ 水気(みずけ) : 물기

㊳ 引(ひ)き出(だ)す : 잡아당기다

㊴ 乾(かわ)かす : 말리다, 건조시키다

㊵ 湿(しめ)る : 축축해지다

㊶ プラスチック : 플라스틱(plastic)

㊷ アルカリ性(せい) : 알칼리성(alkali), 酸性(さんせい)(산성)의 반대

㊸ たわし : 수세미

㊹ 飛(と)び散(ち)る : 튀어 흩어지다

# 第6章　掃除機(Cleaner)

掃除機は、ゴミやほこりを容器内に回収する電気製品である。送風機によって負圧(空気を引っ張ること)とした容器内に、床などのゴミやほこりを吸引し、エアフィルターで空気と分離することによって自動的に掃除が可能になる。

1906年、アメリカで初めて販売され、1931年には芝浦製作所(東芝の前身)が、日本初の真空式電気掃除機を発売した。当時は畳などの掃除に便利なほうきやはたきが中心だったため、それほど普及せず、1960年代から洋室が増えることにつれて、一般住宅に普及しはじめた。

掃除機は、紙パック方式のものとサイクロン方式のものに分けることができる。紙パック方式は、ゴミが溜まる部分を紙パックで包む形になっており、この紙パックがフィルターの役割も果たしている。サイクロン方式は、紙パックを使わず、本体内のダストカップの中に、風を起こし遠心力によってゴミと空気を分離する方式である。この方式は、イギリスの家電メーカーである「ダイソン(Dyson)」で、1983年はじめて発売された。

最近は、これらの排気にアレルゲン(Allergen、アレルギーの原因になりうる物質)が含まれていると言われ、この排気のすべて、あるいは一部を本体に戻し吸い込み口から吐き出すという排気循環方式のものも発売されている(1999年、三洋)。他に、水分を含んだものを吸い込むことを可能にした吸水掃除機や人間がいなくても様々なセンサによって自動的に掃除をするロボット型掃除機(ロボットクリーナー)なども発売している。

## 掃除機の比較

・紙パック式

紙パック式掃除機は、本体内部のモータによってファンが駆動され、掃除機内部の空気を外に吐き出す。このファンの働きによって、ヘッド部から新しい空気が吸い込まれ、この時にほこりやゴミなどが吸い込まれる。本体内に吸い込まれた空気はゴミパックやさらに後ろのフィルタを通り抜けて排気されるが、ゴミはフィルタに引っ掛かるため、ゴミだけが本体内のゴミパックに蓄積されていく。

サイクロン式掃除機に比べると、低価格、フィルターの掃除が不要といった長所はあるが、排気に微細なほこりや匂いが含まれているという問題がある。また紙パックにゴミがたまると吸引力が落ちるのも大きな欠点である。

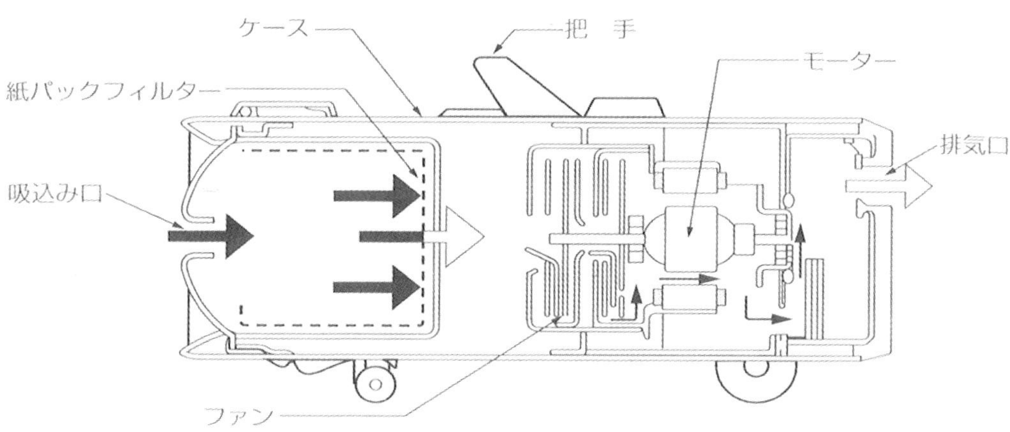


図6-1 紙パック式の構造

・サイクロン式

サイクロン式では、ヘッド部から本体の間、または本体の内部にゴミ遠心分離機が設けられている。この遠心分離機内部では台風並みの力で空気が回転させられており、ここでゴミは遠心力によって内壁に押し付けられる。そして、ゴミが取り除かれた空気だけがフィルタを通り、本体へと向かう。

紙パック式に比べると、吸引力が落ちない、排気がきれいといった長所がある。しかし、紙パック代がかからない代りに値段が高く、フィルターを掃除しなければならない。

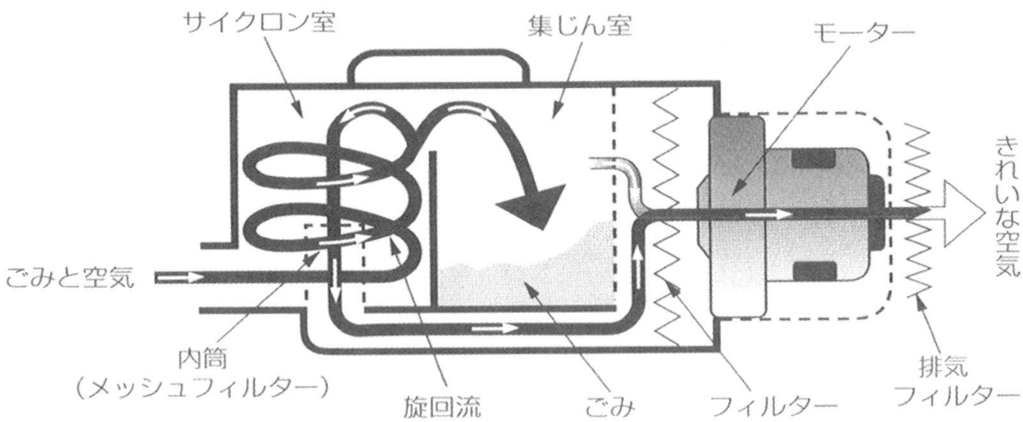


図6-2 サイクロン式の構造

- 自動掃除ロボット(東芝、ロボットクリーナー、「ECL-TR1」型)

自動掃除ロボットは、掃除機が自ら部屋中を走り回って掃除してくれるため便利さに優れているが、人間が直接掃除するよりはきれいにならないという欠点がある。もっとも大きな問題だったのは壁・家具・階段などの障害物を感知し避ける能力だったが、最近はこの欠点が修正されている。よく知られている製品としては、トリロバイト(Trirobite)、ルンバ(Roomba)などがあげられる。

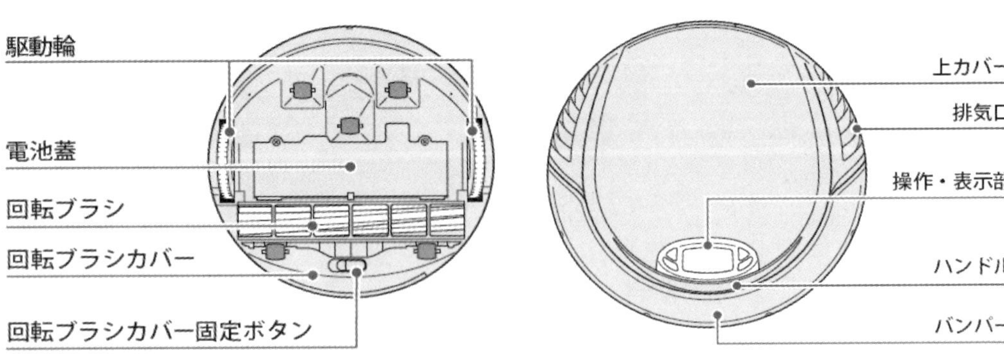

## 用語解説

① 畳：다다미. 畳一畳(다다미 1첩)

② 溜まる：고이다, 모이다

③ 包む：싸다, 두르다, 에워싸다

④ あるいは：또는, 혹은

⑤ 吸い込む：들이마시다, 빨아들이다, 흡입하다

⑥ 吐き出す：내뱉다, 뱉어내다, 토해내다, 토출하다

⑦ 通り抜ける：통과하다, 빠져나가다

⑧ 引っ掛かる：걸리다, 걸려들다

⑨ 設ける：설정하다, 설치하다, 마련하다, 준비하다

⑩ 押し付ける：밀어붙이다, 떠맡기다

⑪ 走り回る：(뛰어서) 돌아다니다, 분주히 돌아다니다

⑫ 優れる：뛰어나다, 우수하다

## 漢字練習

| 普及(ふきゅう) | | | | |
|---|---|---|---|---|
| 役割(やくわり) | | | | |
| 循環(じゅんかん) | | | | |
| 蓄積(ちくせき) | | | | |

## 練習問題

従来の掃除機は排気の中に微細なほこりが混ざっている問題があったが、これを解決するための対策としてどのようなことができるか調べよ。

## 1. 各部の名前(東芝、紙パック式掃除機、「VC-10TP」)

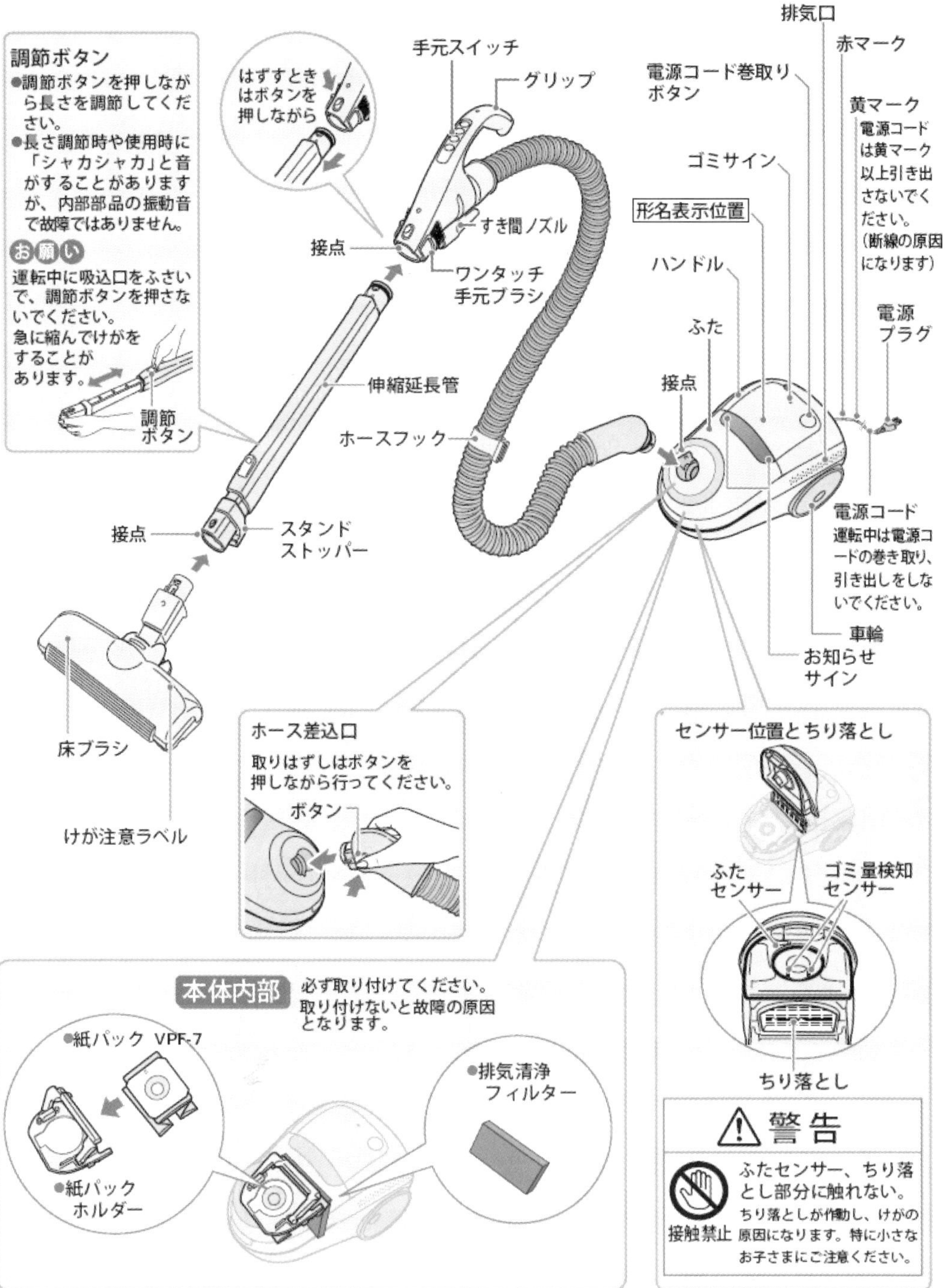

## 2. 操作パネルのはたらき

(1) 電源コードをまっすぐ引き出し、電源プラグをコンセントに差し込む

- アラーム音がなり、お知らせサインが点滅します。(ちり落としが作動します。)

(2) 手元スイッチを押す

- お知らせサインが消えてから押してください。点滅中はスイッチが入りません。
- このボタンは強/弱、自動のどちらかのボタンが押され、運転しているときのみ使用できます。

① 床ブラシの回転部の回転を「入/切」するとき

ブラシ入/切 を押す

- 床・たたみで静かにお掃除したいときは、「切」にしてください。
- ゴミが取りにくい場合は、「入」にしてください。
- このボタンを押すごとに「入↔切」が切り替わります。

② 「自動」でお掃除するとき

自動 を押す

- ゴミのたまり具合に適した吸込力にコントロールします。

③ 手動の「強」でお掃除するとき

強/弱 を1回押す

- じゅうたんなど強い吸込力が必要なときに使用します。
- このボタンを押すごとに「強↔弱」が切り替わります。

④ 手動の「弱」でお掃除するとき

強/弱 を2回押す

- カーテンなど吸い付いて操作がしにくいときのお掃除に使用します。
- すき間ノズルを使ったお掃除に使用します。
- このボタンを押すごとに「強↔弱」が切り替わります。

⑤ 運転を止めるときやエアー洗浄を止めるとき

切 を押す

- 運転を止めると、自動でプリーツフィルターのちり落としとエアー洗浄を行います。その際、プリーツフィルターにエアーを送るためにモーターも運転します。
- エアー洗浄中に「切」を押すと、エアー洗浄が停止します。
- 電源プラグがコンセントに差し込まれていると、「切」のときでも約2Wの電力を消費しています。

⑥ エアー洗浄をするとき

切 を長く押す

- 運転停止時に長く押すと、約10秒間エアー洗浄を行います。

## 3. 基本操作と使用法

本体の状態をお知らせサインとアラーム音でお知らせします。

(1) 電源プラグをコンセントに差し込む

※「青点滅」+「ピ〜ピ〜」：ふたが閉まっていません。または、紙パックがセットされていません。

- ふたを開けて、紙パック、紙パックホルダーが正しくセットされていることを確認してふたを確実にしめてください。
- 紙パック、紙パックホルダーが正しくセットされていないと、運転できません。
- アラーム音は「切」を押すと止めることができます。

(2) セット完了

- ちり落としのカタカタという音が聞こえますが、異常ではありません。

※ セットが完了して、「青点滅」とアラーム音「ピロリンピロリン」が鳴ります。

(3) 手元スイッチを押す(お掃除開始)

- お知らせサインが「青点灯」になると、掃除を開始することができます。

| 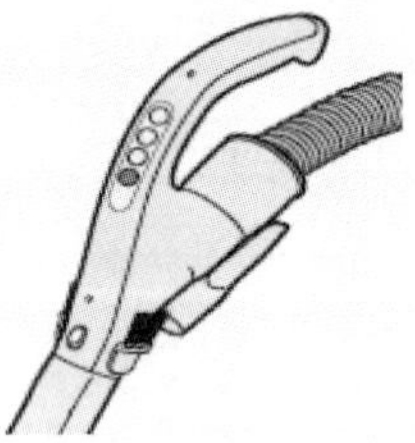 | 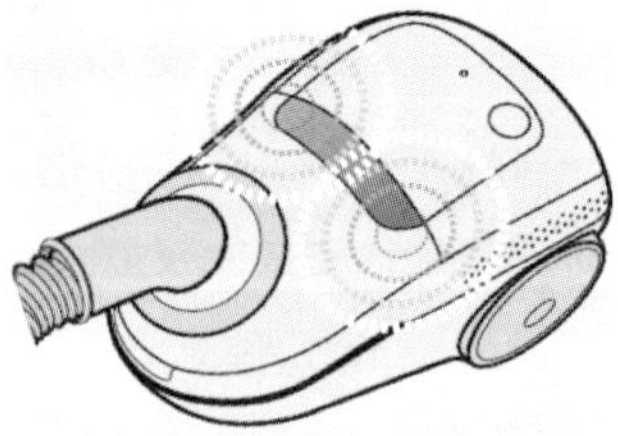 |
|---|---|
| 手元スイッチ | 青点灯 |

※ この時、モータが熱くなっていると、「青点滅」と「ピッピッ」のアラーム音でお知らせします。

- ふた、ホース、伸縮延長管、床ブラシを確認し、ごみが詰まっている場合は、取りのぞいてください。

- ネットフィルターにごみが付着している場合は、ティッシュや綿棒などで取り除いてください。
- 紙パックを点検し、ごみでいっぱいになっていたら、紙パックを交換してください。

(4) 手元スイッチを押す(お掃除終了)

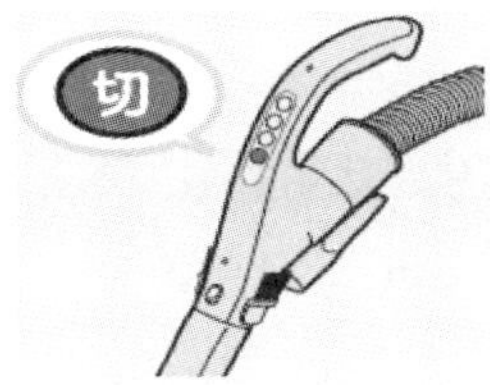


(5) エアー洗浄開始

- 運転停止後、エアー洗浄を開始します。この時「青点滅」とアラーム音「ピロリンピロリン」でお知らせします。

※ エアー洗浄時、フィルターのちり落しと同時にフィルターにエアーを送るため、モーターも運転します。この時、「カタカタ」、「ブォーン」と音がします。

※ エアー洗浄を止めたいときは、「切」を押すと止めることができます。

※ 紙パックがいっぱいになると、「青点滅」+「赤点滅」とアラーム音「ピピピピッピピピピッ」でお知らせします。この場合は、紙パックを交換してください。

- そのままご使用になるとごみがあふれ、故障の原因になります。
- 紙パックがいっぱいになっていない場合、ごみ量検知センサーの感度が低下している可能性があります。ごみ量検知センサー表面の汚れをティッシュなどで拭いてください。

※ アラーム音は「切」を押すと止めることができます。

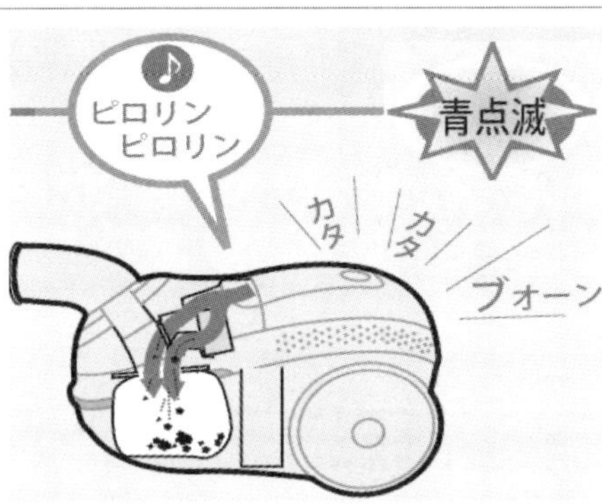


エアー洗浄

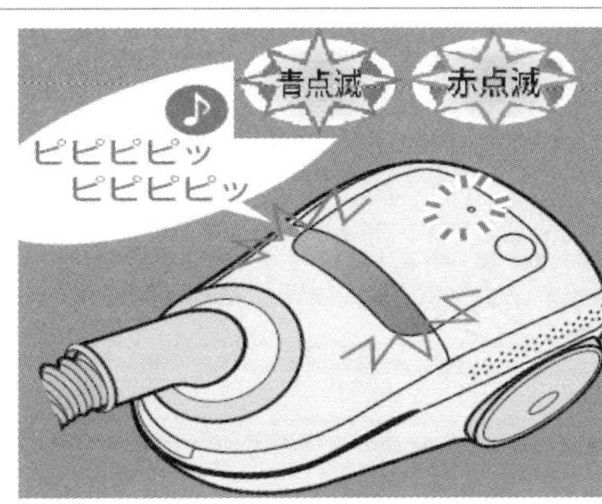


紙パック交換サイン

## 4. お手入れ・注意事項

本体や付属品が汚れたときは、水または中性洗剤をふくませた布でふく

### (1) ワンタッチ手元ブラシのお手入れ

はずして水洗いする。

① ワンタッチ手元ブラシを下に引き抜く
② 水洗いをし、十分に乾燥させる
③ ホース先端の凹部とワンタッチ手元ブラシの凸部をあわせてはめる

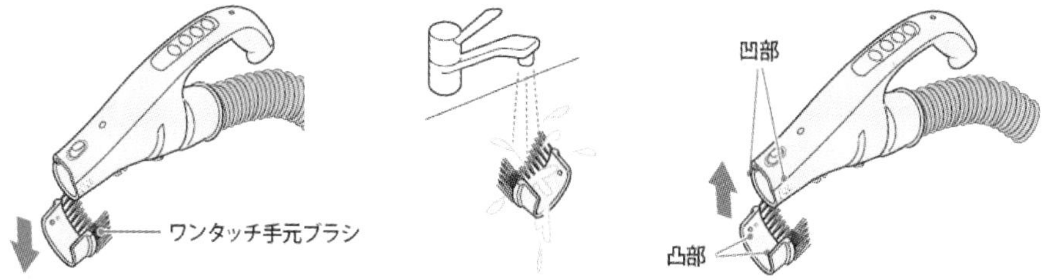


### (2) 排気清浄フィルター

定期的に(月に1回程度)排気清浄フィルターを点検し、汚れているときはお手入れをしてください。

① フィルター押さえをはずし、排気清浄フィルターを取り出す
- つまみを持って矢印の方向に引く。

② 押し洗いをし、陰干しして十分に乾燥させる
③ 十分な乾燥を確認し、排気清浄フィルターを本体にはめ、フィルター押さえをはめる

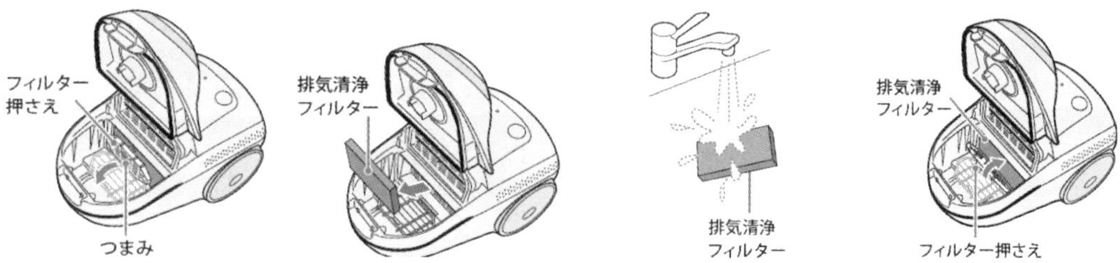


※ 性能・品質を保証できませんので、洗剤・漂白剤などを使用したり、洗濯機で洗ったり、暖房器具・ドライヤーなどで乾かさないでください。

※ 紙パックホルダーは水洗いしないでください。故障の原因になります。

(3) 紙パックの交換

- 紙パックがゴミでいっぱいになったら、交換してください。そのままご使用になると故障の原因になります。
- 紙パック交換時間をお知らせサインとアラーム音がお知らせします。
- ゴミの種類によってはお知らせサインとアラーム音が作動しないことがあります。定期的に(月に1回程度)紙パックを点検し、ゴミがいっぱいになっていたら紙パックを交換してください。

① ホースをはずし、ふたを開ける

- 本体を押さえながら、ふたを開ける。
- ネットフィルターにゴミが付着している場合は、ふたを閉めたまま、ティッシュや綿棒などで取り除いてください。

※ ふたが開いていると本体内部にゴミが落下し、故障の原因になります。

② 紙パックホルダーを取り出す

- とってを持ち、紙パックホルダーを取り出す。

※ ゴミ量検知センサーにゴミが付着している場合は、ティッシュなどで拭きとってください。

③ 紙パックを捨てる

- ゴミ容器の上でボタンを押す。

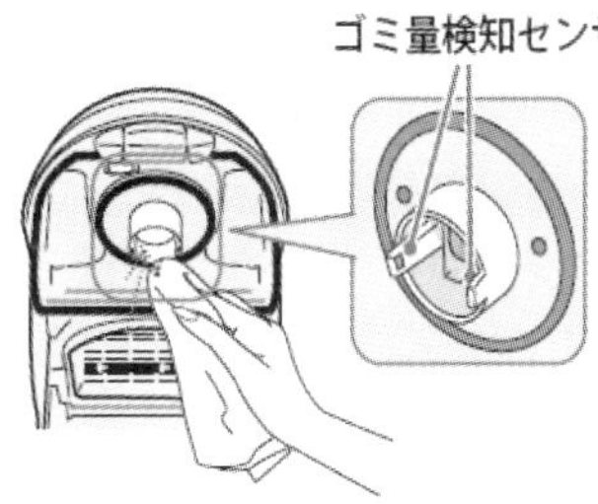


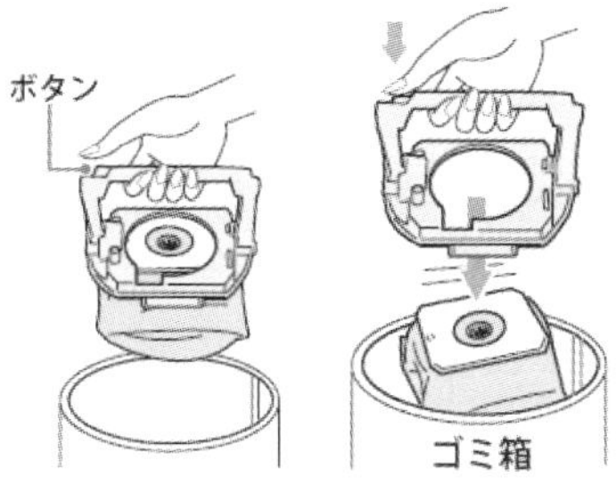


④ 紙パックホルダーに新しい紙パックをセットする

- 紙パックを図のように折る(図ⓐ)。
- 紙パックのボール紙をつめの間に差し込む(図ⓑ)。
- 紙パックを広げる(図ⓒ)。

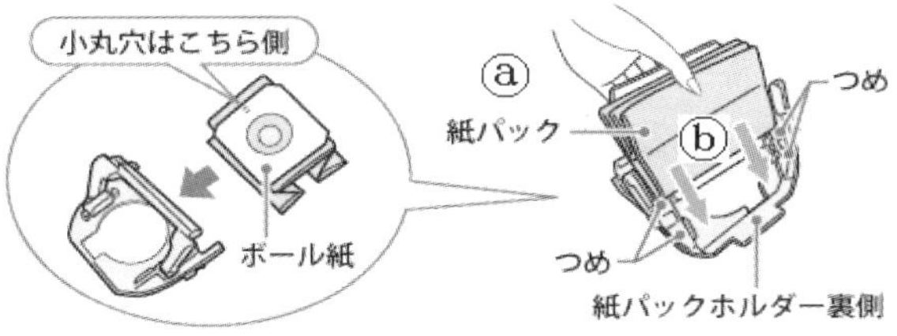


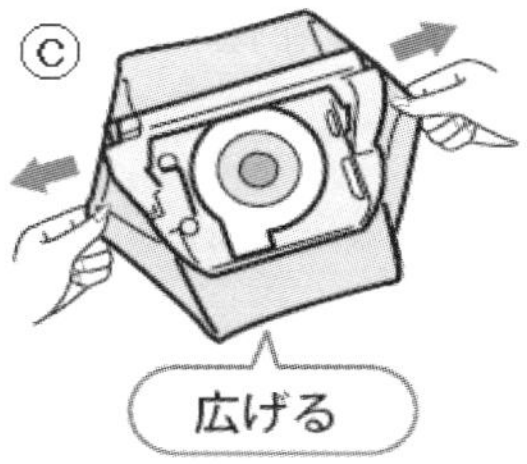

⑤ 紙パックホルダーを本体にセットして、ふたをしめる

- 紙パックの前側を入れてから、後ろ側を入れる。

※ 紙パックホルダーと本体の間に紙パックをはさまないようにしてください。

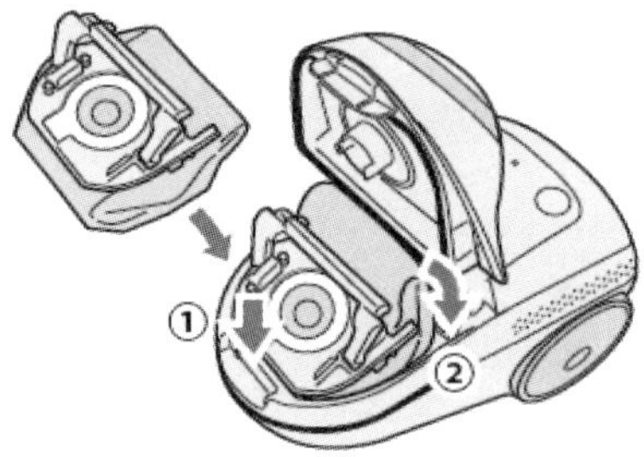


## 5. 重要語彙

① 手元(てもと)スイッチ : 손잡이 스위치(手元 : 신체 주변의. 아주 가까이 있는)

② シャカシャカ : (의성어) 기계의 진동음

③ 吸込口(すいこみぐち) : 흡입구

④ 差込口(さしこみぐち) : 삽입구

⑤ すき間(ま)ノズル : 틈새 노즐

⑥ 車輪(しゃりん) : 바퀴

⑦ 紙(かみ)パック : 종이팩

⑧ ちり落(お)とし : 먼지털이

⑨ じゅうたん : 융단, 카펫

⑩ プリーツフィルター : 플리츠 필터(pleats filter, 주름 필터)

⑪ カタカタ : (의성어) 딸깍딸깍

⑫ ピロリンピロリン : (의성어) 삐리링삐리링

⑬ ネットフィルター : 네트 필터(net filter)

⑭ ティッシュ : 티슈(tissue)

⑮ ブォーン : (의성어) 부아앙

> ※ 의성어란 자연계의 소리를 나타내는 단어를 말하며, 주로 부사로 쓰인다. 언어 진화론적으로는 의성어를 많이 쓰는 언어일수록 원시적인 언어라고도 하는데 차별주의라고 하여 많은 비판을 받았다. 한국어와 일본어에서 사용하는 의성/의태어는, 영어에서는 주로 동사를 사용하여 표현된다.
>
> 예) おいおい泣く : 엉엉 울다 : to blubber
> おぎゃーと泣く : 응애 하고 울다 : to mewl
> しくしく泣く : 훌쩍훌쩍 울다 : to sob
> めそめそ泣く : 홀짝홀짝 울다 : to whimper
> わんわん泣く : 으앙 하고 울다 : to howl

⑯ 先端(せんたん) : 첨단, 맨 앞부분

⑰ 凹部(おうぶ) : 요부, 움푹 패인 부분. ↔ 凸部(とつぶ)(철부. 돌출된 부분)

⑱ 矢印(やじるし) : 화살표

⑲ つめ : 사물을 걸거나 매달 때 사용되는 것, 걸이

# 第7章　エアコン(Air Conditioner)

エアコンとは、空調設備の一つで、冷房・暖房機能を合わせもつ機械のことであり、室内の温度を調整する機能を持っている。この中には温度調整のほかに空気を洗浄する付加機能をもつものもある。

世界初の近代式エアコンは、いろいろな説があるが、1921年、ウィリス・キャリア(Willis H. Carrer、米)によって発明されたとされる。そして、1926年にフロンガス(freon gas)をフランスのDupon社が開発し、1930年からはフロンガスを冷媒として採用したエアコンが商品化された。

エアコンの冷房は、室内の空気の熱を電気エネルギーなどを使って室外へ放出する(室内を冷やす)働きで実現する。この働きにはエアコンシステムの中の冷媒が室内機で液体から気体になるときの気化熱(蒸発熱)を利用する。気化は室内機に内蔵されている蒸発器で行われる。液体を気化させるためにはフロンが液体でなければならないが、これは、室外機に内蔵されている圧縮機(コンプレッサー)と凝縮器によって行われる。高温・高圧となった冷媒は凝縮器で液化され、外気に熱を放出する。そしてこの液化と気化が繰り返されることによって室内の温度が下がる。

冷暖兼用のエアコンの場合は、四方弁によって冷房の時のフロンの循環を逆にすると、暖房運転が可能となる。このとき、冷房時の蒸発器は凝縮器となり、熱を室内に放出し、凝縮器は蒸発器の役割をするようになる。

フロンガスは無色無臭で燃えないことから、開発当時は理想的な冷媒として認められたが、オゾン層を破壊するという環境問題のため、オゾン層を破壊しない「代替フロン」へ切り替わった。しかし、これも地球温暖化に悪影響をおよぼすことが知られ、現在は水、空気、炭化水素類などの自然冷媒が一般的に採用されている。

一方、最近では省エネルギーの観点から、夏場になるとエアコンの電力消費も増えるが太陽電池の発電効率も向上するという傾向に着目した「ソーラーエアコン」というものも開発された。このソーラーエアコンの場合、太陽電池を使うことで半分の電力が賄えるといわれる。

## エアコンの冷凍サイクルと原理

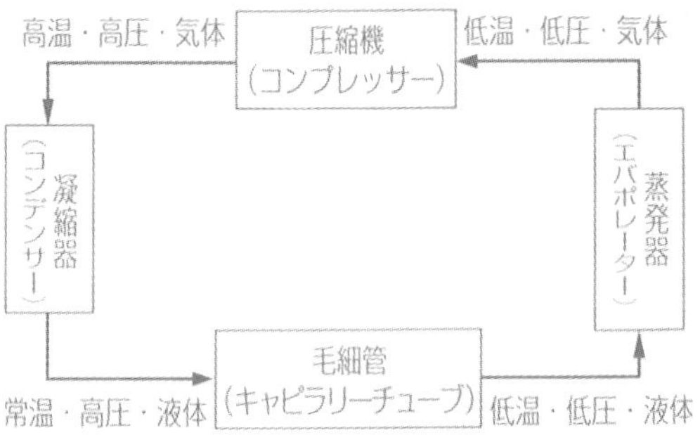


図 7-1 冷凍サイクルと冷媒の 状態

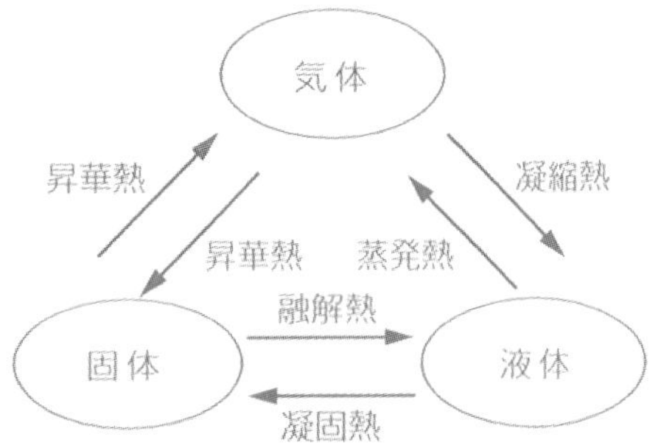


図 7-2 物質の三態と熱の関係

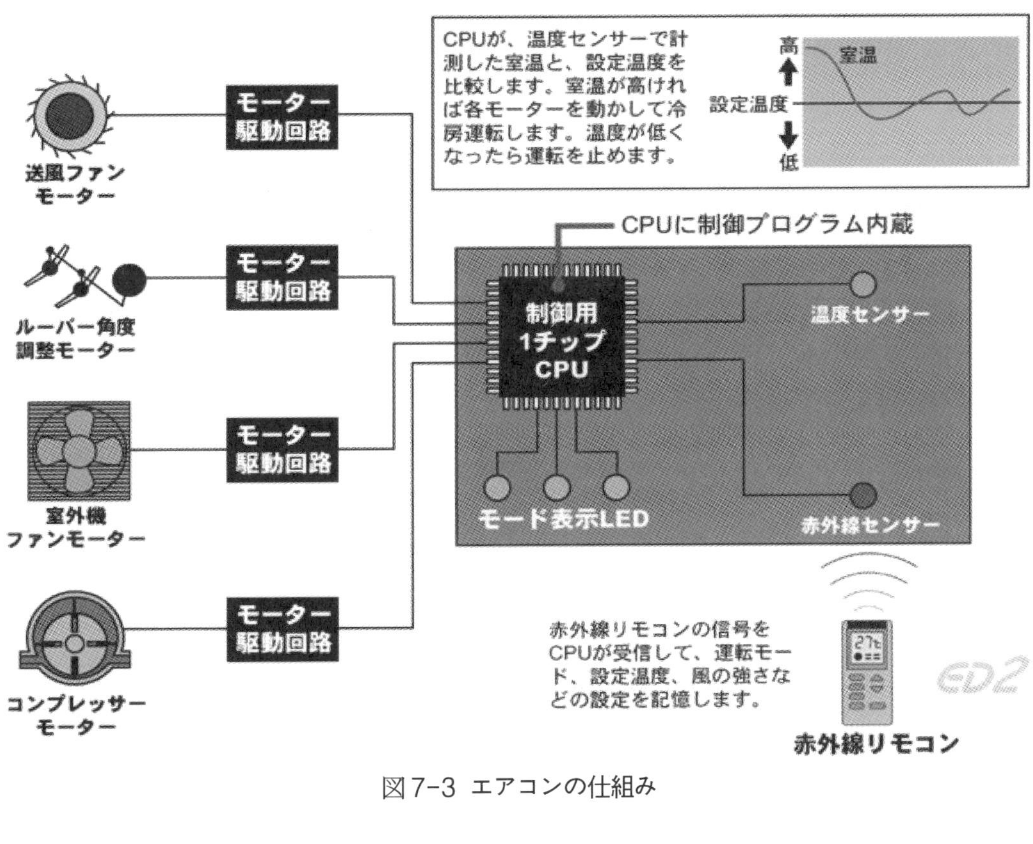


図 7-3 エアコンの仕組み

## 用語解説

① 空調設備(くうちょうせつび)：공조설비. 온도, 습도, 공기청정도 등의 실내 환경을 조정하기 위한 건축설비

② 冷媒(れいばい)：냉매. 모든 냉동장치에서 냉동 목적을 위해 냉동사이클을 순환하며 열을 저온부분에서 고온부분으로 운반하는 데 사용되는 냉각 물질

③ フロン：프레온(freon). 탄소, 수소, 불소, 염소 등 할로겐을 함유한 화합물의 총칭. 20세기 중반부터 냉매로 대량 사용되었으나 오존층 파괴 원인 물질, 온실효과 가스라는 것이 밝혀져 사용이 엄격히 제한되고 있다.

④ 蒸発器(じょうはつき)：증발기. 냉동장치에서 액체상태의 냉매가 증발하여 냉각 작용이 이루어지는 열교환기

⑤ 圧縮機(あっしゅくき)：압축기. 냉동장치에서 가스 상태의 냉매를 압축하여 응축기 쪽으로 보내는 장치

⑥ 凝縮器(ぎょうしゅくき)：응축기. 압축기에서 보내온 고온고압의 냉매를 외기로 냉각시켜 냉매를 액체 상대로 만드는 열교환기

⑦ 四方弁(しほうべん)：포웨이 밸브(4way valve). 네 방향의 배관을 계통 별로 전환시킬 수 있는 연결 밸브

⑧ 毛細管(もうさいかん)：모세관. 가는 동관(銅管)으로 되어 있으며, 냉매를 저온·저압상태로 만들어 증발을 원활하게 하는 장치

⑨ ソーラーエアコン：태양열 또는 태양광을 이용하여 얻어진 전기에너지로 소비전력을 절감하는 환경친화적인 차세대 에어컨

⑩ 繰(く)り返(かえ)す：반복하다, 되풀이하다

⑪ 夏場(なつば)：여름철 ↔ 冬場(ふゆば)

⑫ 着目(ちゃくもく)する：착안하다, 주목하다

⑬ 賄(まかな)う：조달하다, 공급하다

## 漢字練習

| 調整(ちょうせい) | | | | |
|---|---|---|---|---|
| 環境(かんきょう) | | | | |
| 破壊(はかい) | | | | |
| 影響(えいきょう) | | | | |

## 練習問題

冷媒として使われたフロンガスによって発生する代表的な環境問題を並べ、それぞれに対する対策について説明せよ。

## 1. 各部の名前(日立、ルームエアコンRAS-S25Z型)

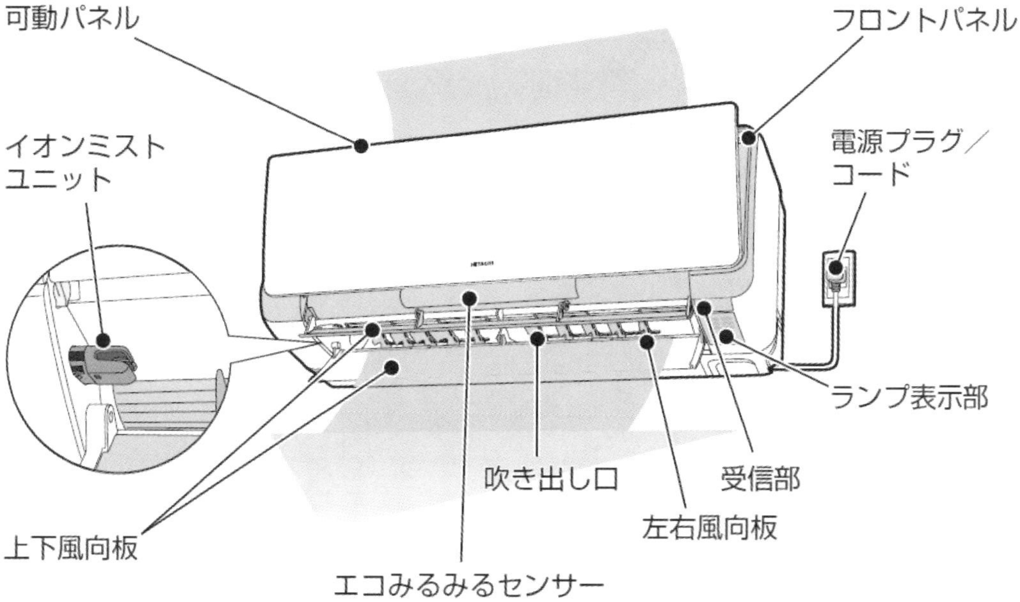


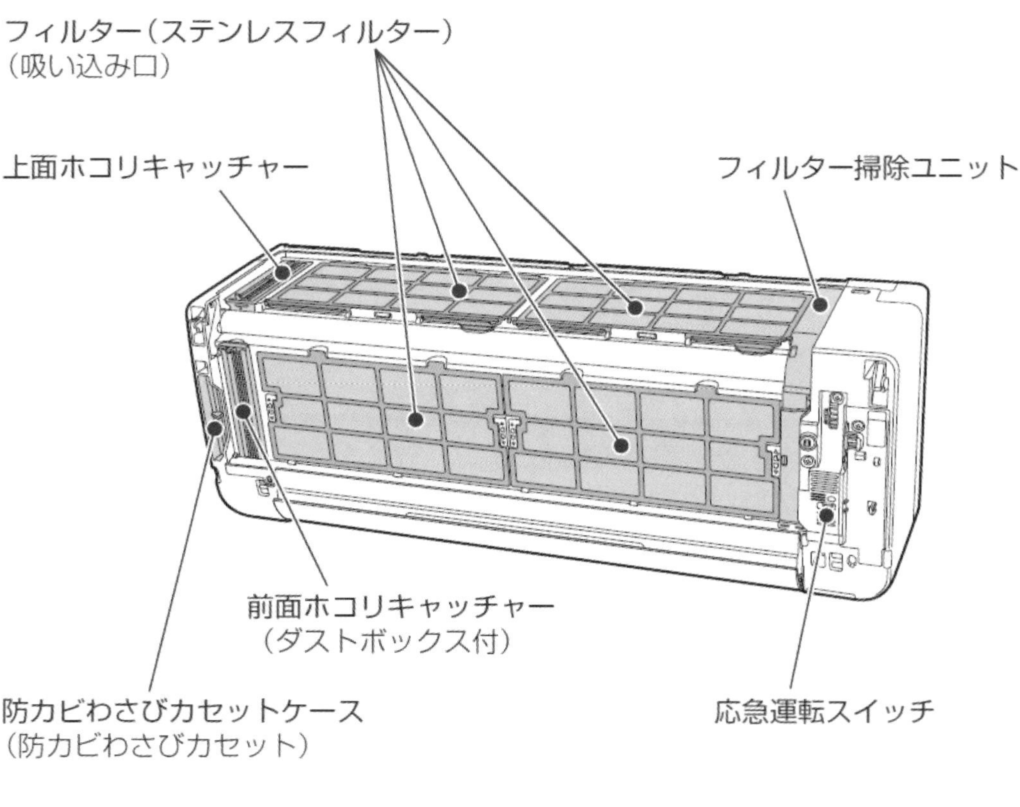

## 室外機（前面）

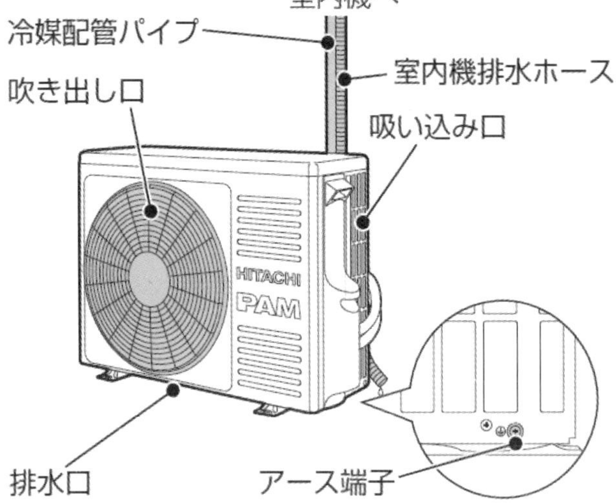


## 室外機（裏面）

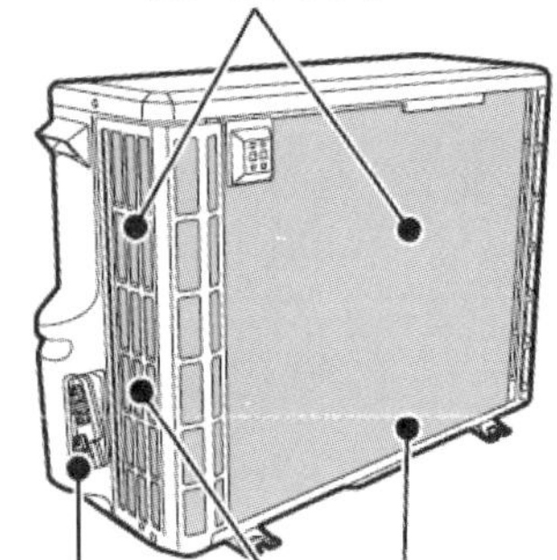


## 付属品

### リモコン

（1個）

### リモコン取付具

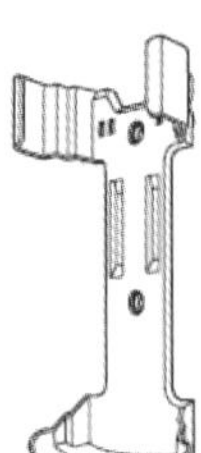

（1個）

固定ねじ

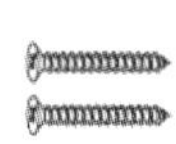

（2本）

### モニター用単4乾電池

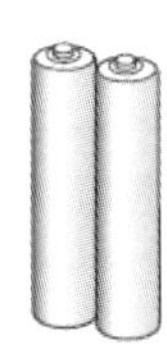

（2本）

### 防カビわさびカセット

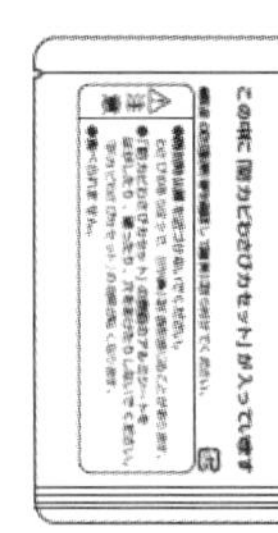

（1個）

## 2. リモコンボタン・表示とはたらき

**送信部**

**液晶表示**

●運転内容や機能の設定内容を表示します。

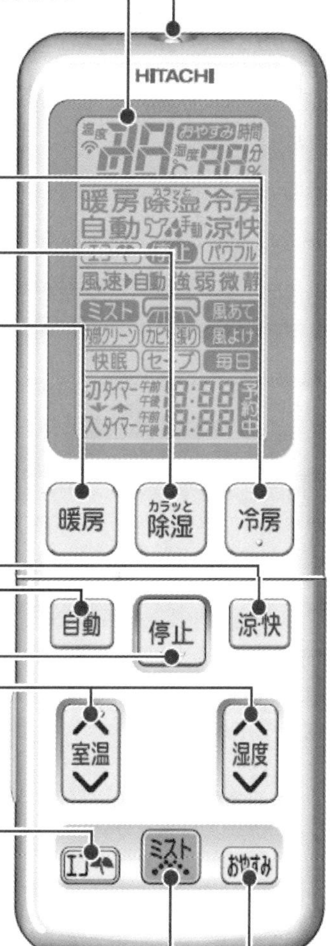


### 運転を始める

押したボタンの運転を始めます。

「冷房」運転をする

「カラッと除湿」運転をする

「暖房」運転をする

「涼快」運転をする

「自動」運転をする

**運転を停止する**

●タイマー予約以外の運転を停止します。

「室温」や「湿度」を設定する

運転を「エコ」運転に設定する

### 運転を始める

押したボタンの運転を始めます。

「イオンミスト」運転をする

●ほかの運転に追加運転もできます。

「おやすみ」運転をする

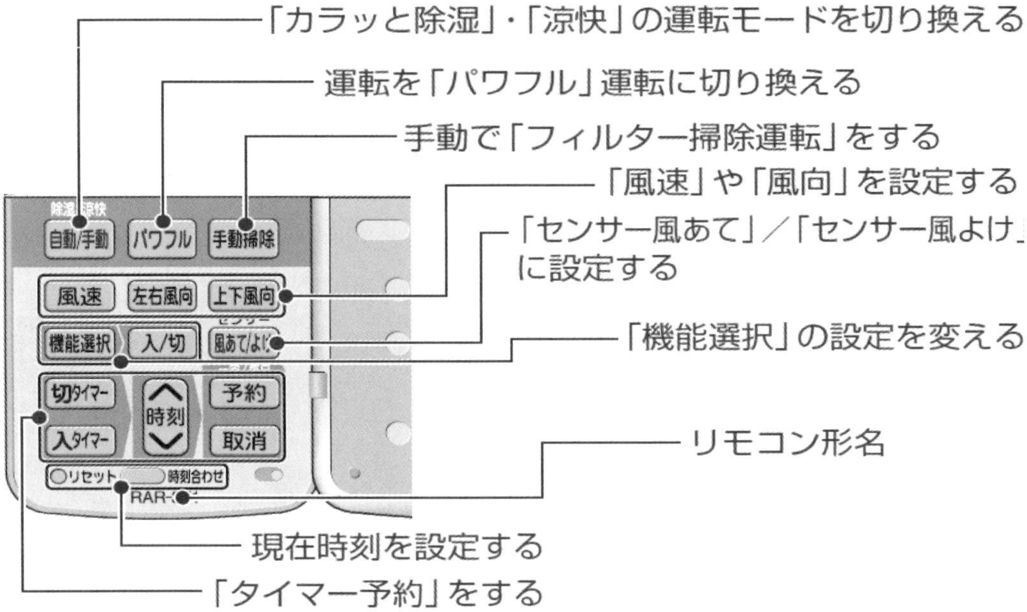


図7-4 リモコンの扉を開けた状態

## 室内機ランプ表示の見かた

- ランプの点灯や点滅で運転状況などをお知らせします。
- 「おやすみ」運転時には、ランプを暗く調光します。また点灯⇔消灯となります。

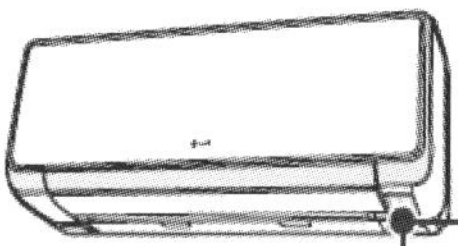

| ランプ表示 | | お知らせ内容 |
|---|---|---|
| 運転 | 点灯 | ●「暖房」「カラッと除湿」「冷房」「自動」「涼快」のいずれかが運転中。 |
| 運転 | 点灯⇕減光 | ●「暖房」運転時の「予熱」、または室外機「霜取り」運転中。 |
| 運転・ミスト | 点灯 | ●「イオンミスト」運転中。<br>●「暖房」「カラッと除湿」「冷房」「自動」「涼快」いずれかに「イオンミスト」を追加運転中。 |
| 運転・クリーン・ミスト | 点灯 | ●「内部クリーン」運転中。 |
| 運転・みはり・ミスト | 点灯 | ●「カビ見張り」運転中。 |
| みはり | 点灯 | ●「カビ見張り」予約中。 |
| タイマー・運転 | 点灯 | ●「おやすみ」または「タイマー予約」運転中。 |
| タイマー | 点灯 | ●「タイマー予約」中。 |
| クリーン | 点灯 | ●「フィルター掃除」運転中。 |
| クリーン | 点灯⇕減光 | ●「フロントパネル」が開いている。 |
| クリーン | 10秒間の点滅 | ●手動でフィルター掃除運転ができないときに 手動掃除 を押された。 |
| 運転・センサー | 点灯 | ●「暖房」「カラッと除湿」「冷房」「自動」「涼快」のいずれかに「エコ運転」または「センサー風あて」「センサー風よけ」機能追加運転中。 |

## 3. 基本操作と使用法

### (1) 運転の基本的な流れ

① 運転したいボタンを押す

- 「ピッ」と鳴り、押したボタンの運転を開始し、運転内容を表示します。

| 暖房 | カラッと除湿 | 冷房 | 自動 | 涼·快 | ミスト | おやすみ |
|---|---|---|---|---|---|---|
| 室温を上げる | 湿度を下げる | 室温を下げる | おまかせ空調をする | 室温に適した湿度に下げる | イオンミストを発生させる | おやすみ運転をする |

② お好みで温度、湿度、風速、風向の設定を変えたり、いろいろな機能が使う

- 設定温度を変える。
  - ボタンを押すことに、「ピッ」と鳴り、1℃ずつ変わります。
  - 設定温度20℃では基準温度として「ピピッ」と鳴ります。
  - 設定温度30℃では基準温度として「ピピピッ」と鳴ります。

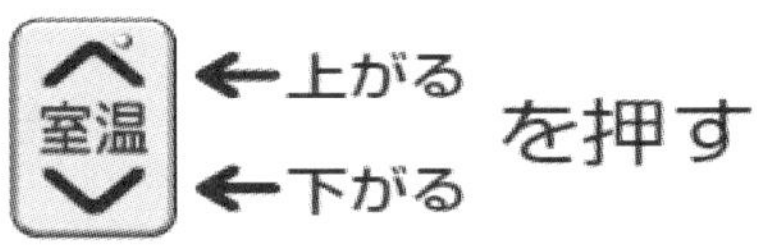


- 設定湿度を変える。
  - ボタンを押すごとに、「ピッ」と鳴り、5%ずつ変わります。

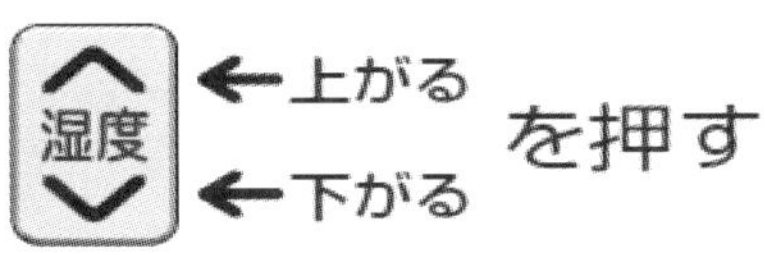


③ 運転の停止は「停止」ボタンを押す

- 「ピー」と鳴り、運転が止まります。

### (2) 暖房運転

① 「暖房」ボタンを押す

- 「ピッ」と鳴り、運転を開始し、運転内容を表示します。

② 温度の調整は、「温度」ボタンを押す

③ いろいろな機能の設定をする

④ 運転の停止は「停止」ボタンを押す
- 「ピッ」と鳴り、運転が止まります。

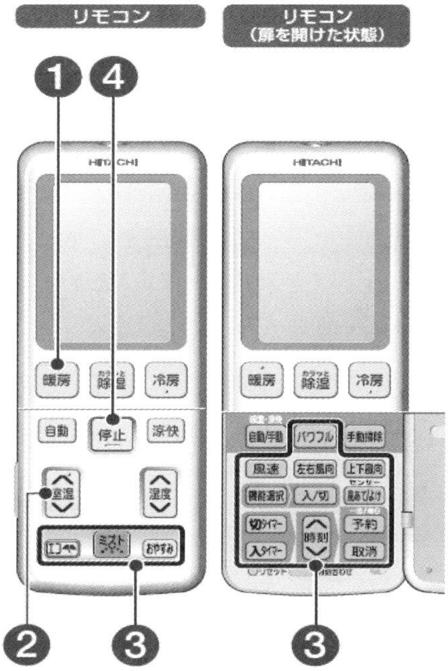


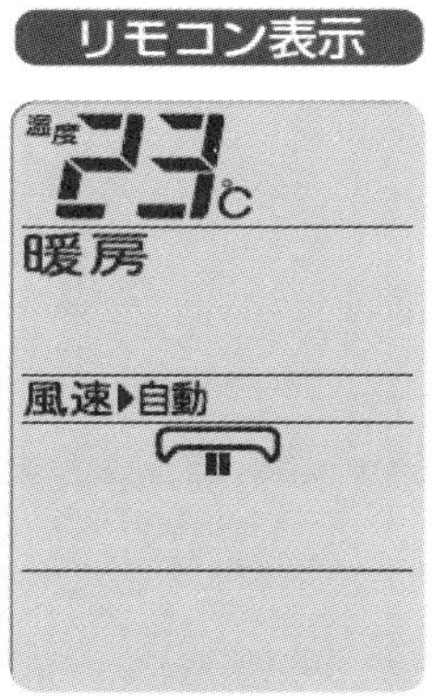


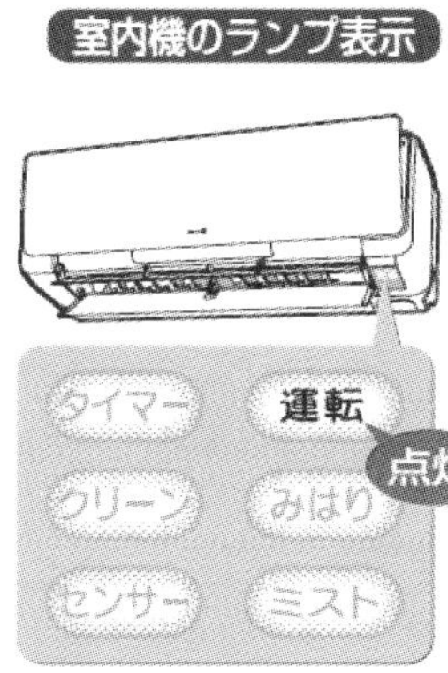


(3) 冷房運転

① 「冷房」ボタンを押す
- 「ピッ」と鳴り、運転を開始、運転内容を表示します。

② 温度の調整は「温度」ボタンを押す

③ いろいろな機能を設定する

④ 運転の停止は「停止」ボタンを押す
- 「ピー」と鳴り、運転が止まります。

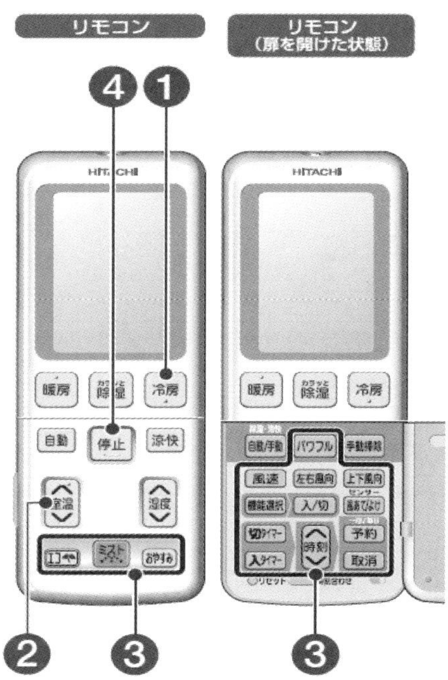


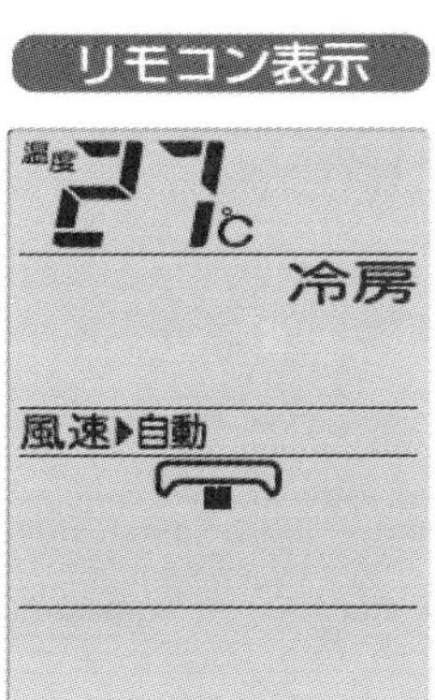


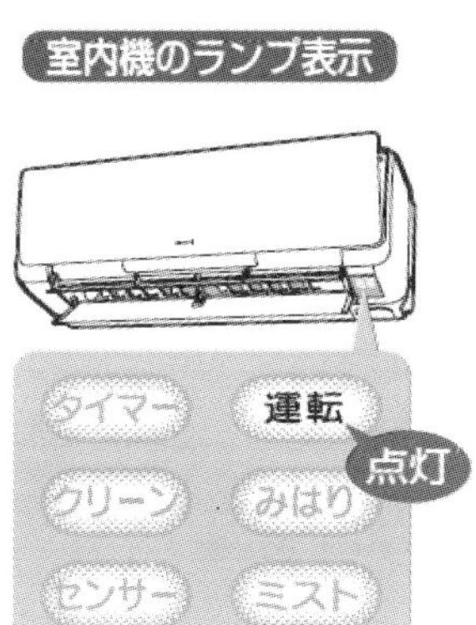

(4) カラッと除湿運転

自動カラッと除湿 / 快速ランドリー / けつろ抑制運転を行います。

① 「カラッと除湿」ボタンを押し、希望の除湿運転を選ぶ

② 温度の微調整、湿度の調整を行う

- 調整範囲は、自動設定温度の－3℃～＋3℃、湿度は40％～70％
- お好みの温度・湿度に調整したいときは、「自動 / 手動」ボタンを押して「手動カラッと除湿」運転をお使いください。

③ いろいろな機能を設定する

④ 運転の停止は「停止」ボタンを押す

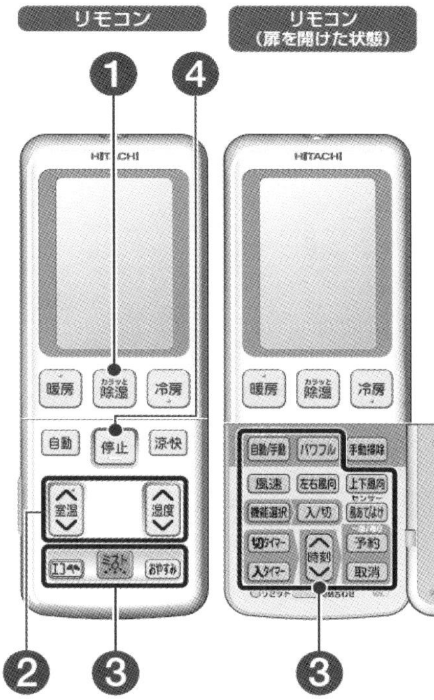


リモコンの表示

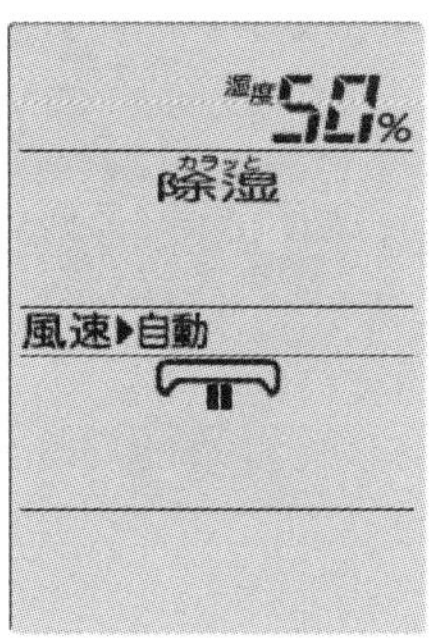


「自動カラッと除湿」運転のときの表示例

室内機のランプ表示

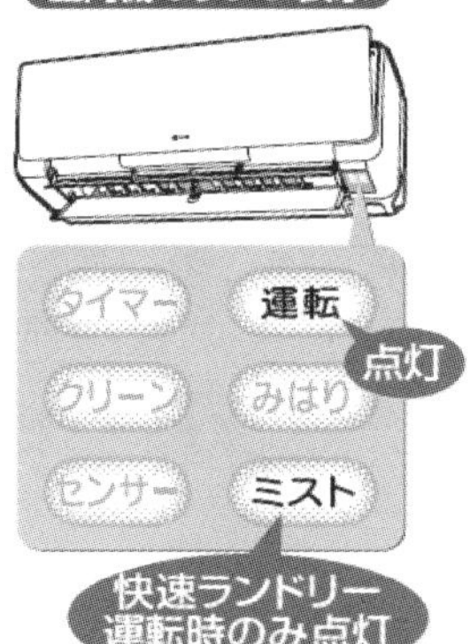


▸「カラッと除湿」ボタンを押すごとに、除湿運転内容が変わります。

| ボタン | こんなときに | 運転の内容 |
|---|---|---|
| カラッと除湿<br>自動カラッと除湿 | ジメジメするときに | 自動的に運転開始時の室温を設定温度とし、50～60％を設定湿度として運転します。または前回の設定室温、設定湿度を目標に運転します。<br>※ 温度の微調整、湿度の調整ができます。 |
| カラッと除湿<br>快速ランドリー | 洗濯物の乾燥を早めたいとき | 除湿、暖房、イオンミストの組合わせで、洗濯物乾燥優先の3時間切タイマー運転をします。室温、湿度が一時的に上がります。<br>※ 湿度の調整はできません。<br>運転停止後のリモコンに表示される運転の種類は「快速ランドリー」を運転する前の表示に戻ります。 |
| カラッと除湿<br>けつろ抑制 | 冬場、窓の結露を抑えたいときに | 湿度を下げることを優先した2時間切タイマー運転をします。そのため室温は下がります。室温が1℃以下になると運転を停止します。<br>※ 温度・湿度の調整はできません。<br>運転停止後のリモコンに表示される運転の種類は「けつろ抑制」を運転する前の表示に戻ります。 |

(5) 自動運転

湿度と外気温から自動設定した室温と湿度になるように、暖房、カラッと除湿(自動カラッと除湿)、冷房を自動的に選択して運転します。

① 「自動」ボタンを押す

② 温度調整ボタンを押して、温度の調整を行う

- 調整範囲は、自動設定温度の−3℃～+3℃

③ いろいろな機能を設定する

④ 運転の停止は「停止」ボタンを押す

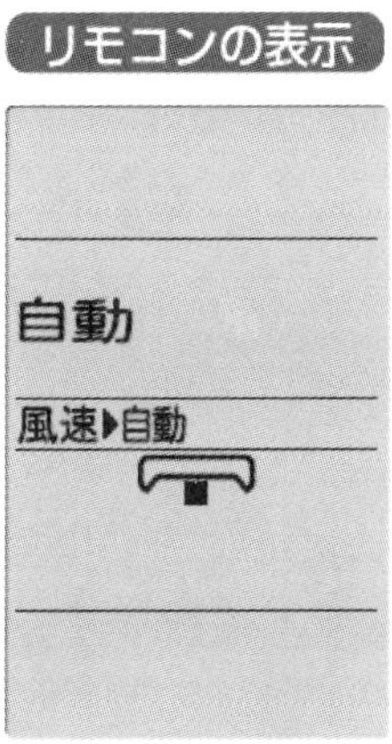


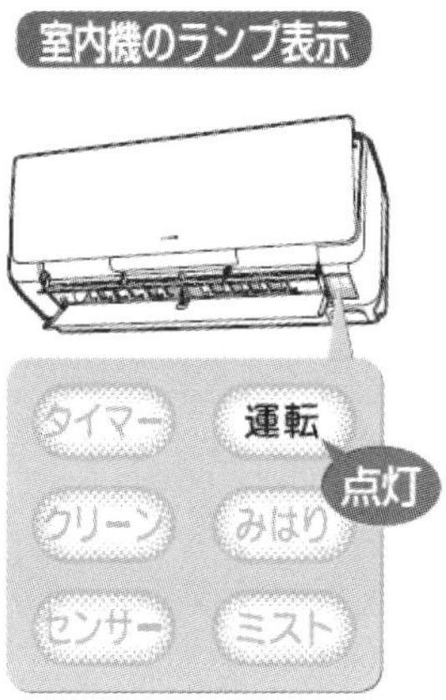


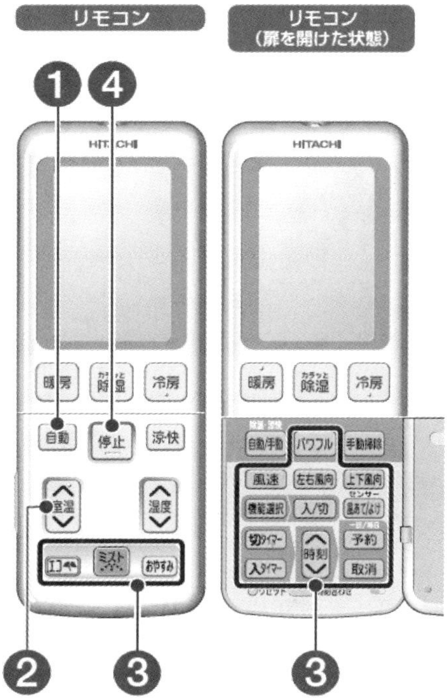


(6) 涼快(室温に適した湿度に下げる)運転

湿度と外気温から自動設定した室温(約24～28℃)に適した湿度に下げる運転をします。(加湿する機能はありません。)

① 「涼快」ボタンを押す

② 温度調整ボタンを押して、温度の調整を行う

- 調整範囲は、自動設定温度の-3℃～+3℃
- お好みの温度・湿度に調整したいときは、「自動/手動」ボタンを押して「手動涼快」運転をお使いください。

③ いろいろな機能を設定する

④ 運転の停止は「停止」ボタンを押す

リモコンの表示

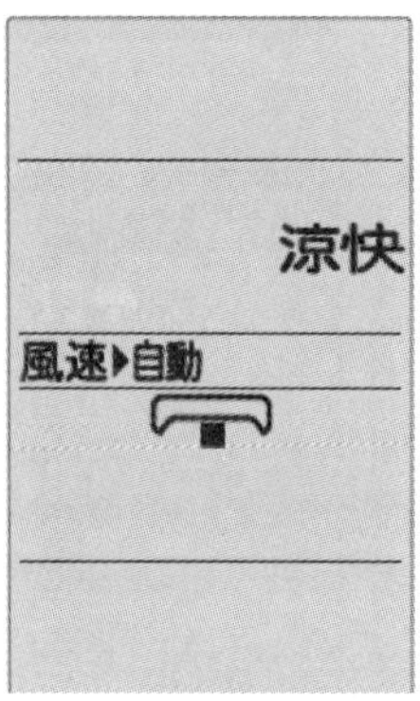


室内機のランプ表示

リモコン

リモコン
(扉を開けた状態)

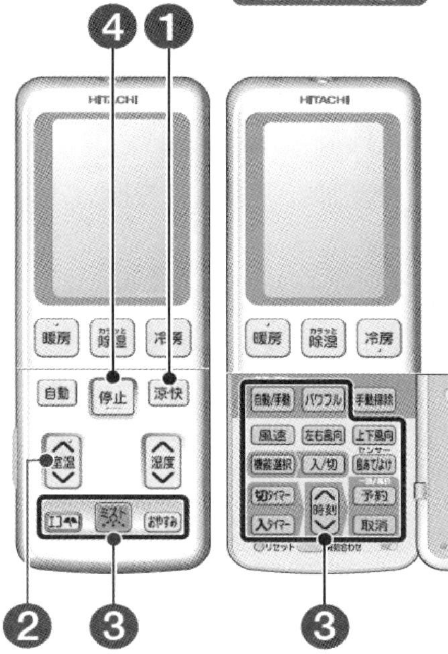


(7) おやすみ運転機能

おやすみに適した風速でのタイマー運転です。

①「おやすみ」ボタンを押し、希望のタイマー時間を表示させる

- 運転中(暖房・冷房など)に「おやすみ」ボタンを押すと、押したときから「おやすみ」運転となります。
- 運転停止中に「おやすみ」ボタンを押すと、「おやすみ」運転を始めます。
- 「おやすみ」ボタンを押すごとに切り替わります。

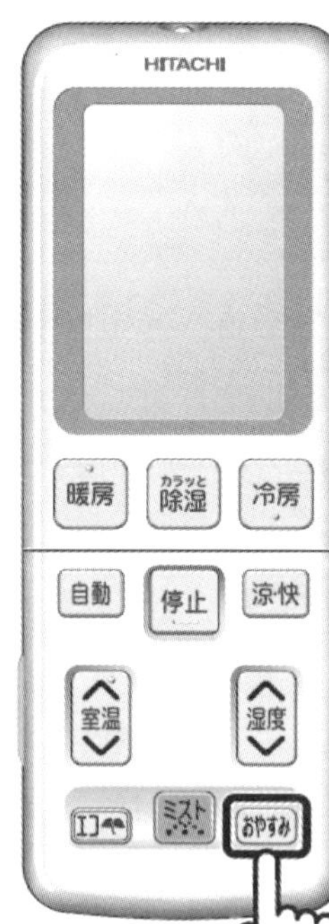


リモコン表示

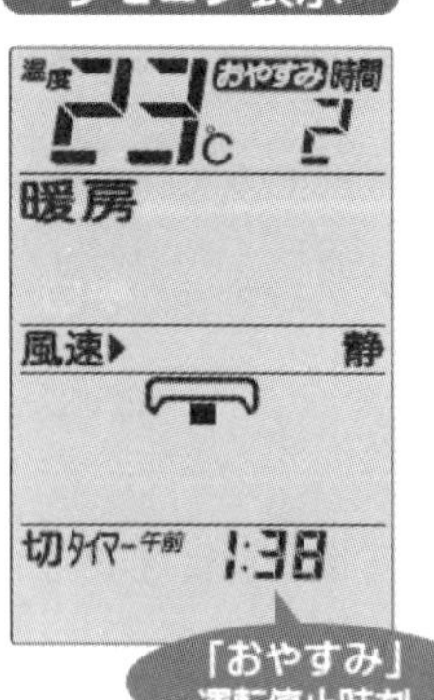


室内機のランプ表示

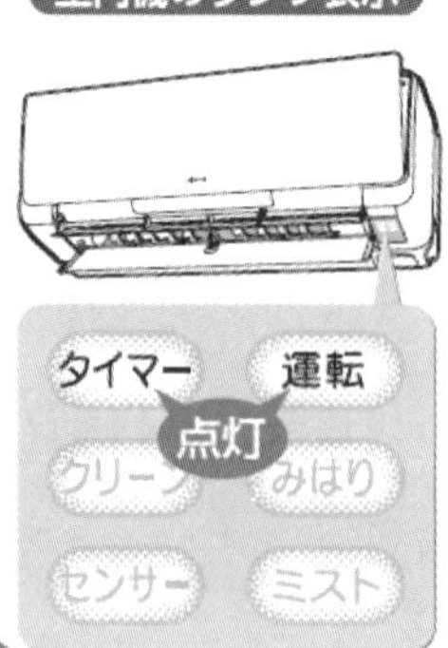

(8) イオンミスト(空気清浄・肌を保湿する)運転

イオンミストを発生させながら室内空気を循環し、空気中のほこり除去や脱臭、ウイルス・菌などを抑制、お肌を保湿する運転をします。

① 「ミスト」ボタンを押す

- 「ピッ」と鳴り、送風運転にイオンミストの発生を加えた運転を開始します。
- 左右風向板位置は自動的にセットされます。(「左右風向」ボタンでお好みの角度にすることができます。)

② いろいろな機能を設定する

③ 運転の停止は「停止」ボタンを押す

リモコン　　リモコン(扉を開けた状態)

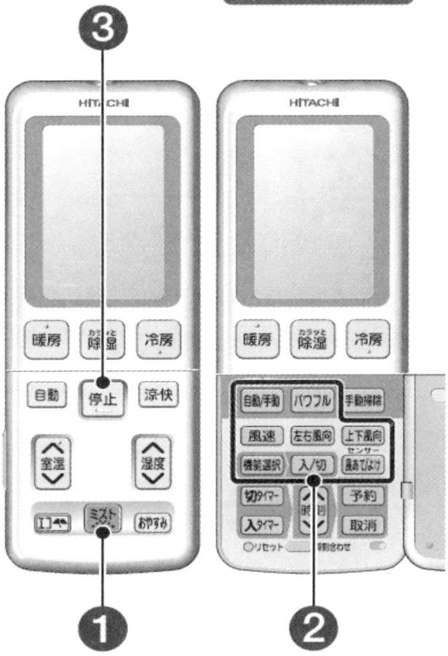


リモコンの表示

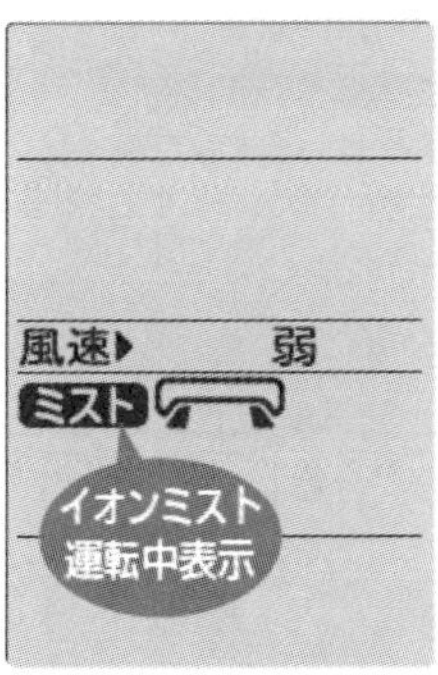


室内機のランプ表示

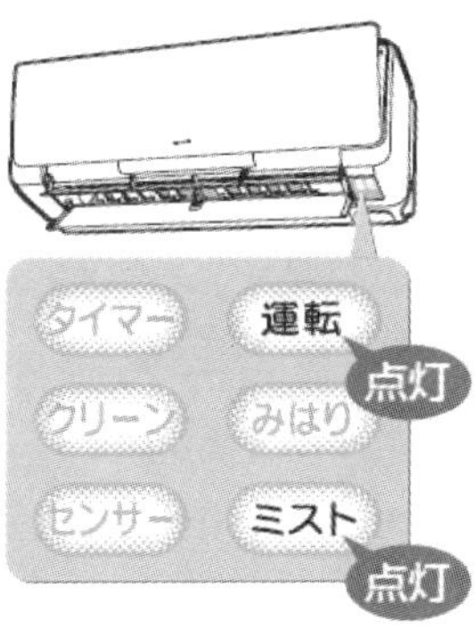


(9) パワフル運転

- 運転中(暖房・冷房など)に「パワフル」ボタンを押します。
- 元の運転に戻すときは、再度「パワフル」ボタンを押してください。

▸ パワフル運転は次のようなときお使いください。

| 運転の種類 | こんなとき | 運転の種類 | こんなとき |
|---|---|---|---|
| 暖房 | もう少し暖かさがほしいとき | カラッと除湿 (衣類) | もう少し湿気を取るスピードを早めたいとき |
| カラッと除湿 | もう少し湿気を取りたいとき | カラッと除湿 (水滴) | |
| 冷房 | もう少し冷風感や涼しさがほしいとき | 涼快 | もう少し湿気を取って、涼しさが欲しいというとき |
| ミスト | もう少し空気中のほこり除去を早めたいとき | | |

(10) 左右風向設定機能

- 風向を変えるときは、運転中に「左右風向」ボタンを押してください。
- ボタンを押すごとに切り替わります。

| ボタンを押すと | 左右風向の内容 |
|---|---|
| (正面) | ●室内機の正面へ風を送ります。 |
| ※(正面と左) | ●室内機の正面と左側に風を送ります。設定風速よりも若干風速を上げた運転を行います。 |
| ※(正面と右) | ●室内機の正面と右側に風を送ります。設定風速よりも若干風速を上げた運転を行います。 |
| ※(ワイド) | ●ワイド気流時は設定風速よりも若干風速を上げた運転を行います。 |
| (スイング) | ●左右風向板がスイングします。リモコンの左右風向板表示と、実際の左右風向板表示は同期しません。<br>●スイング運転中に運転を停止し、再び運転すると、スイングする前の位置にセットされます。 |
| (お好み) | ●左右風向板のスイング範囲を9分割した位置で指定できます。<br><br>(正面)<br>●左右スイング中に、リモコンの左右風向板表示がお好み位置になったら、左右風向 を押して止めてください。<br>●左右風向の角度に応じて、設定風速よりも若干風速が上がります。<br>●お好み位置にセットした状態で運転を停止し、再び運転すると、お好み位置で運転を行います。 |

## 4. お手入れ・注意事項

(1) フロントパネルの開けかた

① 左右の手かけ部に手先をかけ、フロントパネルを矢印方向に引き、開けます

② フロントパネルが開ききるまで起こします

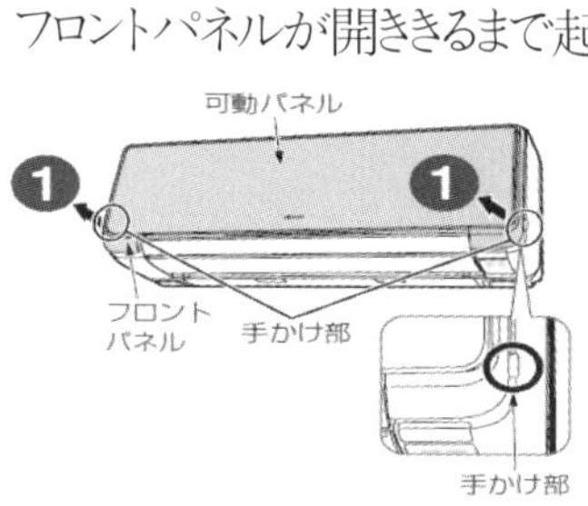


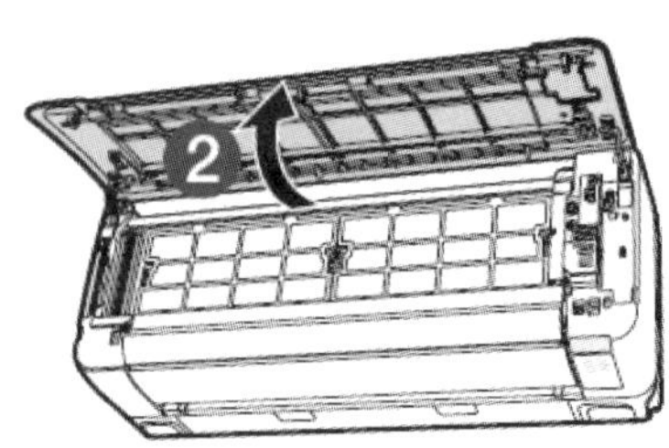

(2) フロントパネルの取り外しかた

① フロントパネルを開ける

② フロントパネルを室内機から外す

- 先に右側のアームを外側に押して軸を外します。
- フロントパネルを左側にずらして左側アームの軸を外します。

※ フロントパネルが、ガタついているとパネルが外れ、落下し、けがをするおそれがあります。

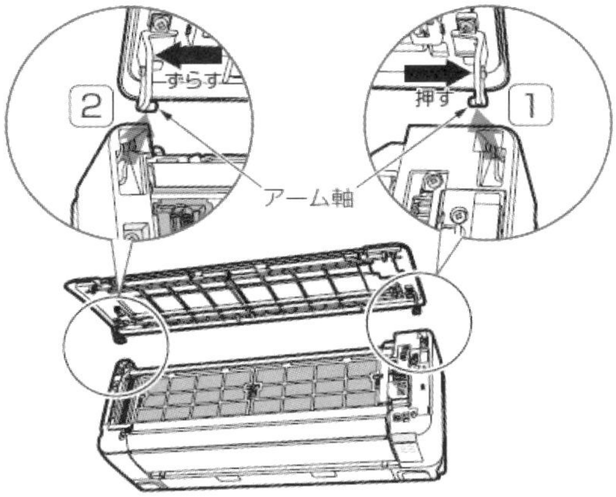


(3) 前面フィルターの取り外しかた

① 前面フィルターのロックを上にスライドさせる(左右2ヶ所ずつ)

② 各フィルターの矢印方向にたわませて取り外す

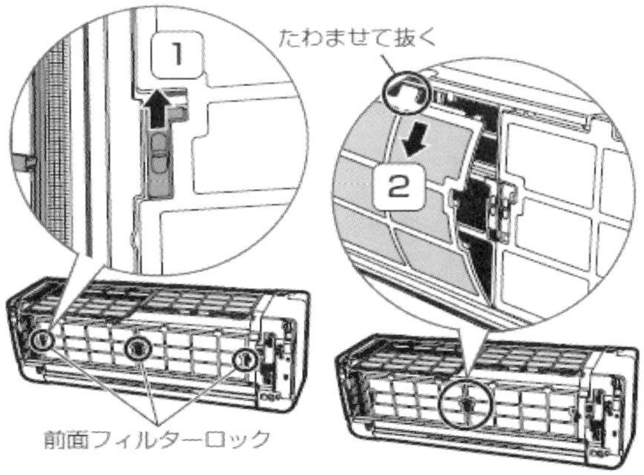


(4) 上面フィルターの取り外しかた

① 上面フィルターのロックを手前に倒す

② 凸部を持って各フィルターを手前に引き出し、取り外す

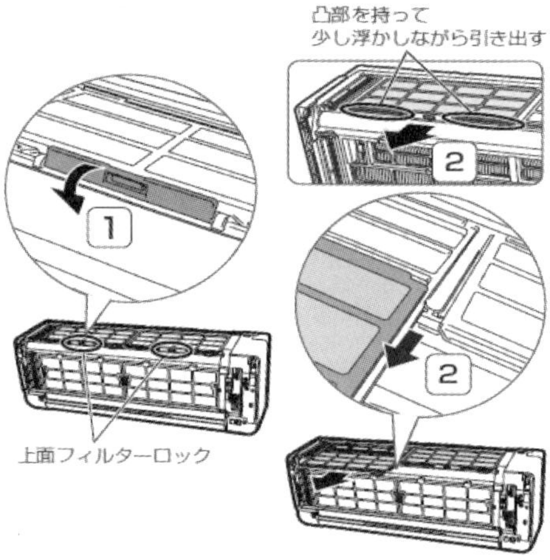


(5) 掃除機などでホコリを取る

- 汚れがひどいときは、中性洗剤で洗いよくすすぎ、陰干してよく乾かします。

※フィルターを強く押したり、たわしやブラシは使わない。

- お手入れにはスポンジ等をつかい、強い力を加えないでください。フィルターの前面の金属膜が傷んだり、フィルターが壊れることがあります。

(6) フィルターを元通り取り付ける

- 前面、上面とも、左右のフィルターは同じものです。左右どちらに取り付けてもかまいません。
- 前面、上面フィルターとも」、ウラ 表示のある面を室内機側に向けて取り付けます。

① 前面フィルターの取り付けかた

- 下を差し込んでからたわませ、上を差し込む。
- 左右の前面フィルターロックをしたにスライドさせる。(左右2ヶ所ずつ)

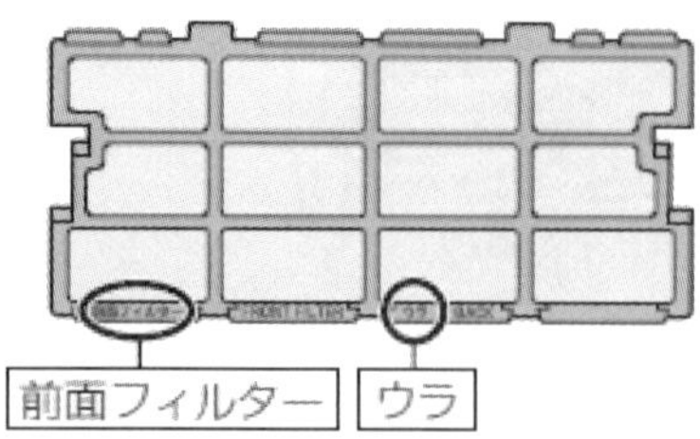


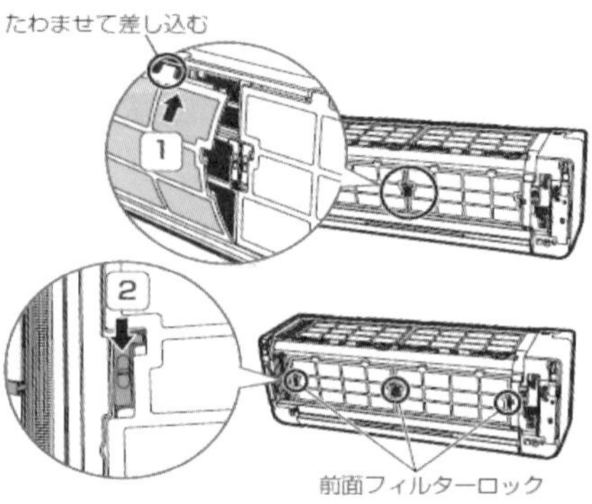

② 上面フィルターの取り付けかた

- 室内機上面の溝に差し込む。
- 上面フィルターロックを押し上げる。(左右1ヶ所ずつ)

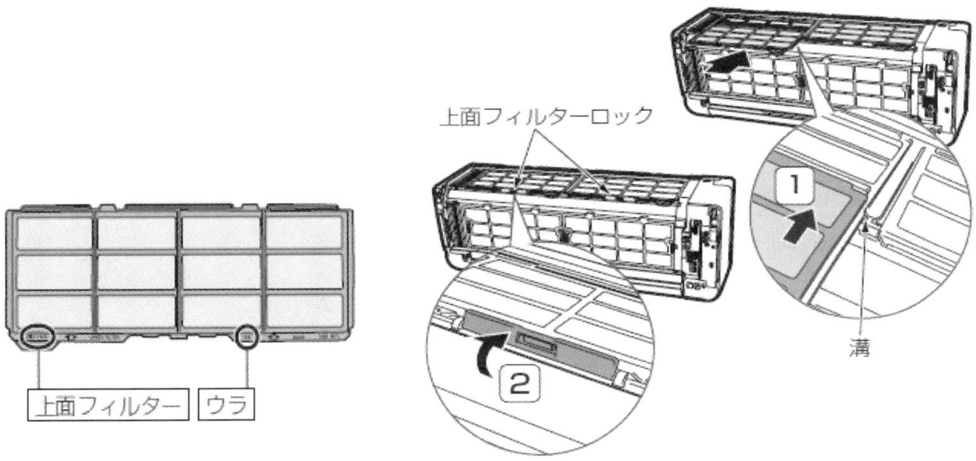


## 5. 重要語彙

① イオンミストユニット : 이온 미스트 유닛(ion mist unit). 이온 미스트(스팀 상태의 음이온)를 만드는 유닛

② エコみるみるセンサー : 실내의 공기 환경을 체크하는 센서

③ ホコリキャッチャー : 집진기

④ 防カビわさびカセット : 방미(防黴) 와사비 카세트. 고추냉이 성분이 들어있는 필터를 부착한 카세트. 곰팡이를 막는 역할을 함

⑤ アルミフィン : 알루미늄 핀(aluminum fin). 에어콘의 열교환 효율을 높이기 위해 부착한 핀

⑥ 単4乾電池 : 단4형 건전지. AAA로 표기. 단3형 건전지(AA)보다 좀 더 작음

⑦ カラッと : 습기가 없이 말라있는 모양

⑧ 涼快 : 상쾌

⑨ エコ : 이콜로지(ecology)의 약자. 생태학. 환경 또는 환경보호

⑩ 風あて : 자동 풍향 조절기능. 풍향을 조절하지 않더라도 자동으로 사람이 있는 곳을 향해 바람을 보내는 기능

⑪ 風よけ : 자동 풍향 조절기능. 풍향을 조절하지 않더라도 자동으로 사람이 있는 곳을 피해 바람을 보내는 기능

⑫ 形名(かためい) : 모델명

⑬ カビ見張(みは)り : 곰팡이가 생기기 쉬운 온도나 습도가 되면 자동적으로 동작하게 하는 기능

⑭ 快速(かいそく)ランドリー : 쾌속 건조기능

⑮ けつろ制御(せいぎょ) : 결로(結露) 제어. 이슬이 맺히는 것을 방지하는 기능

⑯ ジメジメする : 눅눅하다

⑰ 微調整(びちょうせい) : 미세 조정

⑱ 脱臭(だっしゅう) : 탈취

⑲ ウイルス : 바이러스(Virus)

⑳ お肌(はだ) : 피부

㉑ ワイド : 와이드. 풍향의 각도가 커짐

㉒ スイング : 스윙(swing). 풍향을 좌우 반복적으로 바꿔줌

㉓ 手(て)かけ部(ぶ) : 손을 대는 부분

㉔ アーム : 암(arm). 본체에서 팔모양으로 나와 있는 부분. アーム軸(암축, arm shaft)

㉕ がたつく : 덜컹거리다, 덜커덕거리다

㉖ たわむ : 휘다. たわませる(휘게 하다)

㉗ スライド : 슬라이드(slide). 미끌어지다

㉘ 溝(みぞ) : 좁고 긴 홈, 도랑

# 第8章　冷蔵庫(Refrigerator)

冷蔵庫は、低温で食品・医薬品・化粧品などを保管することを目的とした家電製品である。一般的には、0℃以上で水を凍らせない目的で使われるものを冷蔵庫、0℃以下で凍らせる目的で使われるものを冷凍庫、両方の機能を併せ持っているものを、冷凍冷蔵庫と呼び分る場合もある。

冷蔵庫は、エアコンと同じように、液体(冷媒)が気化するとき周囲の熱を奪うという性質を利用している。

冷蔵庫の発展初期の段階では、主に製氷機として発達してきた。1810年には、スコットランドのジョン・リズリ(John Leslie)によって空気圧縮機を使用した冷凍機が製作され、世界初の冷凍機による氷が作られた。

冷蔵庫を冷却方式によって分類すると、「圧縮式・吸収式・電子式(ペルチェ効果を利用)」などがある。

冷蔵庫の運転制御装置は、貯蔵室の温度を適当に保つための装置で、温度を感知するセンサーが各貯蔵室に設けられており、冷蔵室は3℃前後、冷凍室はマイナス18℃前後に調節できるようになっている。

**ペルチェ(Peltier)効果**

異なる2種類の金属、または半導体を2つの点で接合したものに電流を流すと、一方の点は熱くなり、他方は冷たくなること。

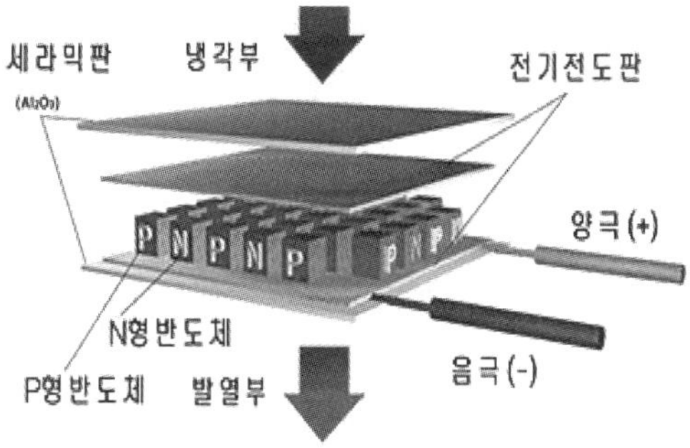


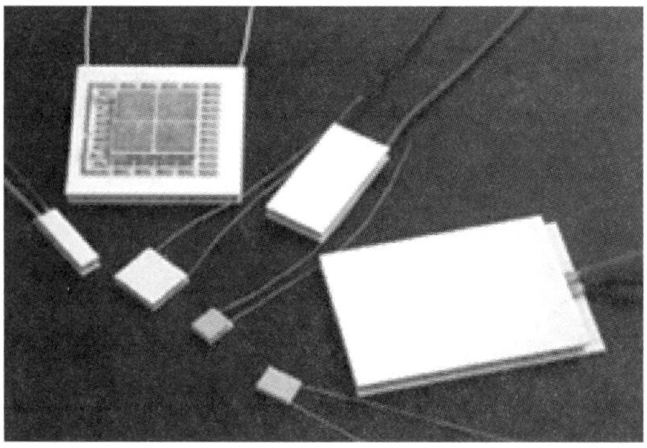

図8-1 熱電素子

▸冷蔵庫の分類と特徴

| | |
|---|---|
| 圧縮式冷蔵庫 | • 家庭用としてもっとも一般的。<br>• 電気を使用 |
| 吸収式冷蔵庫 | • 冷媒としてアンモニア、リチウムブロマイド使用。<br>• アンモニア冷媒の場合、毒性と爆発の危険性がある。<br>• 業務用として使用。<br>• 作動騒音が少ない。<br>• 機械的磨耗による故障がない。<br>• 電力供給の不便な場所でも使用可能。<br>• 大型システム。 |
| 電子式冷蔵庫 | • 化粧品用の冷蔵庫など、極限られたところに使用される。<br>• 熱電素子が高価なため、システムの値段が高い。<br>• 冷却効率が低い。<br>• 急激な温度変化に弱い。 |

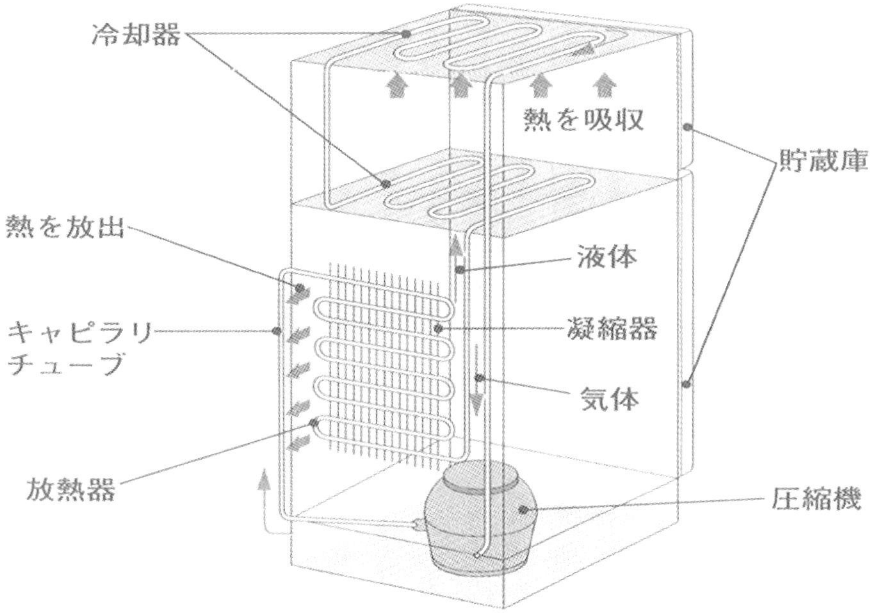


図 8-2 冷蔵庫の構造

## 用語解説

① アンモニア : 분자식 $NH_3$(암모니아)로 표시되는 무기화합물. 상온상압에서는 무색의 기체로 특유의 자극적인 냄새를 갖는다.

② リチウムブロマイド : LiBr(리튬 브로마이드). 흡수식 냉동시스템의 증발기에서 나온 수증기를 흡수하는 역할을 한다.

③ キャピラリチューブ : 모세관(Capillary tube). 배관저항에 의해 압력을 낮춰 액체가 쉽게 기화되도록 하는 직경이 매우 가는 동관. 길이 1m 내외, 직경 0.8~2.0mm. 소용량의 냉동장치에 사용

④ 凍る : 얼다

⑤ 併せ持つ : 겸비하다, 아울러 갖추다

⑥ 奪う : 빼앗다, (마음이나 눈을) 사로잡다

⑦ 保つ : 유지하다

⑧ 異なる : 다르다

⑨ 他方 : 다른 한 쪽, 반면에

⑩ 極限られたところ : 극히 제한된 부분, 限る(제한/한정하다)

## 漢字練習

| 周囲(しゅうい) | | | | |
|---|---|---|---|---|
| 調節(ちょうせつ) | | | | |
| 爆発(ばくはつ) | | | | |
| 故障(こしょう) | | | | |

## 練習問題

冷凍室の保管温度を-18℃以下に維持する理由について考えよ。

## 1. 各部の名前(東芝、冷蔵庫、GR-A56R型)

### (1) 全体図

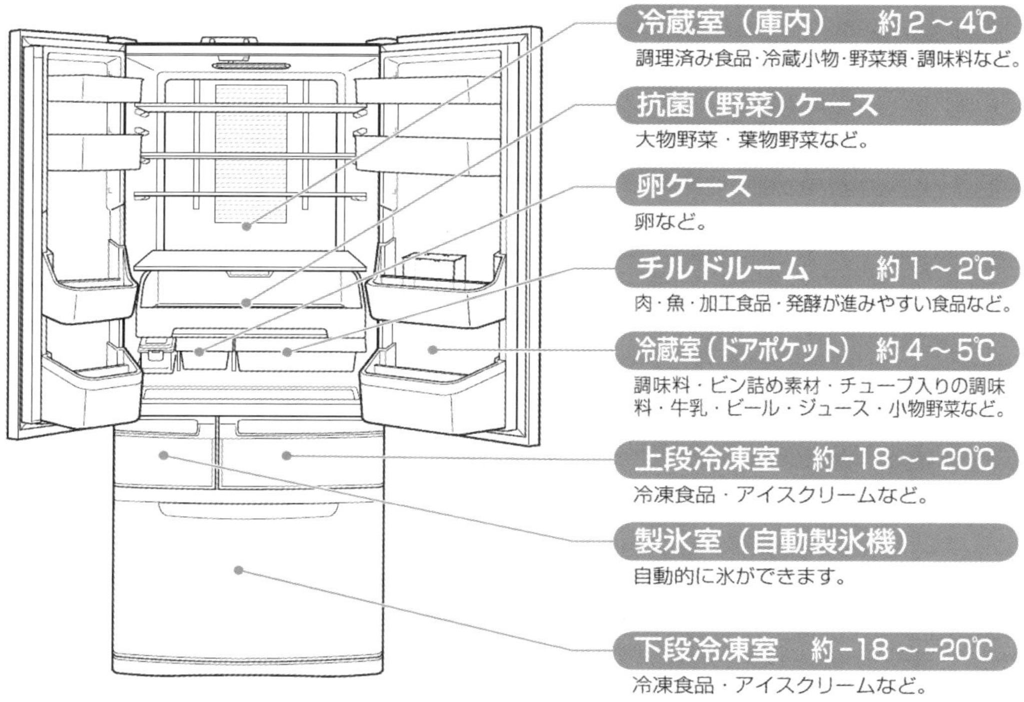


### (2) 冷蔵室

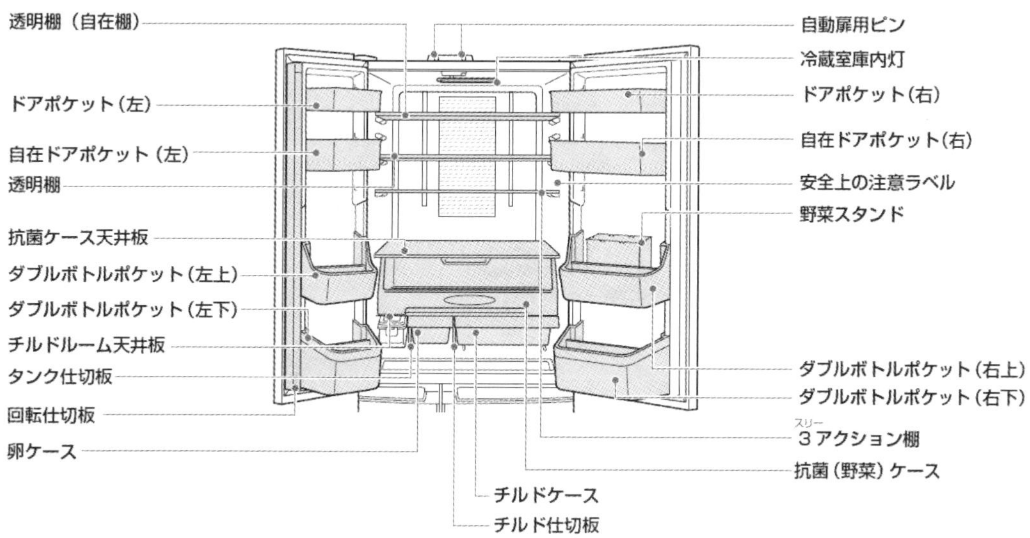

(3) 冷凍室

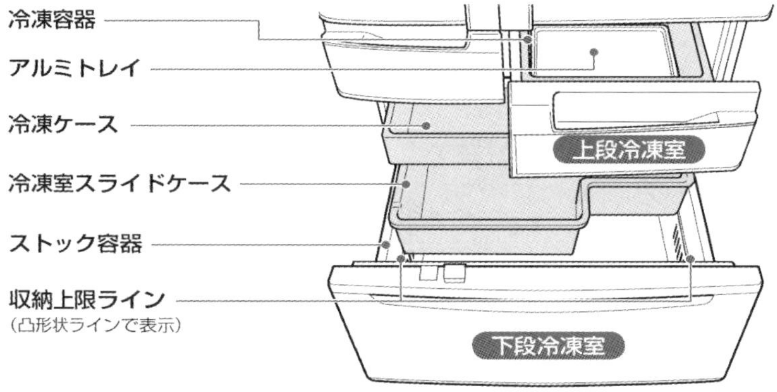


(4) 製氷室

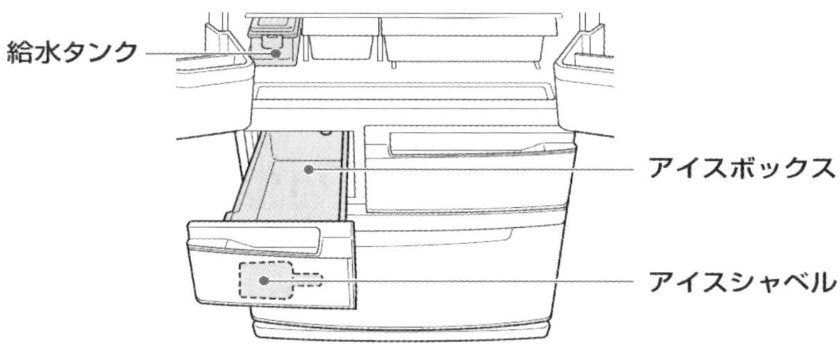


(5) 食品の貯蔵期間の目安

| 温度帯 | 冷 蔵 | 野 菜 | チルド | 冷 凍 |
|---|---|---|---|---|
| 貯蔵場所 | 冷蔵室 | 抗菌（野菜）ケース | 冷蔵室のチルドルーム | 冷凍室 |
| 食品と<br>貯蔵期間<br>［目安］ | 卵 ……35日（生食7日）<br>かまぼこ、ちくわ、ハム、ソーセージ ………7日<br>みかん、いちご ………5日 | みかん、いちご ………5日<br>レタス、ほうれんそう、ねぎ、ぶどう ………7日<br>りんご、キウイ ……14日 | かまぼこ、ちくわなどの加工食品 ………8日<br>ヨーグルトなどの乳製品 ………7日 | 皮をむいたバナナ ……1ヵ月<br>ゆでたほうれんそう、砂糖漬けにしたみかん、鶏肉、牛肉スライス、牛肉ステーキ ……3ヵ月<br>ゆでたにんじん ……4ヵ月 |

## 2. 操作パネルのはたらき(東芝、冷蔵庫、GR-A56R型)

機能の設定などは冷蔵室内の操作パネルで行ないます。

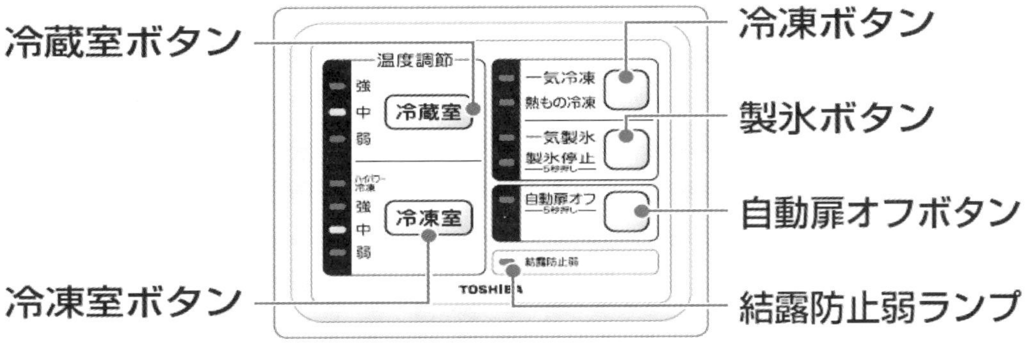


## 3. 基本操作と使用法(東芝、冷蔵庫、GR-A56R型)

(1) 温度調節

① 温度調節する室のボタン(冷蔵室ボタンまたは冷凍室ボタン)を押して温度調節位置を選ぶ

- ボタンを押すたびに、ランプの点灯位置(温度調節位置)が変わります。
- 普段は「中」でお使いください。なお、強く冷やしたいときは「強」側に、冷えすぎるときは「弱」側に設定してください。

| 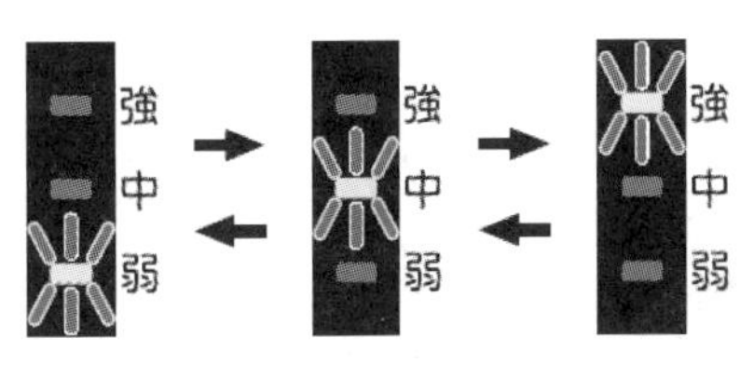 | 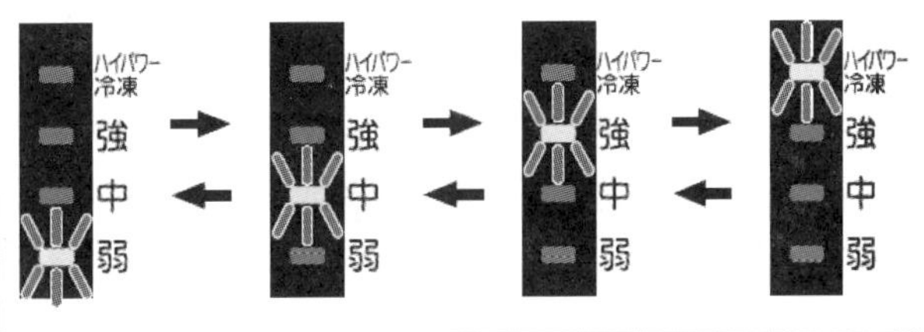 |
|---|---|
| 冷蔵室 | 冷凍室 |

(2) 温度調節位置の表示と庫室温度

- 表の温度は、周囲温度30℃、食品を入れずに扉を閉め、温度が安定したときに測定した値です。
- チルドルームと抗菌(野菜)ケースの庫内温度は、冷蔵室の温度調節位置を変えると、ともに変化します。

- 上段冷凍室の庫内温度は、下段冷凍室の温度調節位置を変えると、ともに変化します。

| 冷蔵室 | 強 | 「中」より1～2℃低くなります。 |
|---|---|---|
| | 中 | 約2～4℃ |
| | 弱 | 「中」より2～3℃高くなります。 |

| 下段冷凍室 | ハイパワー冷凍 | 約-22～-24℃ |
|---|---|---|
| | 強 | 「中」より2～3℃低くなります。 |
| | 中 | 約-18～-20℃ |
| | 弱 | 「中」より2～3℃高くなります。 |

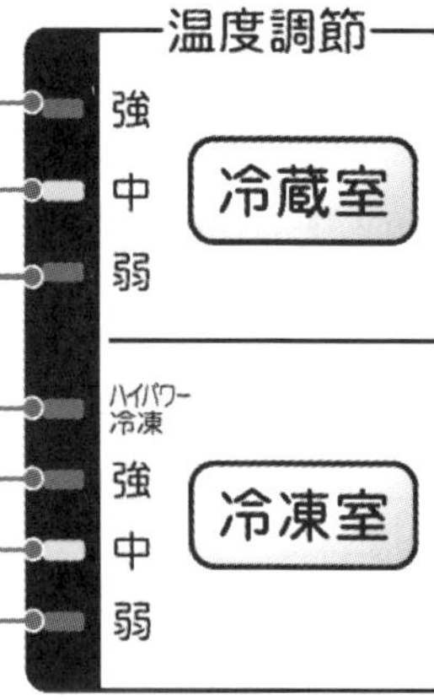


(3) 電動タッチオープンドアの開け方

電動タッチオープンドアは冷蔵室についています。

- タッチスイッチを軽く押す
  - ― 扉が軽く開きます。
  - ※ 左右の冷蔵室扉にあるタッチスイッチを同時に押しても、扉は同時に開きません。

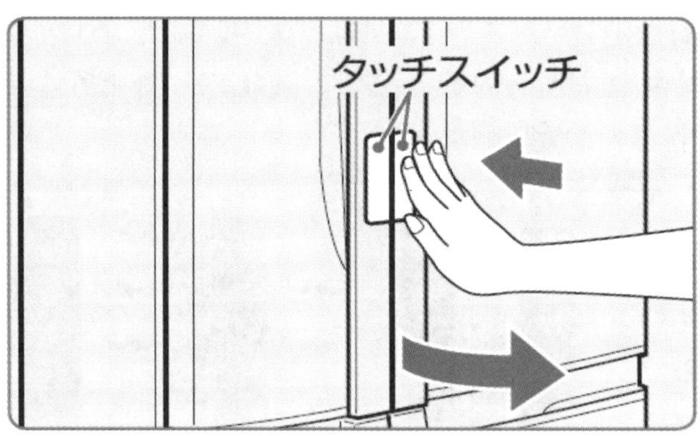


(4) 電動タッチオープンドアの停止(自動扉オフ)のしかた

- 自動扉オフボタンを5秒以上押す。
- アラーム音が「ピピピッ」と鳴り、自動扉オフのランプが点灯し、自動扉が停止します。
  - ※ 自動扉オフのときは、ハンドルを引いて開けてください。
  - ※ 片側の扉だけの「自動扉オフ」はできません。

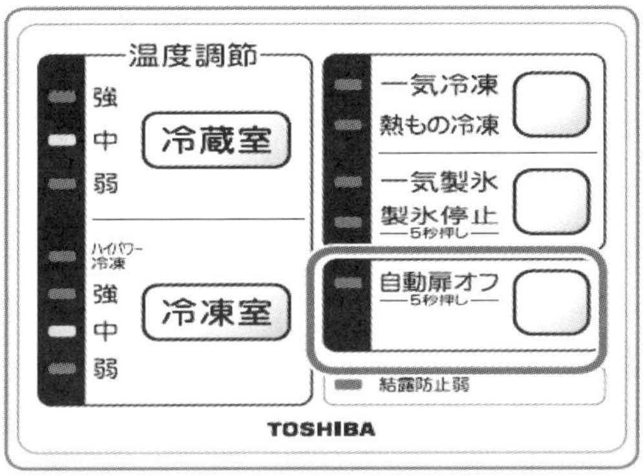

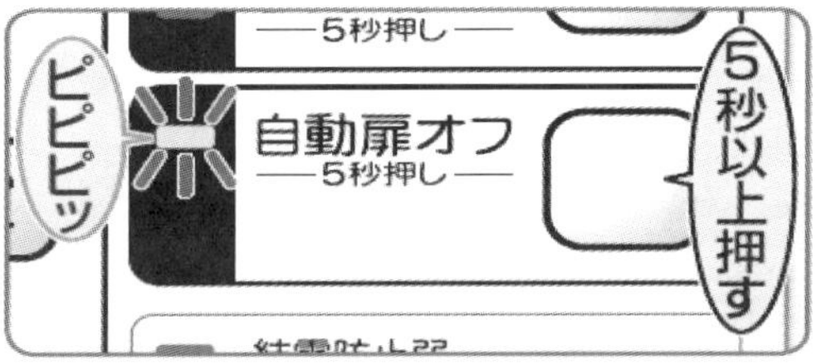


(5) 熱い食品を凍らせる(熱もの冷凍)

- 熱もの冷凍をするときは上段冷凍室の食品を下段冷凍室に移してください。
- 手で持てない温度(55℃以上)の食品は、入れないでください。やけどや容器変形の原因になります。
- カレーなど水分の多い食品は密閉容器やポリ袋に入れるか、容器にふたをしてください。

① 食品を上段冷凍室のアルミトレイの上に載せる

- 必ずアルミトレイを取り付けてください。冷却スピードが遅くなります。

② 冷凍ボタンを押し、熱もの冷凍を選ぶ

- アラーム音が「ピッ」と鳴り、熱もの冷凍のランプが点灯します。
- ボタンを押すたびに「熱もの冷凍」と「一気冷凍」のランプが順に点灯します。

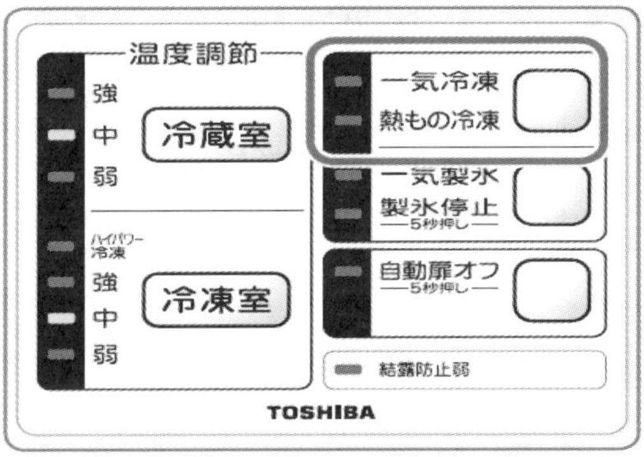

③ 約150分後、自動終了(熱もの冷凍のランプ　消灯)

- 熱もの冷凍を途中で停止するときは、ランプが消灯するまで冷凍ボタンを押してください。

(6) 食品をすばやく凍らせる(一気冷凍)

- ホームフリージングするときにお使いください。
- 食品をすばやく凍らせるのでおいしさを逃がさずに保存できます。

① 上段冷凍室のアルミトレイを冷凍室スライドケース左側に置き、食品を載せる

- アルミトレイは突起の上に置かないでください。
- アルミトレイを使わないと、一気冷凍の冷却スピードは得られません。

② 冷凍ボタンを押し、一気冷凍を選ぶ

- アラーム音が「ピッ」と鳴り、一気冷凍のランプが点灯します。
- ボタンを押すたびに、「一気冷凍」と「熱もの冷凍」のランプが順に点灯します。

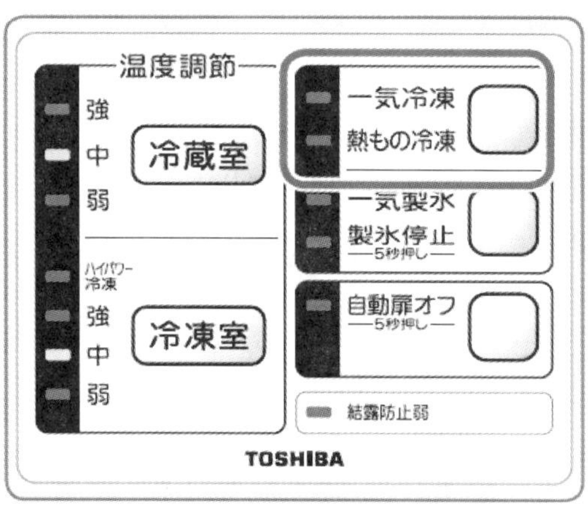

③ 約150分後、自動終了(一気冷凍のランプ　消灯)

- 一気冷凍を途中で停止するときは、ランプが消灯するまで冷凍ボタンを押してください。

(7) 氷りをはやくつくる(一気製氷)

製氷停止を設定しているときに一気製氷は設定できません。

① 製氷ボタンを1回押す

• アラーム音が「ピッ」と鳴り、一気製氷のランプが点灯します。

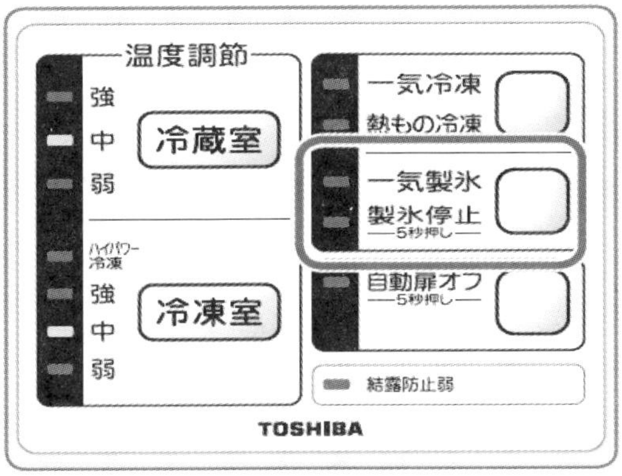

② 約8時間後、自動終了(一気製氷のランプ　消灯)

• 一気製氷の途中で停止するときは、同じ操作をしてください。アラーム音が「ピチチッ」と鳴り、一気製氷のランプが消灯します。

※ 製氷を停止するには、製氷室扉を閉めた状態で、製氷ボタンを5秒以上押してください。アラームが「ピピピッ」と鳴り、製氷停止のランプが消灯します。

(8) 氷の作り方

① 給水口カバーを矢印方向に開け、「水位線」まで水を入れ、給水口カバーを閉める

「水位線」より上に水を入れてセットすると、庫内に水がこぼれます。

② 給水タンクの本体を持ち、静かに運ぶ

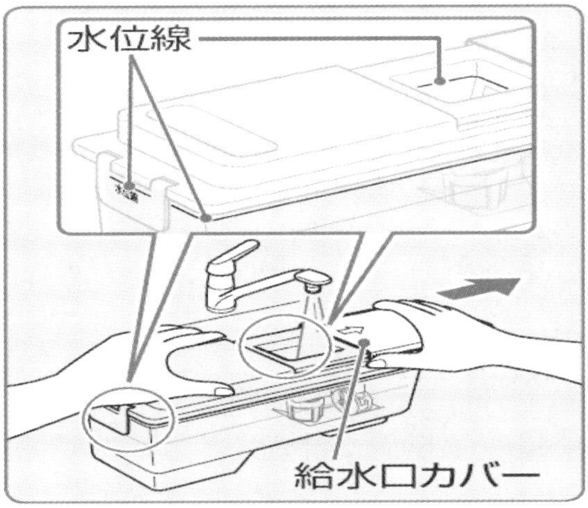

③ 給水タンクの手かけを手前にして、「タンク位置」まで押し込む
押し込まないと、氷ができません。

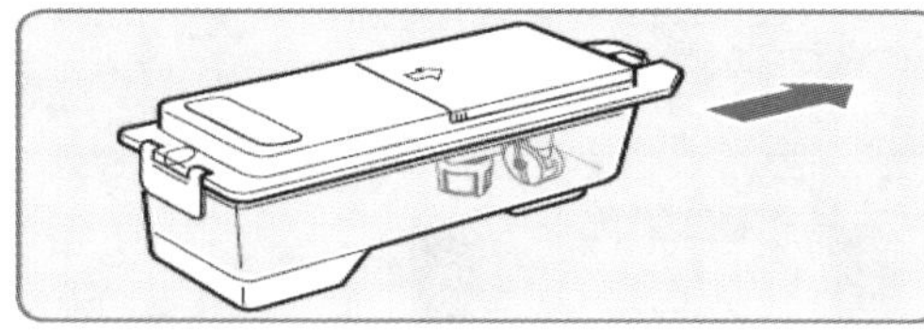

## 4. お手入れ・注意事項

(1) 使用してはならないもの

- 台所用洗剤の「家庭用品品質表示法に基づく表示」の「液性」欄にアルカリ性または弱アルカリ性と記載されている洗剤。(プラスチックの部品が割れます)
- みがき粉、粉せっけん、アルコール、ベンジン、シンナー、アルカリ、ワックス、石油、熱湯、たわしなど。

(2) 水洗いする部分

① 冷蔵室
透明棚、3アクション棚、抗菌ケース天井板、抗菌(野菜)ケース、野菜スタンド、ダブルボトルポケット(左右、上下)、ドアポケット(左右)、自在ドアポケット(左右)、チルドルーム天井板、チルドケース、卵ケース、卵スタンド

② 製氷室
アイスボックス、アイスシャベル

③ 冷凍室
冷凍ケース、冷凍室スライドケース、ストック容器、冷凍容器、アルミトレイ

(3) からぶきするところ

- 操作パネル
  - 柔らかい布でからふきしてください。
  - 電源プラグを抜かずにお手入れすると、温度調節位置などが動くことがあるので、お手入れ後、温度調節位置などを確認してください。

(4) ほこりを取るところ

- 冷蔵庫背面・床
  - 調整脚が床から浮くまで回して冷蔵庫を引き出して、背面・壁・床の汚れをふいてください。

(5) 水ぶきするところ(年1回程度)

扉パッキンと本体側の吸着面、抗菌(野菜)ケースの溝と棒、汁受け部

(6) 給水タンクの取りはずし方と取り付け方

タンクとタンクフタは週1回程度お手入れしてください。

① タンクとタンクフタの取りはずし方

- レバーを引き上げて、タンクフタをはずします。

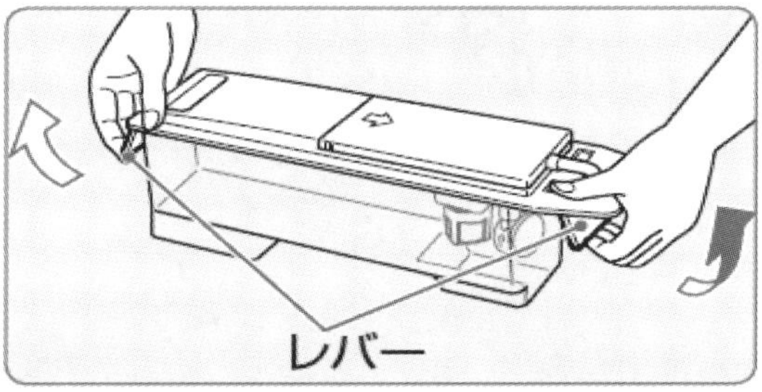


② タンクとタンクフタの取り付け方

- 給水ポンプを後面と平行にして、レバーで固定します。

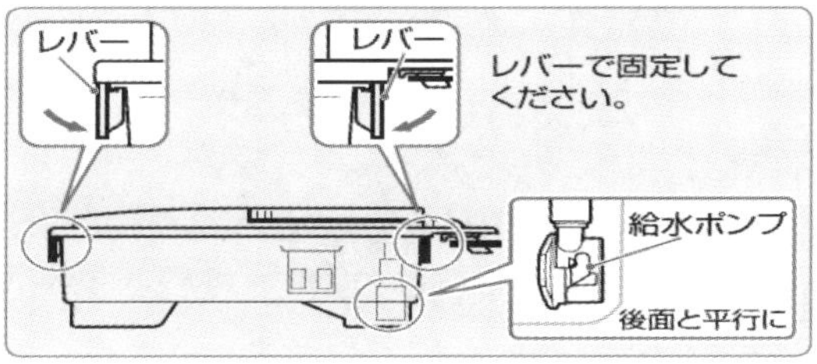


(7) 給水パイプと給水ポンプの取りはずし方

給水パイプと給水ポンプは月1回程度お手入れしてください。

① 給水パイプを矢印方向に回してタンクフタからはずす

- 給水管は取り外さないでください。

② 給水パイプから給水ポンプを引き抜く

③ ポンプケースフタを矢印方向に回して外す

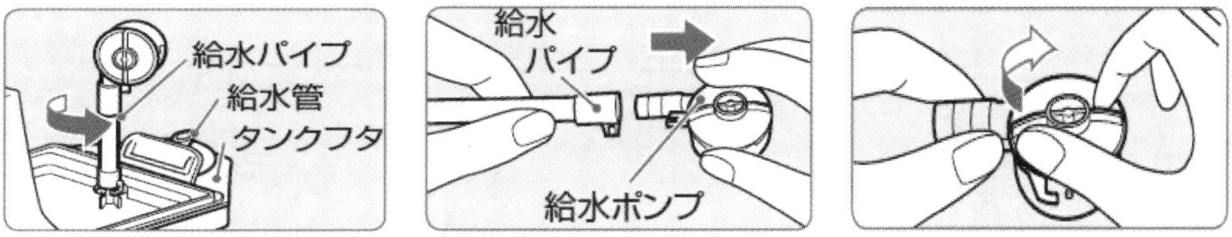

## 5. 重要語彙

① 葉物(はもの) : 잎사귀를 식용으로 하는 채소

② チルドルーム : 칠드 룸(chilled room). 저온냉장실. 변하기 쉬운 재료를 보관하는 곳으로 냉장온도는 0℃ 전후

③ 発酵(はっこう) : 발효

④ 製氷室(せいひょうしつ) : 제빙실

⑤ 天井板(てんじょうばん) : 천정판

⑥ 仕切板(しきりばん) : 칸막이판

⑦ 3(スリー)アクション棚(だな) : 3단 선반

⑧ ストック容器(ようき) : 저장(stock) 용기

⑨ 収納(しゅうのう) : 수납

⑩ アイスシャベル : 얼음주걱

⑪ かまぼこ : 대롱어묵

⑫ ちくわ : 가는 대에 감듯이 꽂아서 찐 어묵

⑬ ゆでる : 삶다. 데치다

⑭ ~たびに : ~할 때마다

⑮ ~すぎる : 너무 ~하다

⑯ 扉(とびら) : 도어, 문

⑰ ポリ袋(ぶくろ) : 폴리에틸렌 봉지

⑱ ホームフリージング : 식품을 급속 냉동보관하기 위해 얼리는 것

⑲ 粉(こな)せっけん : 가루 비누

⑳ 自在(じざい)ドアポケット : 식품의 높이에 따라 설치 높이를 자유롭게 조절할 수 있도록 고안된 도어 포켓

㉑ 汁受(しるう)け部(ぶ) : 국물 받침

㉒ 霜取り : 성에 제거

㉓ おやつ : 간식

㉔ 一人前 : 일 인분, 한 사람 몫

㉕ 切り口 : 자른 면. 베는 방법

㉖ ゴキブリ : 바퀴벌레

㉗ 日持ち : 며칠 동안 보존할 수 있는 상태

㉘ かんづめ : 통조림

# 第9章　空気清浄機(Air Purifier)

空気清浄機とは、空気中の目に見えない細かい粒子やペットや調理時の臭いなどを取り除くことを目的としている空調機器である。

エアコンと同じように、ファンによって汚れた空気を吸い込んでフィルターで濾過し、きれいになった空気を吹き出すという単純な仕組みになっている。

はじめての空気清浄機は産業革命当時のイギリスからだといわれる。当時のエネルギー源がほとんど石炭であったため、それを燃やしたあとの煙の除去が目的であった。現代ももちろん大気汚染物質の除去に使われるが、1980年代からはタバコの煙や花粉、最近はハウスダスト・カビ・黄砂などを除去するために使われることが多い。

空気清浄機は大きく「ファン式・電気集塵式・イオン式」の3つに分けられる。

現在主流であるファン式の場合、HEPA(目の細かい不織布)やULPA(HEPAより目が細かい)というフィルターで微粒子を集塵・濾過し、臭いは、多くの機種が活性炭で臭いを吸着する方法をとっている。イオン式に比べると、本体のサイズ・消費電力・騒音が大きく、フィルターを周期的に交換する必要がある。

電気集塵式は放電を利用する点でイオン式に似ているが、ファンを使っており、普通はファン式として分類される。一般的には業務用としてよく使われる。集塵効率はHEPAを用いるものよりよくなく、ファンなど本体内部も汚れやすいため手入れに手間がかかる。また、脱臭効果はない。

イオン式は、高電圧の放電によって発生した静電気の力で集塵する方式である。放電でマイナスイオンが発生すると、健康にも効果があるといわれている。価格も安くできるが、いわゆるアトピービジネスによって高価なものもある。

最近は、加湿、空気清浄、除湿、消臭という4つの機能を合わせもった「エアーコーディネーター」というものが出ている。

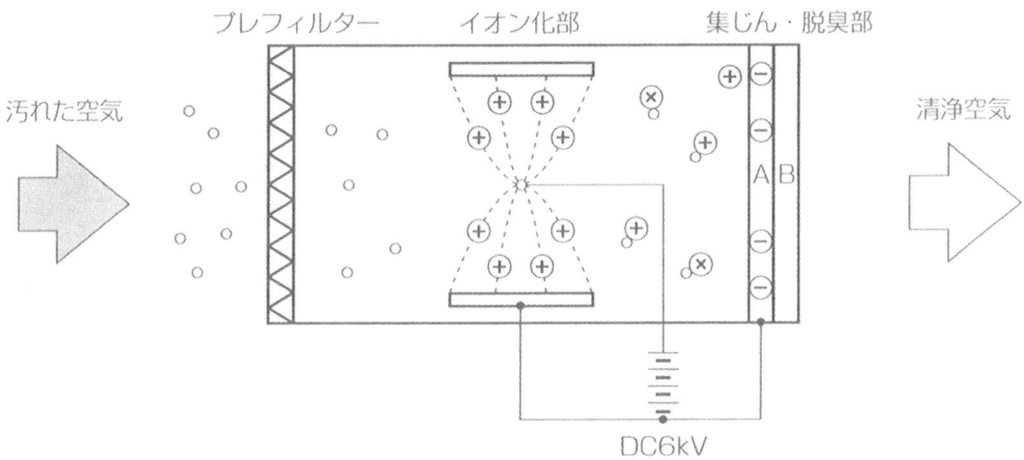


図 9-1 電気式(電気集塵式・イオン式)空気清浄器がちりやほこりを⊕帯電させて集塵する仕組み

## 用語解説

① ハウスダスト：집먼지(house dust). 알레르기를 일으키는 여러 가지 알레르겐(피부 각질, 진드기, 곰팡이, 세균 등)이 혼합된 것

② HEPA：High Efficiency Particulate Air의 머리글자로 원자력 연구가 시작된 초기에 연구원들의 건강에 위험을 끼칠 수 있는 공기 중의 방사선 미립자를 정화시키기 위해 처음으로 개발된 공기 정화 기술

③ ULPA：Ultra Low Penetration Air의 머리글자. ULPA 필터는 HEPA 필터보다 한 단계 진보한 필터로 1.2~1.7μm 크기의 미세먼지를 99% 이상 여과할 수 있는 초고효율 필터

④ 活性炭(かっせいたん)：활성탄. 석탄 등의 탄소물질을 원료로 하여 고온에서 가스나 약품과 반응시켜 만들어진 미세공을 가진 탄소

⑤ マイナスイオン：음이온. －전기를 띤 눈에 보이지 않는 미립자. 일반적으로 음이온은 공기가 맑은 산속이나 바닷가, 계곡, 폭포, 분수 등에 많이 분포하기 때문에 건강에 좋다고 알려져 있다.

⑥ アトピービジネス：아토피 비즈니스. 아토피성 피부염 환자를 대상으로 한 악덕 상법을 가리키는 말. 즉, 아토피성 피부염을 앓고 있는 환자에게 효능이 검증되지 않은 고액의 상품을 팔거나 치료법을 권유하는 것

⑦ 帯電(たいでん)：대전. 정전기를 띠는 것

⑧ 取(と)り除(のぞ)く：제거하다

⑨ 濾過(ろか)する：여과하다

⑩ 花粉(かふん)：꽃가루

⑪ カビ：곰팡이

⑫ 黄砂(こうさ)：황사

⑬ 手入(てい)れ：손질, 수선

⑭ 手間(てま)：수고, 노력, 시간, 일손, 手間がかかる

⑮ 集塵(しゅうじん)する：(먼지, 쓰레기를) 모으다

## 漢字練習

| 汚染(おせん) | | | | |
|---|---|---|---|---|
| 効率(こうりつ) | | | | |
| 健康(けんこう) | | | | |
| 消臭(しょうしゅう) | | | | |

## 練習問題

空気清浄器で除去可能なほこりの種類、および、脱臭効果について説明せよ。

## 1. 各部の名前(パナソニック、空気清浄器、EH3120)

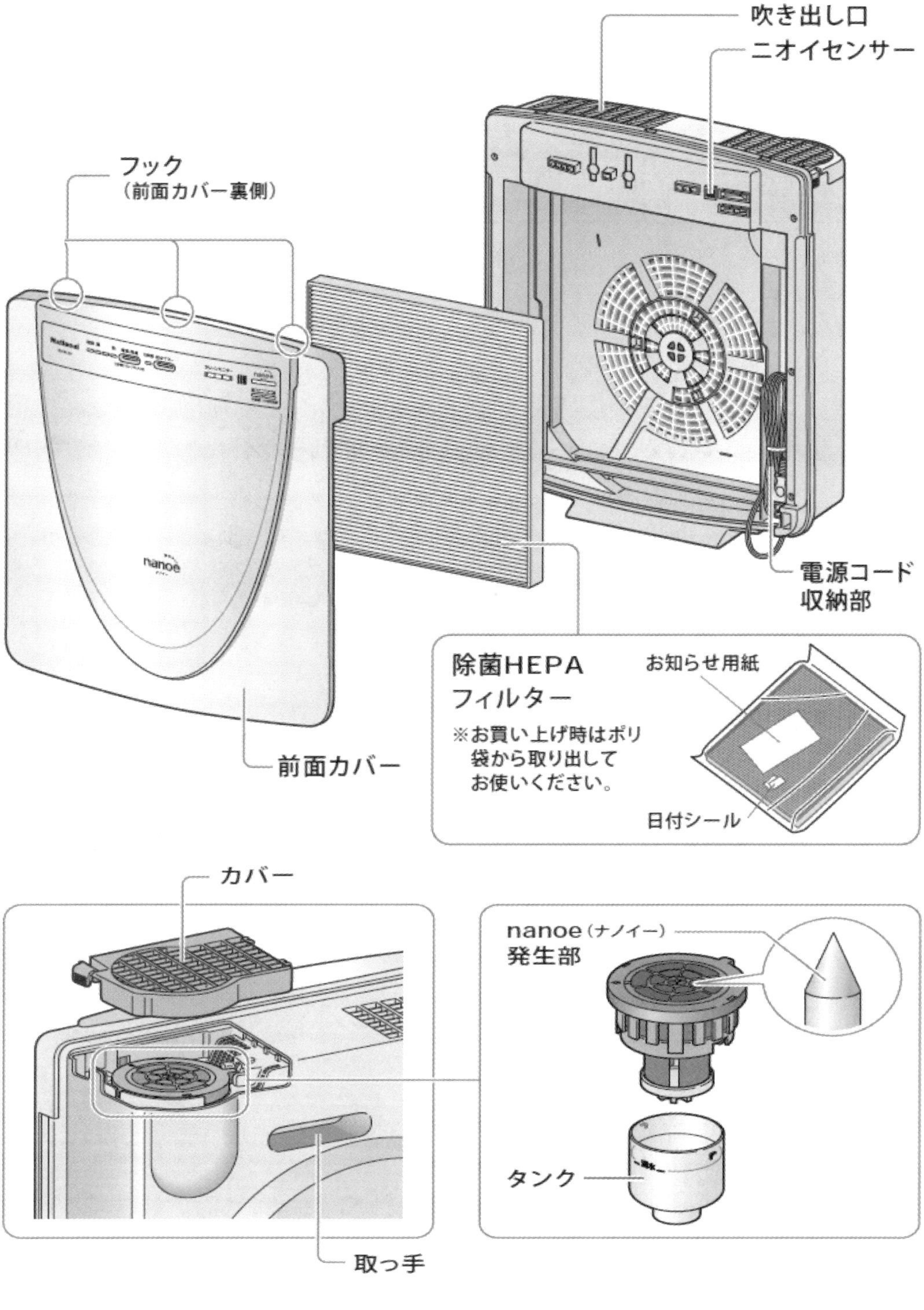

## 2. 操作パネルのはたらき

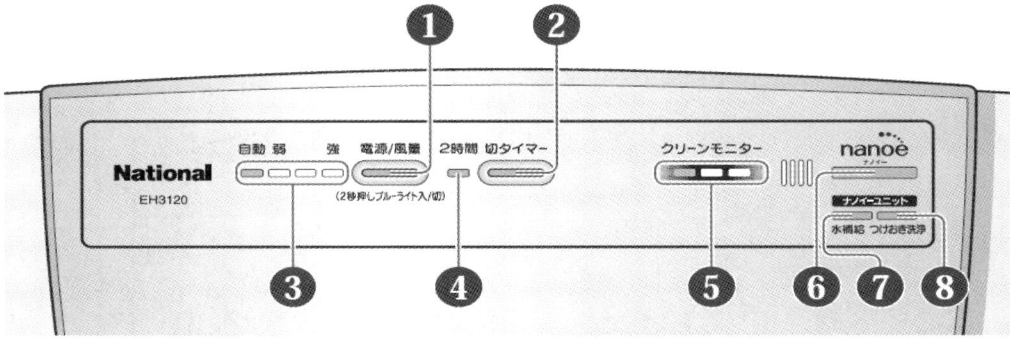


① 電源 / 風量ボタン

- 本体の電源を入 / 切するときと運転モードを切り替えるときに使用します。また、約2秒間長押しすることで「nanoe(ナノイー)ランプ(ブルーライト)」の点灯↔消灯を切り替えることもできます。

② 2時間切タイマーボタン

- 2時間切タイマーの設定をしたいときに使用します。

③ 運転モード表示ランプ

- 設定時に点灯。

④ 2時間切タイマーランプ

- 設定時に点灯。

⑤ クリーンモニターランプ

- ニオイを感知して、レベル表示します。

⑥ nanoeランプ

- nanoeイオン発生時は、ブルーのランプが点灯します。(消灯させることもできます)

⑦ 水補給ランプ

- 水がなくなると点滅。点滅したら、水補給してください。水がなくなるとnanoeイオンが発生しません。

  ※ 点滅しても少量の水は残っています。

⑧ つけおき洗浄ランプ

- 点滅したら、nanoe発生部のお手入れをしてください。つけ置き洗いをしないとnanoeイオンが正常に発生しません。

## 3. 基本操作と使用法

(1) 除菌HEPAフィルターを入れる

① 前面カバーをはずす

- 必ず電源「切」にして電源ランプを抜いてください。
- 水平で安定した場所に本体を置いてください。

② ポリ袋から除菌HEPAフィルターを取り出し本体にセットする

※ 除菌HEPAフィルターの方向支持にしたがって正しくセットしてください。

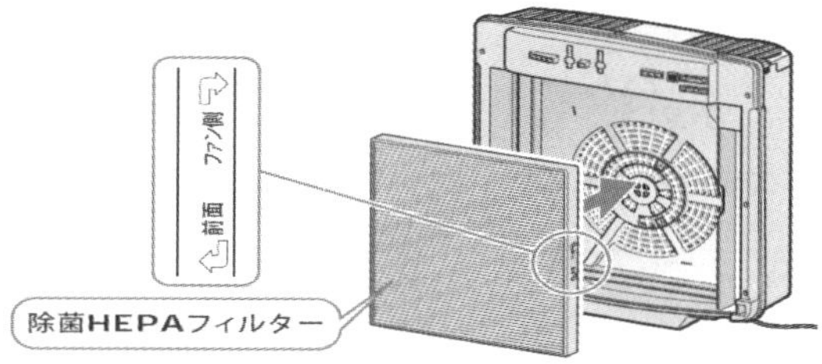


③ 前面カバーを本体にセットする

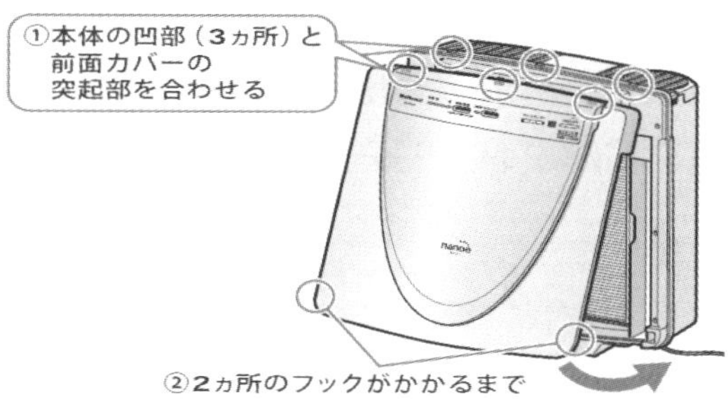

④ 日付シールに日付を記入し本体側面の所定の位置に貼り付ける

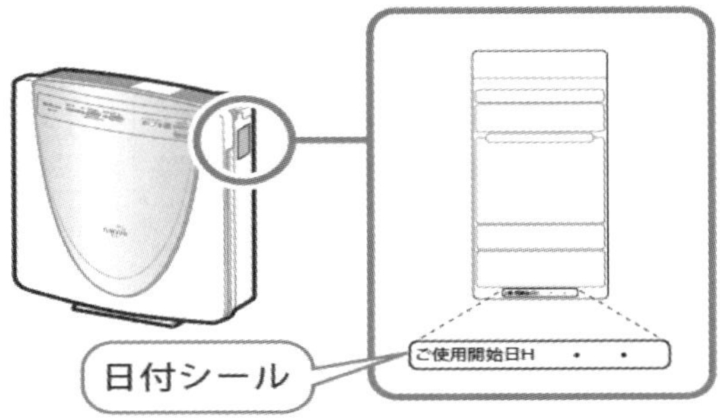


(2) 水を補給する

① カバーをはずす

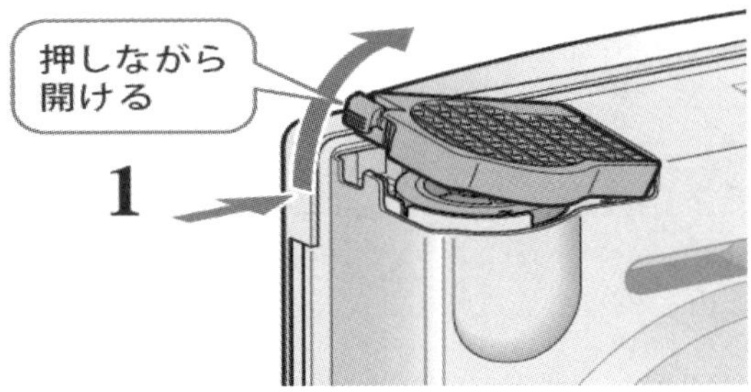


② 本体からnanoeユニットを取り出す

③ タンクを取りはずす

④「満水」の位置まで水道水を補給する

- 満水で約1～2時間使用できます。
  (1日24時間弱モードで使用の場合)
- 使用環境により、使用できる期間は、前後します。
- タンク表面の水分を十分にふき取ってください。

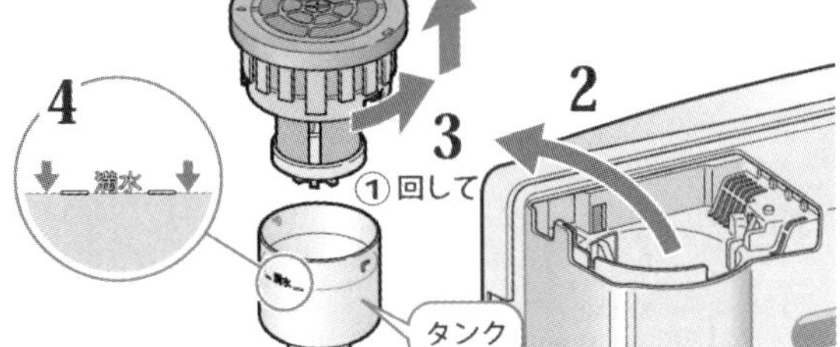

⑤ タンクを取りつける

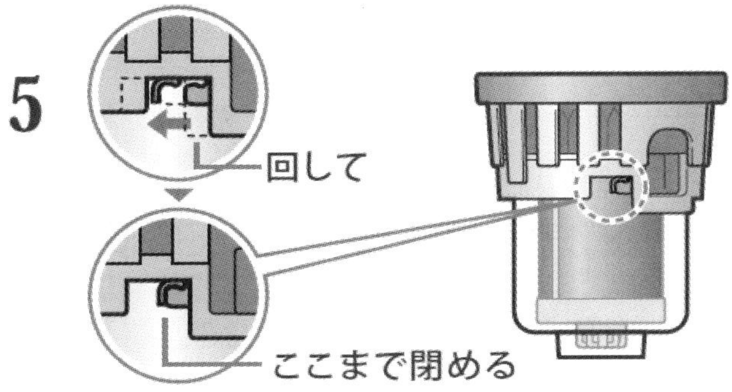


⑥ nanoeユニット本体にセットする

• 確実にセットしないと、nanoeイオンが発生しません。

⑦ カバーを取りつける

• カバーを確実に閉じないと、nanoeイオンが発生しません。

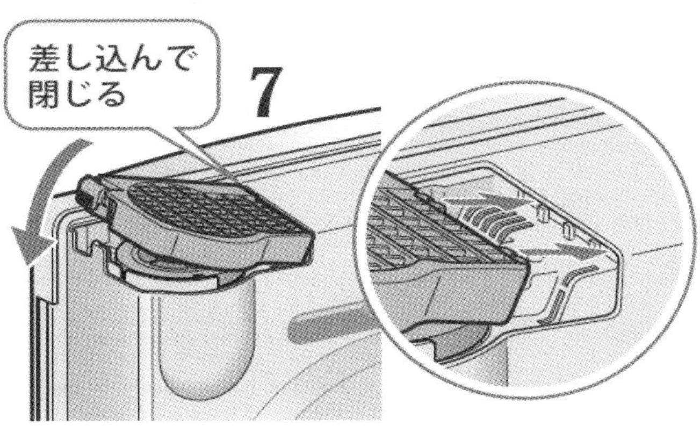

(3) 運転モードを選ぶ

運転/風量ボタンを押すたびに切り替わります。

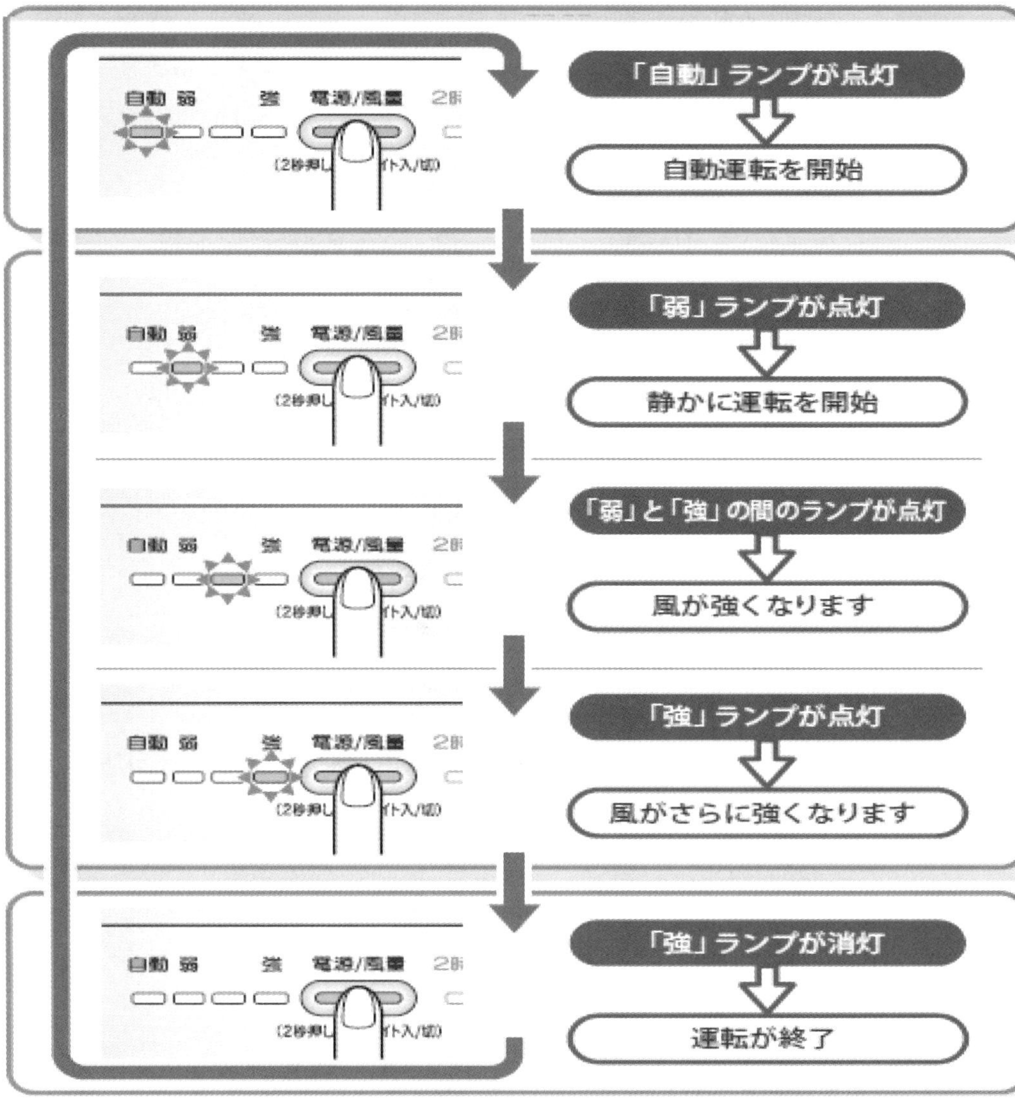


(4) 自動運転を使う

- 空気の汚れ・ニオイを感知して風量を自動的に切り替えます。
- 空気の汚れ・ニオイが少ない場合は「自動」のみ点灯します。このときでも、空気の汚れを感知するためにファンは動作しています。

(5) 風量「弱」を使う

空気の汚れ・ニオイを静かにきれいにしたいときや赤ちゃんのいる部屋や就寝中にきれいな空気を保ちたいときなどに使います。

(6) 風量「弱」と「強」の間を使う

- 空気の汚れ・ニオイを標準的な風量できれいにしたいとき使います。
- 新築や増改築のときなど、ニオイが気になるときは連続運転をおすすめします。
- アレルギー症の方など、ハウスダストや花粉に敏感な方のお部屋。

(7) 風量「強」を使う

- お部屋の汚れた空気、こもった嫌なニオイをすばやくとりたいとき使います。
- 部屋のおそうじをするとき使います。
- 喫煙後(喫煙中)のタバコやニオイが気になるとき使います。
- ふとんの上げ下ろしをしてほこりっぽいとき使います。
- 窓を開けたり、帰宅したとき、外の汚れた空気(花粉など)が室内に入ったとき使います。

(8) 切タイマーを使う

① 「切タイマー」ボタンを押す

- 運転中に「切タイマー」を押します。
- 2時間後に自動的に運転が終了します。

② 再度「切タイマー」ボタンを押す。

- 再度「切タイマー」を押すと、2時間切タイマーは解除されます。

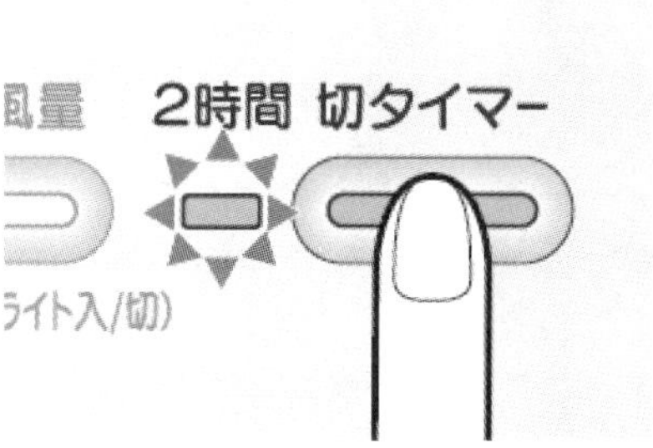


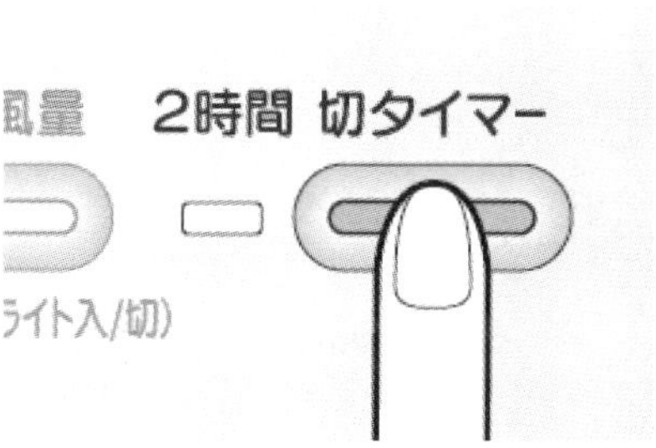


(9) nanoe機能を使う

- nanoeランプ(ブルーライト)は点灯、消灯が選べます。
- nanoe機能を使うときは、運転中に「電源 / 風量」ボタンを約2秒間長押しします。

- 約2秒間長押しするたびに、nanoeランプが点灯 ↔ 消灯します。運転モードは切り替わりません。
- 電源「切」や電源ランプを抜くと、nanoeランプの消灯が解除されます。

※ この操作はnanoeイオンの発生を切り替えるものではありません。

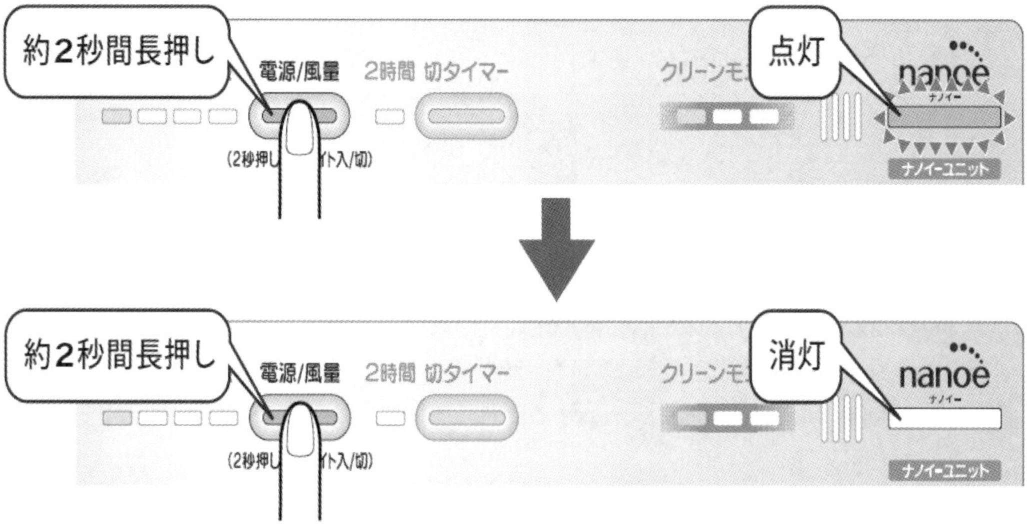


(10) クリーンモニターについて

ニオイセンサーが空気の汚れを感知し、レベル表示します。

※ ニオイの種類や人の感覚の違いによって、表示とニオイの差を強く感じる場合があります。

| | |
|---|---|
| 感知する | • タバコ・線香などのニオイ<br>• 化粧品・アルコールなど<br>• スプレー類 |
| 感知することがある | • 水蒸気(湯気)<br>• 油煙<br>• ドアの開閉による風や急激な温度変化 |
| 感知しない | • ハウスダスト(ほこり、ダニの死がい、カビの胞子、花粉)<br>• 細菌、ウイルス |

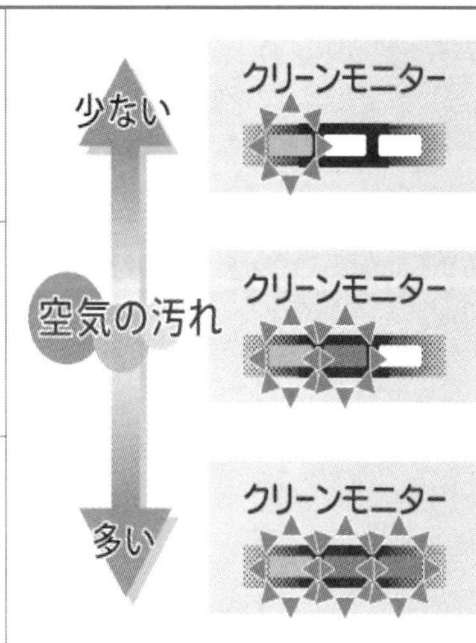

## 4. お手入れ・注意事項

### 1) 使用上のご注意

① 水道水以外は使用しないでください。
- 芳香剤を注入した水、市販の飲料用水は使用しないでください。
- nanoeイオンが清浄に発生しなかったり、異常音が発生したり故障する場合があります。
- 地下水 / 井戸水にはミネラル成分が多く含まれる場合があるため、できるだけ使用しないでください。お手入れの回数が増える場合があります。

② 温風器やストーブの近くで使用しない
- 変形や故障の原因になります。

③ 機械油など油成分が浮遊している場所で使用しない
- ひび割れや故障の原因になります。

④ 粉塵や油煙が多量に発生する店や工場などでは使用しない
- 除菌HEPAフィルターの寿命が短くなる原因になります。

⑤ 台所で換気扇やレンジフードのかわりに使用しない
- 除菌HEPAフィルターの寿命が低下したり、故障の原因になります。

⑥ 凍結のおそれがあるときはnanoeユニットの水を捨てる
- 残った水が凍結し、そのまま使用すると性能が十分に発揮できません。

⑦ しばらく(約1時間以上)ご使用にならない場合はnanoeユニットの水をすてる
- nanoeイオンの発生に時間がかかる場合があります。

### 2) 前面カバーのお手入れ

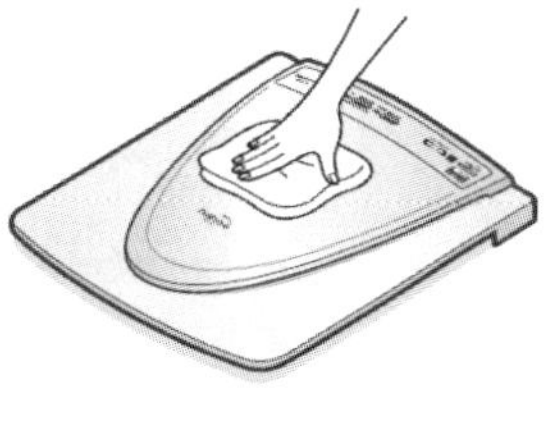

- 本体から取りはずし、水を含ませた布をよく絞ってふいてください。
- 表面は塗装していますので、傷つけにくい柔らかい布でふいてください。

### 3) 本体のお手入れ

- 水を含ませた布をよく絞ってふく。

※ 本体を倒してお手入れをしないでください。nanoeユニットの水がこぼれる場合があります。

## 4) nanoeユニットのお手入れ

(1) お手入れ時期

① つけおき洗浄ランプが点滅したとき

- 本体内部のnanoeユニットを取り出し、下記のようにつけおき洗いを必ず行ってください。

② 長時間ご使用にならなかったとき

(2) nanoeユニットのお手入れのしかた

① 本体からnanoeユニットを取り出す

② タンクを取りはずし、つけ置き洗いをする

- 半日程度(8時間以上)つけてください。
- ぬるま湯につけるとさらに効果的です。

③ 水で洗い流す

④ 水をよくきり、やわらかい布で表面の水分をふき取る

⑤「満水」のいちまで水道水を補給する

⑥ タンクを取りつけ、本体にセットする

(3) クエン酸洗浄のしかた

① 本体からnanoeユニットを取り出す

② タンクを取りはずし洗面器などに入れる

③ 洗面器などにぬるま湯を2ℓ満たしクエン酸を1袋(約10g)いれ、約1～2時間放置する

※ 1洗面器1杯分程度

④ 前ページの「nanoeユニットのお手入れのしかた」の手順②以下にしたがって洗浄する

## 5) 除菌HEPAフィルターの交換

### (1) 除菌HEPAフィルターの交換時期

目安：2年に一度

- タバコ5本/日 喫煙の場合。
- 運転モードや運転時間により交換時期は異なります。

(例) 1日８時間運転の場合

- 弱運転の場合約2年が目安です。
- 強運転の場合約1年が目安です。
- 連続使用の頻度が多く、いやなニオイを感じたら早目に交換してください。

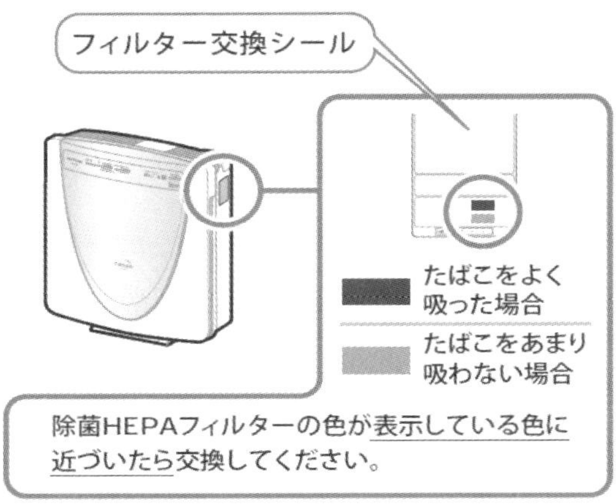


### (2) 除菌HEPAフィルターの交換のしかた

「基本操作と使用法」の「除菌HEPAフィルターを入れる」の手順にしたがってHEPAフィルターの交換を行ってください。

### 6) 除菌HEPAフィルターのお手入れ

目安：2~3ヶ月に一度

① 前面カバーをはずす

② 除菌HEPAフィルターを取り出す

③ 除菌HEPAフィルターのじゃばら面を掃除機で掃除する

④ 除菌HEPAフィルターを元の通りにセットし、前面カバーを本体に取り付ける

※ 「除菌HEPAフィルターを入れる」の手順にしたがってHEPAフィルターを取り付けてください。

## 5. 重要語彙

① ニオイセンサー：냄새 센서

② 2時間(じかん)切タイマー：2 시간 후에 운전이 자동으로 정지되는 기능

③ つけ置(お)き洗(あら)い：물에 한참 담가두었다가 씻는 것

④ たわませる：휘게 하다

⑤ 突起部(とっきぶ)：돌출부

⑥ 取り付ける : 부착하다

⑦ ~たびに : ~할 때마다

> ※ たびには 같은 일이 같은 정도로 반복됨을, ごとには 누적 진행을 나타내는 어감이 강하다. 아래의 예에서와 같이, 책을 볼 때마다 같은 정도의 두통이 반복되는 경우에는 たびに가, 볼 때마다 변화가 누적되어 진행되는 경우에는 ごとに가 사용되고 있다.
>
> 예) 本を見るたびに頭が痛くなる。(책을 볼 때마다 머리가 아파진다.) : 같은 정도의 반복
> 見るごとに変わっていく。(볼 때마다 바뀌어 간다.) : 변화의 누적

⑧ さらに : 더욱 더, 한층

⑨ 増改築 : 증개축

⑩ 敏感 : 민감

⑪ すばやい : 재빠르다

⑫ 喫煙 : 끽연, 흡연

⑬ 線香 : 향

⑭ 湯気 : 수증기, 김

⑮ 油煙 : 유연. 기름이나 수지 등이 탈 때 나오는 검고 미세한 탄소 가루

⑯ ダニ : 진드기

⑰ 死がい : 사체

⑱ 胞子 : 포자

⑲ ウイルス : 바이러스(virus)

⑳ 芳香剤 : 방향제

㉑ 井戸 : 우물

㉒ 浮遊する : 부유하다, 떠다니다

㉓ ひび割れ : 금이 감

㉔ 粉塵 : 분진

㉕ 換気扇 : 환기팬

㉖ レンジフード : 렌지 후드

㉗ 塗装(とそう) : 도장, 색칠

㉘ ~にくい : ~하기 힘든, ~하기 어려운

> ※ -にくい와 -がたい의 차이
> [-にくい]는 1)의지적인 동작에 대하여 "~하는 것이 어렵다", 2)무의지적인 동작에 대하여 "쉽게 ~게 되지 않는다"는 뜻으로 사용된다. 이에 반하여, [-がたい]는 의지적인 동작에 대하여 "~하는 것이 어렵다"의 뜻으로는 쓰이나 무의지적인 동작에 대하여 "쉽게 ~게 되지 않는다"는 뜻으로는 쓰이지 않는다.
>
> 예1) この本は私には読み [◯にくい / ◯がたい]。-의지적 동작
>
> 예2) 風邪(かぜ)を引き [◯にくい / ×がたい] 体質。-무의지적 동작

㉙ ぬるま湯(ゆ) : 미지근한 물

㉚ クエン酸(さん) : 구연산

㉛ 頻度(ひんど) : 빈도

㉜ 早目(はやめ)に : 빨리. 일찌감치

㉝ 近(ちか)づく : 다가가다. 다가오다

㉞ じゃばら : 주름 상자

㉟ 手順(てじゅん) : 순서

# 第10章 加湿器(Humidifier)

加湿器は、室内の湿度を上げるために使う空調機器である。

世界初の電気加湿器は、1926年アメリカのカズマン氏によって発明されたといわれる。

家庭用の加湿器は大きく「超音波式、気化式、スチームファン式、ハイブリッド式」に分けられる。

超音波式は水を超音波振動させることで霧状にして吹き出す方式である。ファンを使わないので動作音がほとんど発生せず、消費電力も少ないという長所があるが、元となる水道水などに含まれるミネラル分まで一緒に放出してしまうため、壁やTV、電子機器にミネラルが結晶した白い粉が付着してしまう。また、長時間水を入れておくことによって細菌が繁殖しやすいという短所もある。

気化式は、不織布・スポンジのようなフィルターに水を染み込ませ、ファンで風を当てることによって自然蒸発させる方式である。消費電力は少ないが加湿能力が低い。また、フィルターにほこりなどが付着されるため空気清浄機のような役割にもなるが、フィルターの洗浄・交換が必要である。

スチームファン式(ヒーター式)は、水を電気ヒーターで加熱・沸騰させ、水蒸気をファンで放出させる方式である。加湿能力は高いが消費電力も大きい。また放出されるのは蒸留水であるため衛生的である。

ハイブリッド式は、基本的には気化式に類似しているが、湿度が低下した場合には、貯水を加熱することで高い加湿効果を出すことができる。装置が複雑なため、他の方式に比べ高価である。

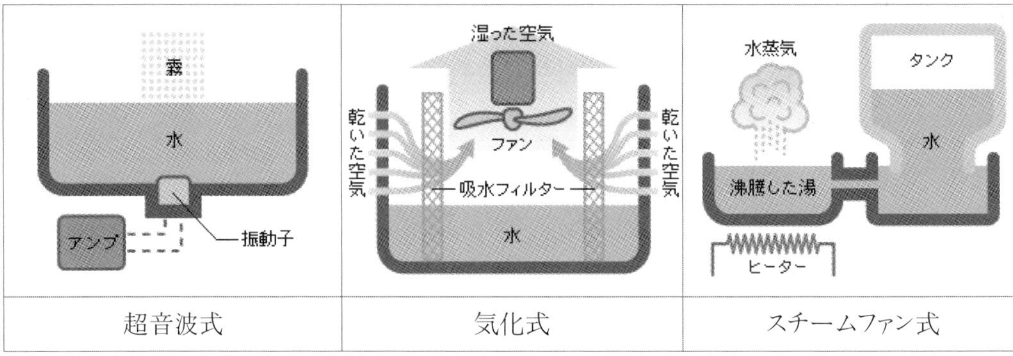


図10-1 加湿方法の比較

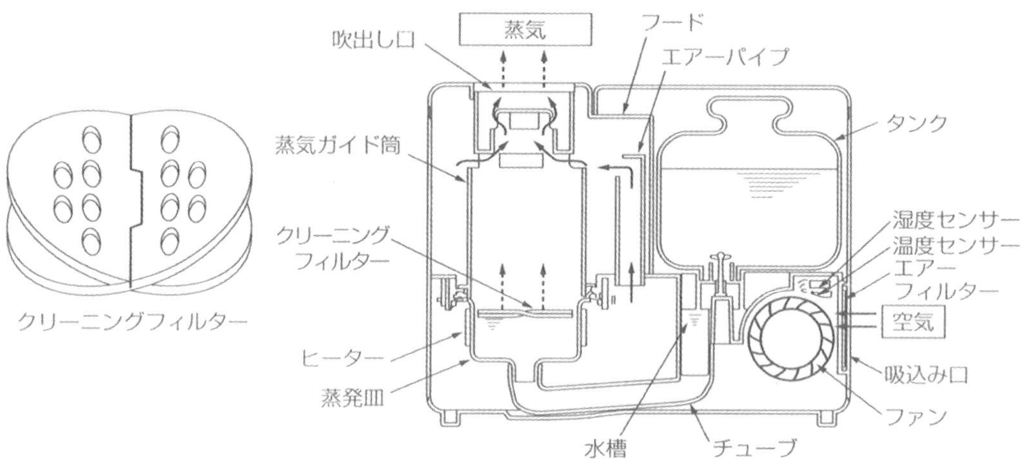


図10-2 スチームファン式加湿器の構造とクリーニングフィルター

## 用語解説

① <ruby>超音波<rt>ちょうおんぱ</rt></ruby>：초음파. 주파수가 높아서 인간의 귀에는 들리지 않는 음파. 인간의 귀를 통해서 들을 수 있는 가청 주파수 범위(20Hz～20kHz) 이상의 주파수의 소리

② ハイブリッド：하이브리드(Hybrid). 서로 다른 2개 이상의 기술이나 시스템을 결합하여 각각의 기술의 단점을 보완하고 장점을 극대화시켜 기대 이상의 효과를 내기 위한 시스템

③ ミネラル：미네랄(mineral). 광물질이라고도 하며 단백질, 지방, 탄수화물, 비타민과 함께 5대 영양소의 하나. 초음파 가습기의 진동에 의해 물에 녹아있는 미네랄이 기체에 가까운 크기로 분해되어 수증기와 함께 뿜어져 나와 전자제품 등에 달라붙어 표면을 하얗게 만든다(백화현상).

④ 沸騰(ふっとう)：비등. 액체가 표면과 내부로부터 모두 기포가 발생하면서 기체로 변하는 현상. 액체가 끓기 시작하는 온도를 비등점(끓는점, boiling point)이라고 한다.

⑤ ～やすい：～하기 쉬운, 繁殖(はんしょく)しやすい, 読みやすい, 書きやすい, 使いやすい

⑥ 染(し)み込(こ)む：스며들다, 배어들다

⑦ 蒸留水(じょうりゅうすい)：증류수

## 漢字練習

| 湿度(しつど) | | | | |
|---|---|---|---|---|
| 衛生(えいせい) | | | | |
| 類似(るいじ) | | | | |
| 複雑(ふくざつ) | | | | |

## 練習問題

ハイブリッド式加湿器の特長について説明せよ。

1. 各部の名前(三菱、スチームファン式加湿器、SV-S508型)

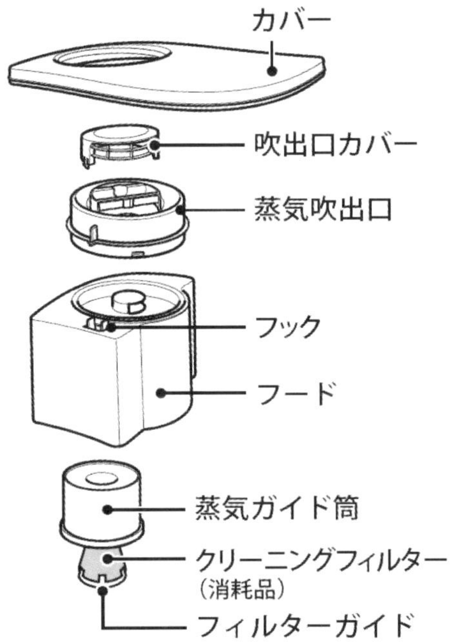


## 本体内部

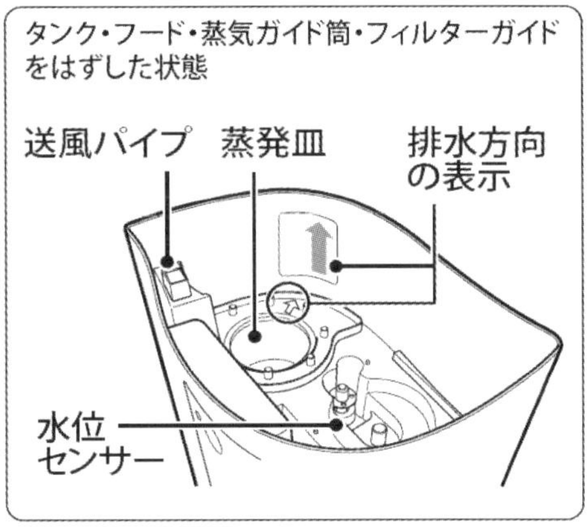


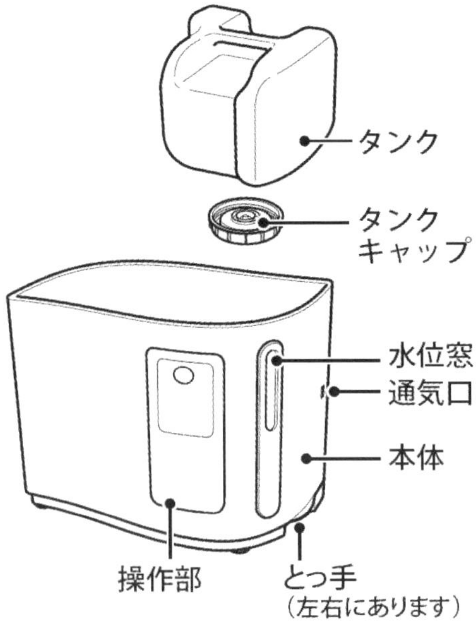


## 背面

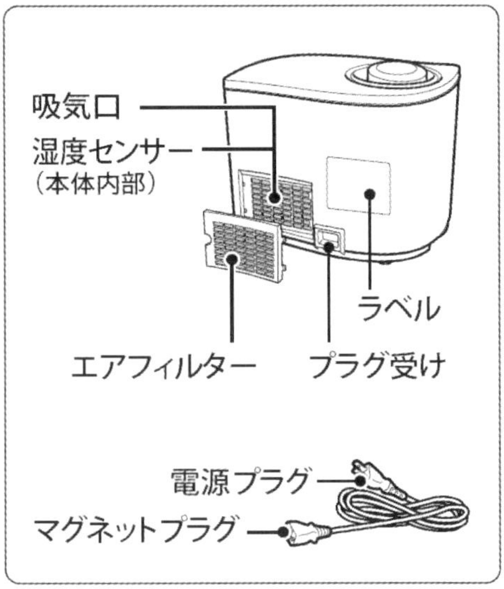

## 2. 操作パネルのはたらき

<表示例>

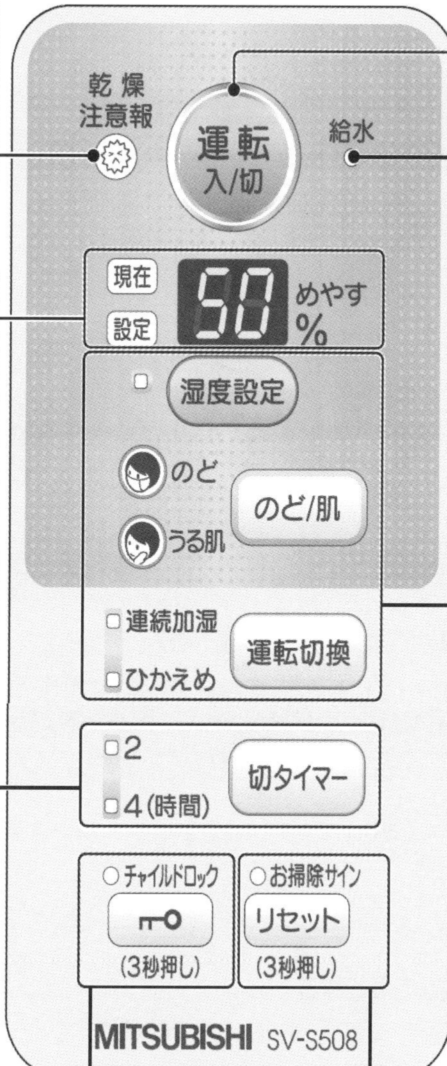


**乾燥注意報ランプ(橙)**
運転「切」のときに室内が乾燥すると、点灯してお知らせ。

**運転スイッチ**
運転を「入/切」する。

**給水ランプ(赤)**
タンクの水がなくなると、点灯してお知らせ。

運転する

- 「現在」ランプ(緑)
  現在の湿度を表示中に点灯。
- 「設定」ランプ(緑)
  湿度を設定中に点灯。
- 湿度表示
  (めやすを表示)
  現在の湿度、または設定した湿度を表示。
  (表示の範囲は30〜80%です)

運転を切換える

- ランプ(緑)
  運転中のモードを表示。
- 湿度設定スイッチ
  ・湿度設定運転に切換える。
  ・湿度を設定する。
  (湿度設定運転時のみ)
- のど/肌スイッチ
  のどガード/うる肌モードを切換える。
- 運転切換スイッチ
  連続加湿/ひかえめを切換える。

切タイマー運転

- ランプ(橙)
  運転残り時間が点灯。
- 切タイマースイッチ
  切タイマー運転時間を設定する。

チャイルドロック

- チャイルドロックランプ(緑)
  チャイルドロック中に点灯。
- チャイルドロックスイッチ
  チャイルドロックを「入/切」する。

お掃除サイン

- お掃除サインランプ(赤)
  本体内部のお手入れ時期が来たら点滅または点灯。

お手入れしたら

- リセットスイッチ
  お掃除ランプの点滅または点灯を解除する。

## 3. 基本操作と使用法

### (1) 運転の準備

① タンクを取り出す

② 給水する

- 水道水を口元までゆっくり入れる。

③ タンクを本体にセットする

- 蒸発皿に水が満たされるまでに、1分間程かかります。

④ 電源プラグをコンセントに差し込む

- マグネットプラグを本体のプラグ受けに接続します。
- 電源プラグをコンセントに差し込みます。

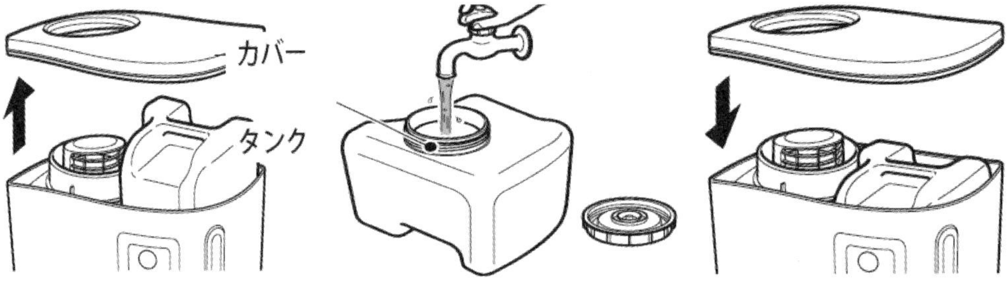


※ 40℃以上のお湯や化学薬品・芳香剤・香料・アロマオイル・汚れた水・ミネラルウォーター・アルカリイオン水・マイナスイオン水などは使用しないでください。

※ 井戸水を使うと、本体内部に付着する水アカが多くなることがあります。こまめにお手入れしてください。

※ タンクのキャップをしっかり閉めてください。閉めづらいときは、キャップを1度開ける方向に回し、タンクとかみ合わせてください。

### (2) 運転と修了

① 「運転」ボタンを押して運転する

- 湿度表示が点灯します。
- 加湿を始めます。お好みの運転を選んでください。
- 運転中は常に送風ファンが回っています。

※ 運転はじめには次のような動作があります。

- 蒸発皿が加熱されて蒸気がでるまでに4～6分かかります。
- 使いはじめの7分間は、湿度に関係なく強制的に加湿します。
- 現在湿度表示が安定するまで約10分間かかります。

② 「運転」ボタンを押して終了する

- 運転スイッチを切っても、本体内の温度の上昇を防ぐため、送風ファンが６分間回ります。送風ファンが止まってから、電源ランプを抜いてください。

(3) 湿度表示の見かた

- 「現在」ランプ点灯中は、現在の湿度を表示します。
  - 現在湿度は30～80％まで表示します。
  - 目安としてお使いください。
- 「設定」ランプ点灯中は、設定湿度を表示します(湿度設定運転時のみ)。
  - 設定湿度を3秒間表示したあと、現在湿度表示に切り替わります。
  - 設定湿度を確認するには「湿度設定」スイッチを押すと、3秒間表示します。そのあと現在湿度表示に切り替わります。

(4) 給水ランプ

- タンクの水がなくなって蒸発皿の水位が下がると、空だき防止のために水位センサーが働いて加湿を自動的に停止し、給水ランプの点灯とアラームでお知らせします。
- 運転スイッチを「切」にし、本体を６分間程さましてから給水してください。
- 切タイマー運転中のときは、給水ランプの点灯のみでお知らせします。(アラームはなりません。)
- タンクの中に少量の水が残っている場合がありますが、故障ではありません。

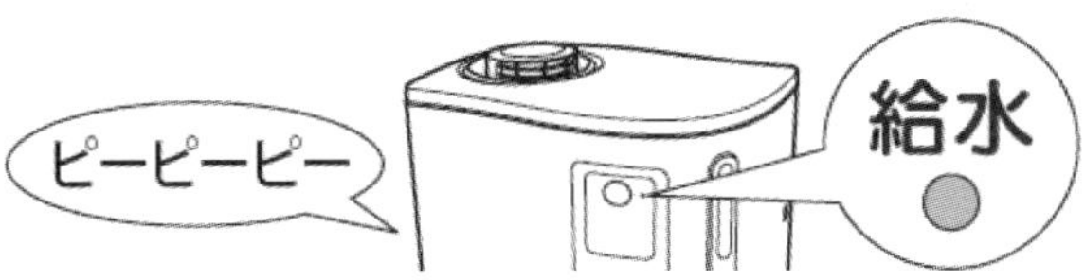


※ 続けて運転する場合は

i ) 運転スイッチを押して、「切」にする

ii) 本体を約６分間さます

iii) タンクに給水する(蒸発皿に水が満たされるまでに、1分間ほどかかります)

iv) もう1度運転スイッチを押して、「入」にする

(5) 湿度設定

- 自分で湿度を設定したいときにお使いください。
- 設定した湿度を保つよう、自動的に間欠運転をします。

①「湿度設定」ボタンを押す

- 「湿度設定」ボタンを押すと「設定」ランプが点灯し、現在の設定を約3秒間表示します。

②「設定」ランプ点灯中に、もう一度「湿度設定」ボタンを押す

- もう一度「湿度設定」ボタンを押すと、押すごとに設定が換わります。(40%～70%まで、5%ごとに変わります)

※ 湿度を65%・70%に設定すると、結露する場合があります。また、部屋の広さや状態によっては湿度が上がらない場合があります。

(6) のどガード / うる肌モード

①「のど / 肌」ボタンを押す

② 選んだ運転のランプが点灯する

- 押すごとに「のど」と「うる肌」が切り換わります。
- 湿度を少し高めに設定しているため、外気温と室温の差が大きいと結露しやすくなります。

※ のどガード

- 湿度をみはり、間欠運転をして室温に最適な湿度に加湿し、のど粘膜の乾燥を防ぐ湿度を保ちます。

※ うる肌モード

- お肌に最適な湿度は、温度によって変わります。室温をみはり、間欠運転でお肌のカサカサ予防に最適なゆらぎ加湿をします。

(7) 連続加湿 / ひかえめ

①「運転切換」ボタンを押す

② 選んだ運転のランプが点灯する

- 押すごとに「連続加湿」と「ひかえめ」が切り換わります。

※ 連続加湿

- 温度・湿度に関係なく加湿を続けます。
- 連続加湿をすると、結露しやすくなります。結露しはじめた場合は運転を終了するか、他の運転に切り換えてください。

※ ひかえめ

- 湿度をみはり、湿度40～50％の間欠運転をして加湿量をおさえ、ほどほどにゆらぎ加湿をします。

(8) 切タイマー運転

- おやすみのときなどにお使いください。
- 運転時間を2時間 / 4時間から選ぶと、選んだ時間で運転したあと、自動的に運転を停止します。
- 給水してから運転してください。

① 運転中に「切タイマー」ボタンを押す

② 選んだ時間のランプが点灯する

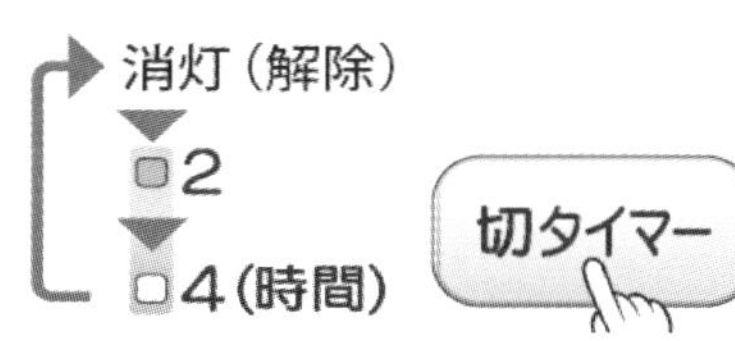


- ランプが点灯すると切タイマー運転が開始します。

※ ランプの見かた

| ランプ | □2<br>■4（時間） | ■2<br>□4（時間） |
|---|---|---|
| 運転残り時間 | 4～2時間 | 2時間以下 |

- 切タイマー運転中にタンクの水がなくなると、給水ランプの点灯のみでお知らせします。(アラームは鳴りません。)

※ 解除するときは

- 切タイマー運転中は、運転スイッチを押してください(運転「切」)。または、切タイマースイッチを押してください(切タイマーランプ消灯)。
- 切タイマー運転終了後は、2時間ランプが点灯したまま停止します。運転スイッチを切ってください(運転「切」)。

(9) チャイルドロック

- ロックしておくと、お子さまなどによるいたずら操作を防止できます。

① 「チャイルドロック」ボタンを3秒以上押す

• ロック中は、「チャイルドロック　入 / 切」と「運転スイッチ　切」しかできません。そのほかのスイッチはきかなくなります。(他のスイッチを押すとチャイルドロックランプが点滅して、ロックしていることをお知らせします。)

② 解除するときは「チャイルドロック」ボタンを3秒以上押す

• チャイルドロックランプが消灯します。

(10) 蒸気吹出口の向きを変えるとき

• 運転を始める前にカバーをはずし、お好みの方向に変えてください。
• 蒸気吹出口を壁に向けないでください。結露の原因になります。
• 使用中・使用直後(約60分)は蒸気吹出口にさわらないでください。やけどの原因になります

(11) サプリメントエアー(別売品)

• 別売品の「サプリメントカートリッジ」を使うと、加湿しながら天然ハーブ「ローズマリー」の抗酸化成分をお部屋に放出します。

① 開封する

② 吹出口カバーをはずし、カートリッジを取り付ける

• 両側を押しながら上に引いてはずします。
• カートリッジを、ラベル面を上にして置きます。

③ 吹出口カバーを取り付ける

• ツメ(2ヶ所)を穴に合わせてください。

※ 交換時期は、開封後1シーズン(約６ヶ月)です。詳しくは、サプリメントカートリッジの取扱説明書をご覧ください。

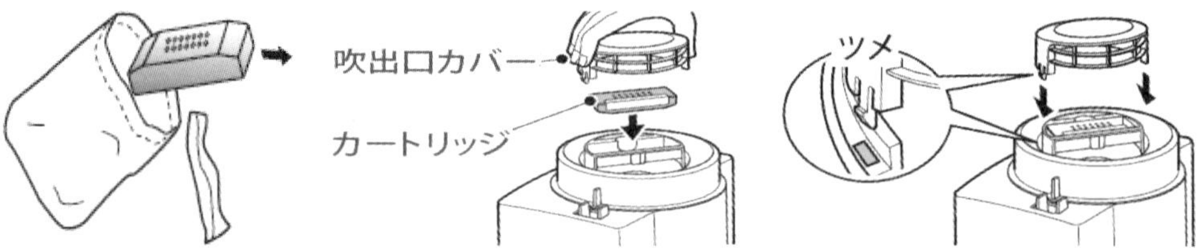

## 4. お手入れ・注意事項

(1) 本体のはずしかた

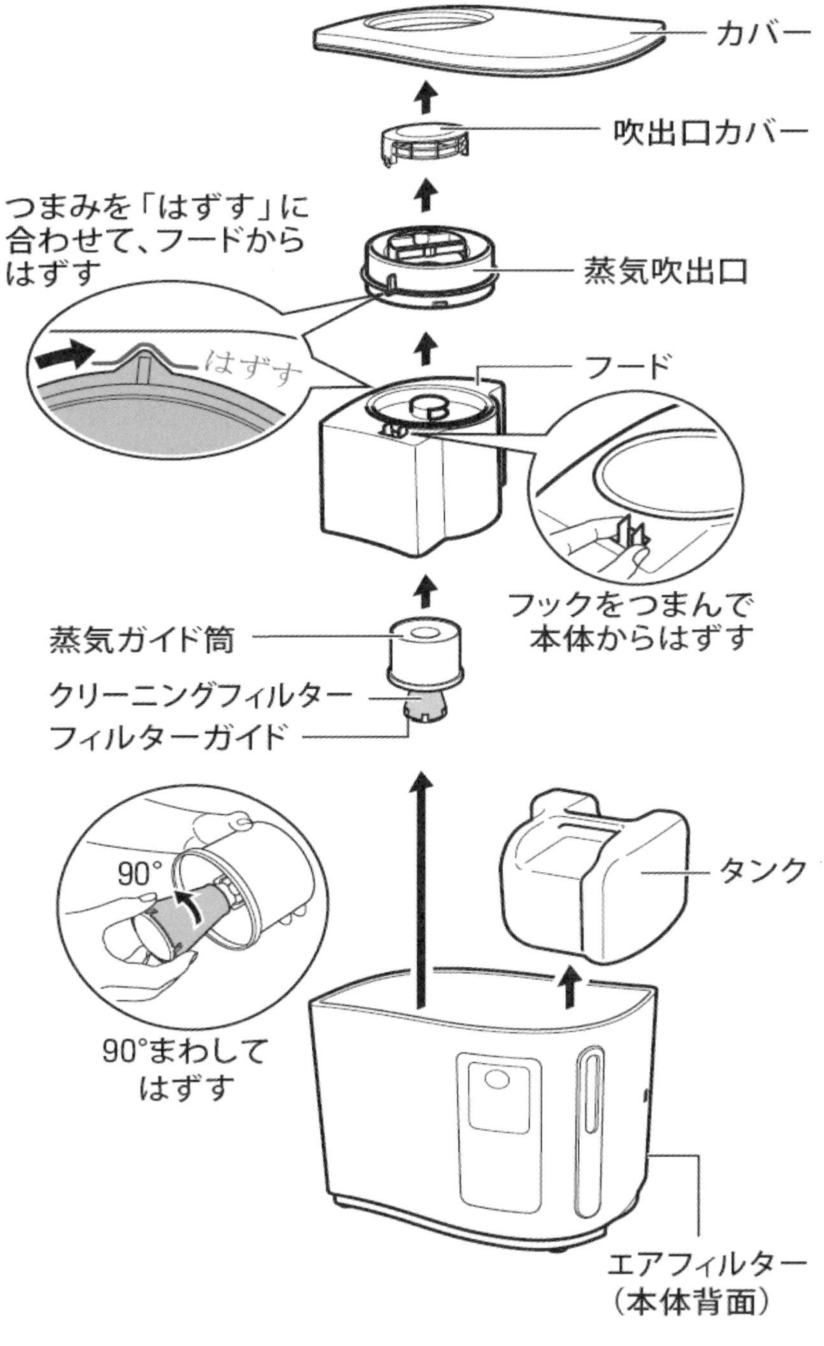

(2) 本体内部

① 吹出口カバー・蒸気吹出口・フード・蒸気ガイド筒・フィルターガイドを水洗いする

- 水洗い後は、よく水気を切ってください。
- 水アカが落ちにくいときは、歯ブラシ、もしくはスポンジでこすり洗いし、よく洗い流してください。

※ 水アカが付着したまま運転すると、蒸気吹出口から白い粉状の水アカが吹き出す場合があります。

② クリーニングフィルターを水洗いする

- 水でもみ洗いをしてください。
- 水アカなどを吸着し、蒸発皿につく汚れを減少させます。長持ちさせるために、こまめに水洗いすることをおすすめします。

③ 水と水アカを捨てる

- 本体内部の「排水方向」を確認し、矢印表示の角から排水してください。
- エアフィルター・送風パイプの穴に水が入らないように排水してください。
- 多少水アカが残っていても使用できますので、蒸発皿を金属タワシ等でこすらないでください。蒸発皿の塗膜層に傷がつくと、蒸発皿が腐食する原因になります。

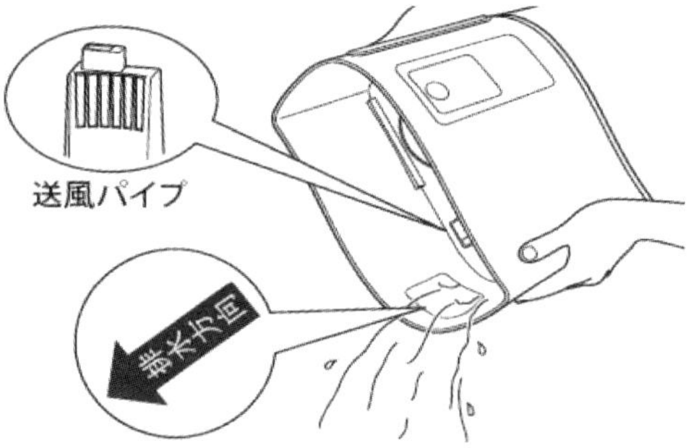


④ 蒸発皿の水アカを取り除く

- 蒸発皿を柔らかい布で水ぶきしてく、付着した水アカを取り除いてください。
- 底穴の奥はゴムホースです。棒などでつつかないでください。

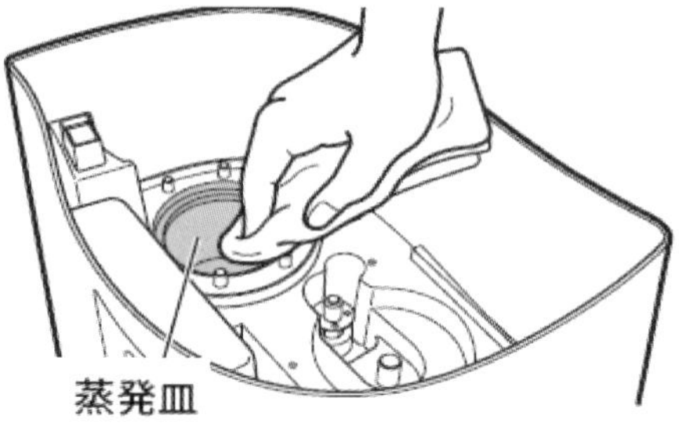

⑤ 本体内部のゴミを取り除き、柔らかい布で水ぶきする

• 水位センサーは取り外さないでください。誤作動・故障の原因になります。

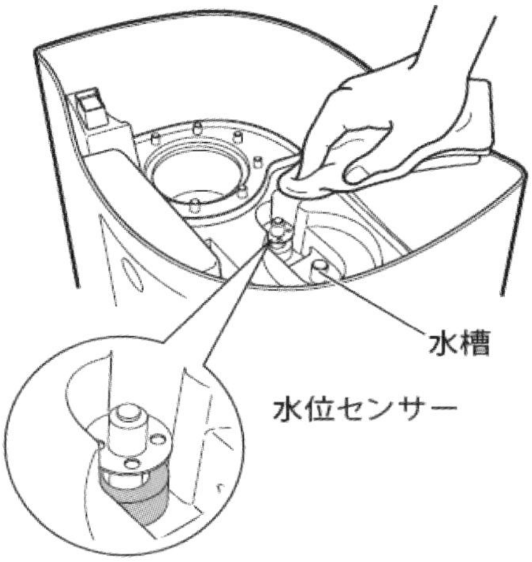


(3) 各部を元に戻す

① フィルターガイドにクリーニングフィルターをかぶせる

② 蒸気ガイド筒にフィルターガイドを取りつける

③ ②を蒸気皿にかぶせる

• 使いはじめはきつくなっていますので、押し込んでください。

④ フードに蒸気吹出口を取り付ける

⑤ 本体にフード・タンクを取り付ける

⑥ 蒸気吹出口に吹出口カバーを取り付ける

⑦ カバーを取り付ける

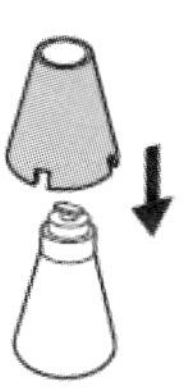

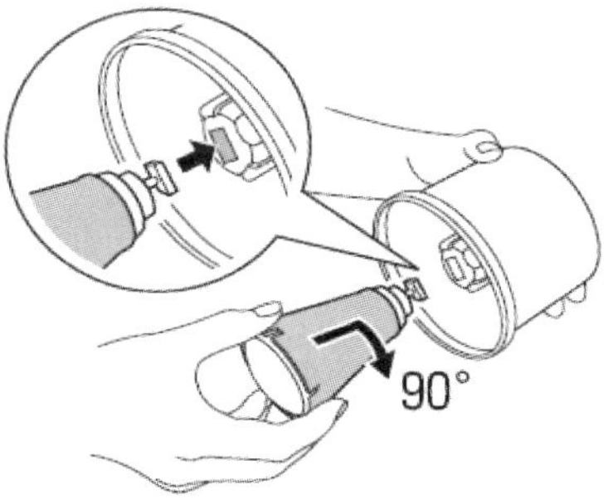


(4) エアフィルター

① エアフィルターをはずす

② 掃除機でほこりを吸い取る

• エアフィルターは週に1回程度お手入れしてください。

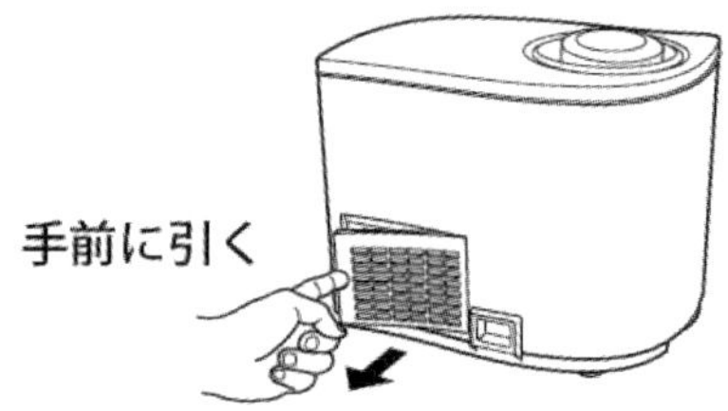


(5) お掃除サイン

• お手入れの時期を、アラームとランプの点滅、または点灯でお知らせします。運転スイッチを「切」にし、お手入れしてください。
• 運転時間が約150時間になると点滅します。
• 蒸発さらが汚れたり空だきになった場合も、ランプが点滅します。
• 本体内部をお手入れしたあと、リセットスイッチを約3秒押して、「お掃除サイン」をリセットしてください。

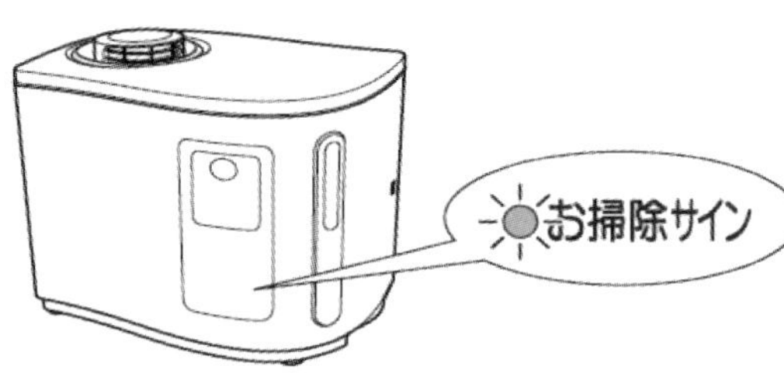


## 5. 重要語彙

① 筒(とう)・筒(つつ) : 통, 気筒(きとう)(シリンダー), 竹(たけ)の筒(つつ)(대나무통)

② 消耗品(しょうもうひん) : 소모품

③ マグネットプラグ : 마그넷 플러그(magnet plug). 제품과 연결되는 한 쪽 끝의 플러그가 자석으로 되어 있어서 충격을 받았을 때 일반적인 플러그에 비해 쉽게 분리되므로 사고를 예방할 수 있는 장점이 있음

④ のどガード : 목의 점막이 건조되지 않도록 자동적으로 습도를 조절해주는 기능

⑤ ひかえめ : 조심스러움. 소극적인. 약간 적은 듯이 ~함. 약간 줄여서 ~함

⑥ チャイルドロック : 아이들의 조작에 의한 오동작 및 제품 고장을 막기 위한 기능

⑦ 口元(くちもと) : 용기의 입구, 입가

⑧ アルカリイオン水(すい) : 알칼리성 이온수

⑨ マイナスイオン水(すい) : 음이온수

⑩ こまめに : 바지런히, 자주

⑪ ~づらい : ~하기 힘든, ~하기 어려운

⑫ 空(から)だき防止(ぼうし) : 물이 없는 상태에서 열을 가하는 것(空だき)을 방지하는 것

⑬ 間欠運転(かんけつうんてん) : 간헐적으로 운전하는 것

⑭ みはり : 망을 보거나 지켜보는 것, 또는 사람

⑮ カサカサ : 바싹 말라있는 모양, 바삭바삭

⑯ ゆらぐ : 흔들리다

⑰ ゆらぎ運転(うんてん) : 피부 보호를 위해 온도에 따라 자동적으로 최적의 습도로 맞춰주는 기능

⑱ ほどほどに : 적당히, 정도껏

⑲ やけど : 화상

⑳ サプリメント : 서플리먼트(supplement). 영양보충제, 건강보조제

㉑ つまみ : 손가락으로 잡을 수 있을 정도의 작은 손잡이 또는 돌출부

㉒ こすり洗(あら)い : 문질러서 빠는 것

㉓ もみ洗(あら)い : 주물러서 빠는 것

㉔ 金属(きんぞく)たわし : 금속 수세미

㉕ かぶせる : 덮다

# 제 3 부

# 영상 · 음향기기 편

# 第11章 デジタルカメラ(Digital Camera)

デジタルカメラ(Digital camera)とは、光に反応する半導体素子を使って、撮影した静止画を電気信号に変換し、デジタルデータとして記録するカメラ装置であり、フィルムや感光板を使って撮影する従来のフィルムカメラ(銀塩カメラ)とは異なる。またデジタルカメラは、デジタルスチールカメラとデジタルビデオカメラの総称であるため、一般的にはデジタルスチールカメラ(digital still camera)だけを指すことが多い。

画像をデジタル方式で記録するはじめてのカメラは1988年に富士フィルムから発売された「FUJIX DS-1P」である。当時は画質と価格の問題で一般に広く普及することはできなかったが、1999年末頃からは高画素化やコンパクト化が進み、値段も安くなったため、現在はデジタルカメラが一般的に使われている。

被写体の映像はレンズによって本体内部のCCDの2次元表面上に像を結び(光学的な処理)、CCDの受光素子(光を電気に変換する素子)によって空間的なデジタル化(標準化)が行なわれる。この標準化した情報はA/Dコンバーターによってデジタル(数値)データに変換される。この数値をCPUが処理し、メモリカードに記録する。

### デジタルカメラ画像の特徴

- 撮影した画像をその場で確認でき、すぐに取り直しが可能。
- 暗室が不要。明るい部屋で画像の加工やプリントができる。
- 電子メールで送ったり、ホームページで公開したりすることが容易。
- メモリーカードは、記録画像や音声を消去して繰り返し使用できる。

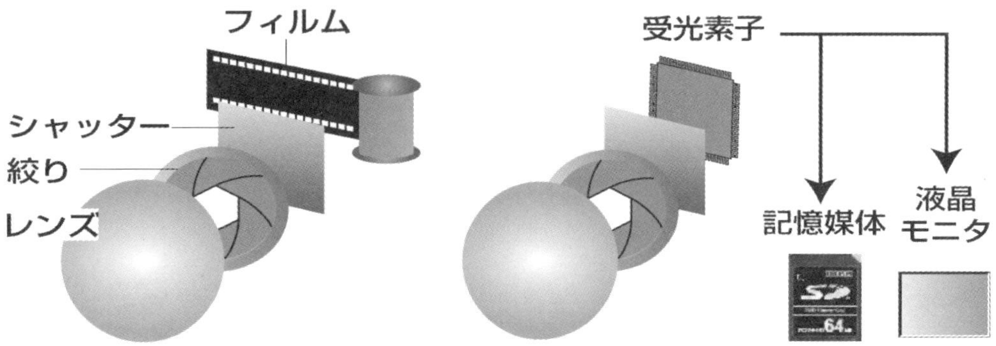


図11-1 フィルムカメラとデジタルカメラの比較(絵の左から、「フィルムカメラ」と「デジタルカメラ」の順)

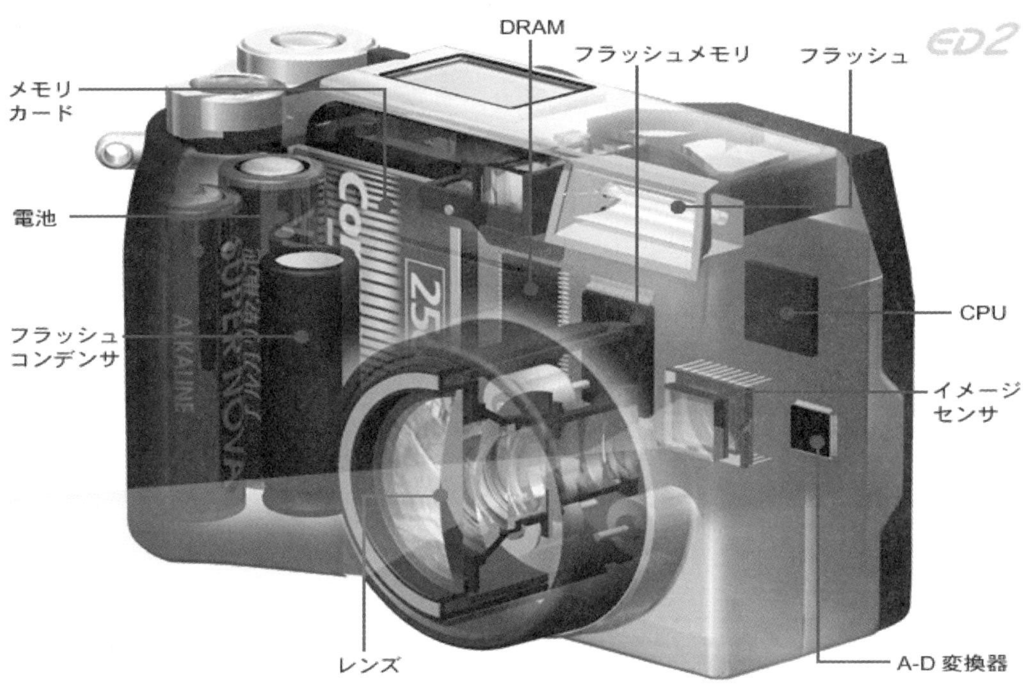


図11-2 デジタルカメラの構造

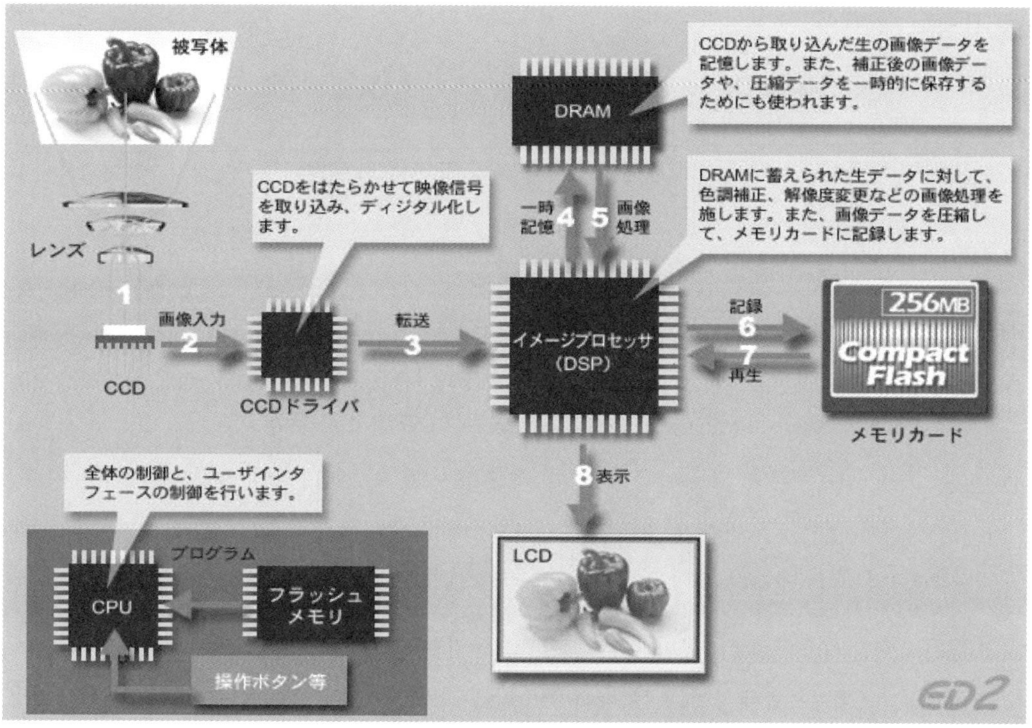


図11-3 デジタルカメラのしくみ

## 用語解説

① CCD : Charge Coupled Device(전하결합소자)의 머리글자. 빛의 명암을 전기적인 신호로 바꿔주는 센서로 디지털카메라에서 이미지의 저장을 담당하는 부분. 필름 카메라의 필름에 해당하며 디지털카메라의 핵심. CCD에는 미세한 화소가 세밀하게 배치되어 있다. 촬상소자라고도 함

② ADコンバーター : A/D 컨버터(Analog Digital Converter). 연속적인 신호인 아날로그 신호를 디지털 신호로 바꿔주는 아날로그 디지털 변환기

③ イメージセンサ : 이미지센서(image sensor). 휴대전화용 카메라나 디지털카메라 등에서 영상을 생성해내는 영상 촬상소자 부품. 제작 공정과 응용 방식에 따라 CCD이미지센서와 CMOS(Complementary Metal Oxide Semiconductor)이미지 센서로 분류

④ 色調 : 색조(tone). 색의 강약, 명암, 농담의 정도나 상태. 즉 채도(색의 선명한 정도)와 명도(색의 명암의 정도) 두 가지가 복합된 복합개념. 이에 반하여 色合い(색상)란 검정, 하양, 회색을 제외한 색을 말하며 태양광선의 빨강, 주황, 노랑, 초록, 파랑, 남색, 보라 등이 기본

⑤ 解像度 : 해상도(resolution). 이미지의 정밀하고 선명한 정도

⑥ フラッシュメモリ : 플래시 메모리(Flash Memory). 소비전력이 적고, 전원이 꺼지더라도 저장된 정보가 사라지지 않은 채 유지되는 저장장치. 전원 없이 정보를 보존하는 ROM의 장점과 정보의 입출력이 자유로운 RAM의 장점을 지니고 있다.

⑦ 半導体 : 반도체, 게르마늄이나 실리콘과 같이 도체와 부도체의 중간적인 성질을 띠고 있는 물질

⑧ 銀塩カメラ : 필름이나 감광판을 사용하여 촬영하는 종래 방식의 카메라, 필름카메라

⑨ ~直す : 다시 ~하다, 撮り直す, やり直す, 書き直す

⑩ DSLR : 디지털 일안반사식(Degital Single-Lenz Reflex) 카메라. 촬영렌즈로 들어온 빛을 그대로 파인더를 통해 확인하면서 촬영할 수 있는 디지털 카메라

|  |  |  |
|---|---|---|
| Canon(EOS-5D) | Nikon(D-90) | Olympus(E-620) |

## 漢字練習

| | | | | |
|---|---|---|---|---|
| 撮影(さつえい) | | | | |
| 変換(へんかん) | | | | |
| 値段(ねだん) | | | | |
| 処理(しょり) | | | | |

## 練習問題

デジタルカメラが広く普及するようになった理由について考えよ。

# 1. 各部の名前(キヤノン、EOS Kiss X2)

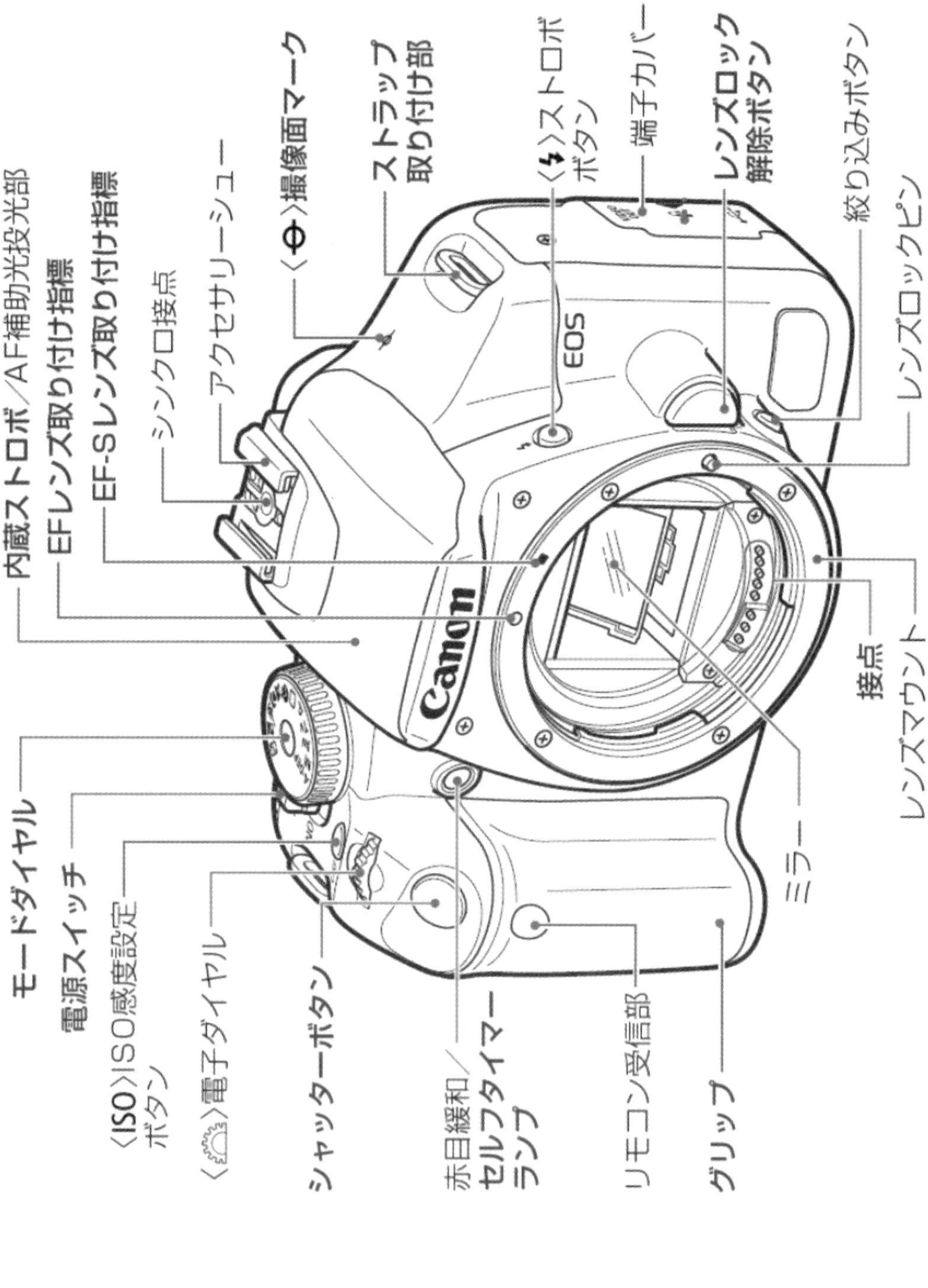

## 2. 撮影機能の設定状態表示

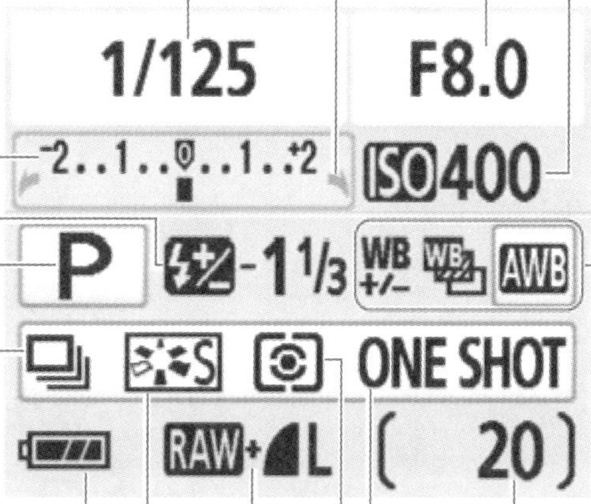


電子ダイヤルガイド

シャッター速度

**絞り数値**

ISO感度

露出レベル表示
露出補正量
AEBレベル

ストロボ調光補正

**撮影モード**

ホワイトバランス
- AWB **オート**
- 太陽光
- 日陰
- くもり
- 白熱電球
- 白色蛍光灯
- ストロボ
- マニュアル

WB +/- ホワイトバランス補正

WBブラケティング

ドライブモード
- 1枚撮影
- **連続撮影**
- **セルフタイマー10秒／リモコン**
- セルフタイマー2秒
- **セルフタイマー後連続撮影**

**電池チェック**

ピクチャースタイル

記録画質
- L **ラージ／ファイン**
- L ラージ／ノーマル
- M ミドル／ファイン
- M ミドル／ノーマル
- S スモール／ファイン
- S スモール／ノーマル
- RAW ロウ
- RAW+L ロウ+ラージ／ファイン

**撮影可能枚数**

WBブラケティング時の撮影可能枚数

**セルフタイマー作動表示**

バルブ露光時間

AFモード
- **ONE SHOT** ワンショットAF
- **AI FOCUS** AIフォーカスAF
- **AI SERVO** AIサーボAF
- **MF** マニュアルフォーカス

測光モード
- **評価測光**
- 部分測光
- スポット測光
- 中央部重点平均測光

## 3. 基本操作と使用法

(1) モードダイヤル

モードダイヤルは、「かんたん撮影」と「応用撮影」の機能ゾーンに分けられます。

### 応用撮影ゾーン

思いどおりのさまざまな撮影ができます。

**P**　：プログラムAE
**Tv**　：シャッター優先AE
**Av**　：絞り優先AE
**M**　：マニュアル露出
**A-DEP**：自動深度優先AE

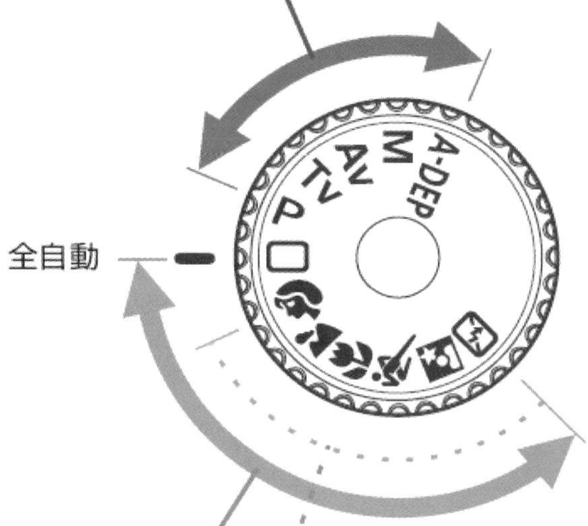


### かんたん撮影ゾーン

基本操作はシャッターボタンを押すだけです。被写体に応じてカメラまかせの全自動撮影ができます。

□：全自動

### イメージゾーン

：ポートレート
：風景
：クローズアップ
：スポーツ
：夜景ポートレート
：ストロボ発光禁止

(2) 全自動で撮る

① モードダイヤルを「全自動(□)」にする

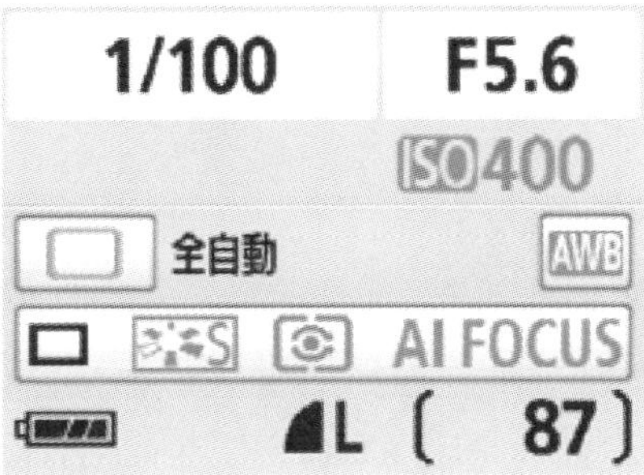


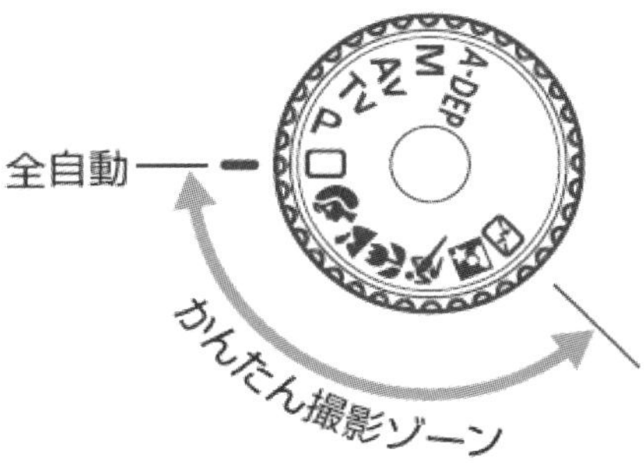


② 被写体(写したいもの)にAFフレームを合わせる

- すべてのAFフレームで被写体をとらえ、基本的に一番近くにあるものにピントを合わせます。
- 中央のAFフレークを被写体の重ね合わせるとピントが合いやすくなります。

③ ピントを合わせる

- シャッターボタンを半押しすると、レンズが動いてピントを合わせます。
- ピントが合うと、ピントを合わせたAFフレーム内の点が一瞬赤く光ります。同時に「ピピッ」と電子音が鳴り、ファインダー内に合焦マーク＜●＞が点灯します。
- 必要に応じて内蔵ストロボが自動的に上がります。

④ 撮影する

- シャッターボタンを全押しすると撮影されます。
- 液晶モニターに撮影した画像が約2秒間表示されます。
- 内蔵ストロボが上がっているときは、手で押し下げて収納します

(3) セルフタイマー撮影

① 「◀ ▭ ◌̇」ボタンを押す

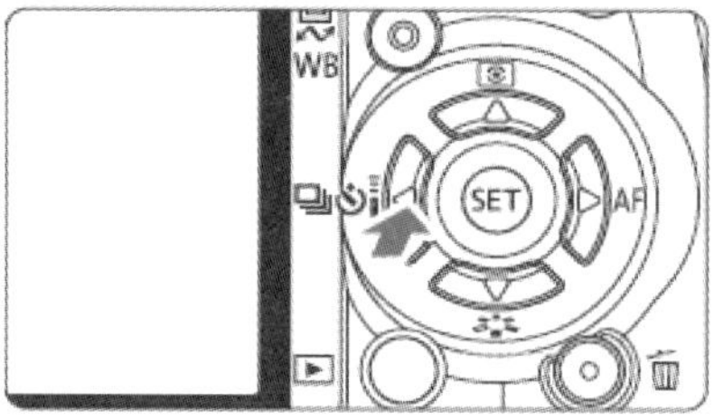


② セルフタイマーを選ぶ

- 「◀▶」を押して選び、「set」ボタンを押します。
- 「◌̇」：10秒後に撮影、リモコン撮影も可能
- 「◌̇2」：2秒後に撮影
- 「◌̇c」：10秒後、設定した枚数を連続撮影
「▲▼」を押して、撮影する枚数(2～10)を設定します。

③ 撮影する

- ファインダーをのぞいてピントを合わせ、シャッターボタンを全押しします。
- セルフタイマーランプを電子音、液晶モニターの秒数減算で作動を確認できます。
- 撮影2秒前にセルフタイマーランプが点灯し、電子音が速く鳴ります。

(4) 画像を再生する

① 映像を再生する

- 「▶」ボタンを押すと、最後に撮影した画像が表示されます。

② 画像を選ぶ

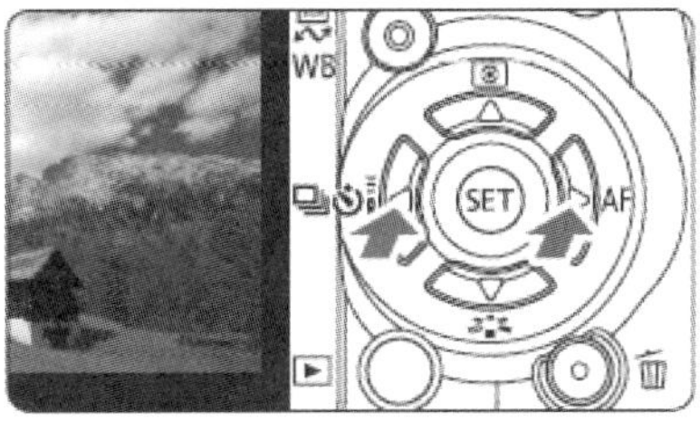


- 「◀」を押すと、最後に撮影した画像から新しい順に画像が表示されます。「▶」を押すと、古い画像から順に新しい画像が表示されます。
- 「DISP.」ボタンを押すたびに、表示形式が切り換わります。

③ 再生を終了する

- 「▶」ボタンを押すと再生が終了し、撮影機能の設定状態表示に戻ります。

(5) プログラムAE撮影

- 好ましい明るさの写真になるよう、被写体の明るさに応じてカメラが露出(シャッター速度と絞り数値)を自動的に設定します。これをプログラムAEと言います。

① モードダイヤルを「P」にする

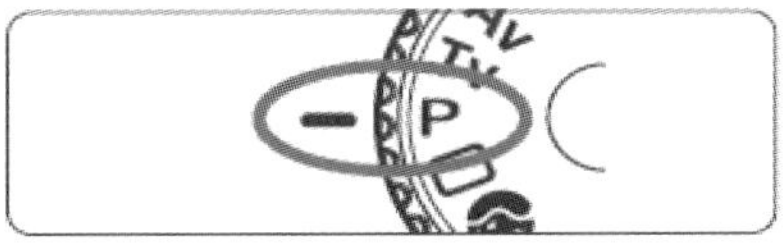


② 撮影する

- シャッターボタンを半押しすると、ピント合わせが行なわれます。
- 自動設定されたシャッター速度と絞り数値がファインダー内に表示されます。
- シャッターボタンを全押しします。

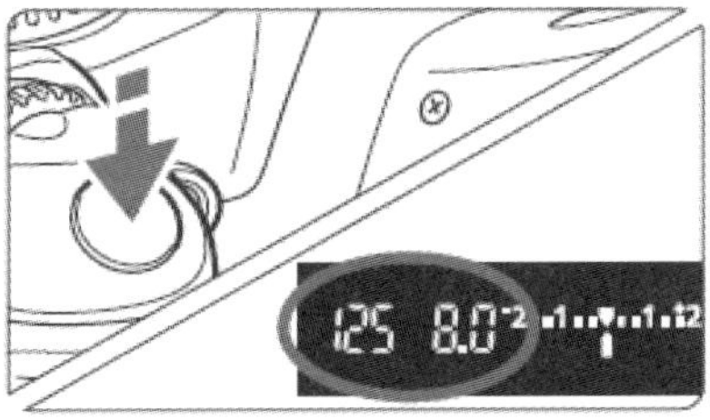


※ 任意にISO感度を変える。内蔵ストロボを使う。

- 被写体や周囲の明るさに応じてISO感度を変えたり、内蔵ストロボを使います。特に「P」では、内蔵ストロボが自動発光しませんので、室内や暗い場所では、自分で「ϟ」(ストロボ)ボタンを押して内蔵ストロボを上げます。

※ プログラムを変えることができる(プログラムシフト)。

- シャッターボタン半押し後、「⚙」を回すと、シャッター速度と絞り数値の組み合わせ(プログラム)を変えて撮影することができます。プログラムシフトは、1秒撮影すると解除されます。なお、ストロボ撮影時にはできません。

(6) 明るさに応じてISO感度を変える

- ISO感度(撮像素子の感度)は、撮影する場所の明るさに応じて設定します。簡単撮影ゾーンでは、ISO感度が自動設定されます。

① 「ISO」ボタンを押す

- 「ISO感度」が表示されます。

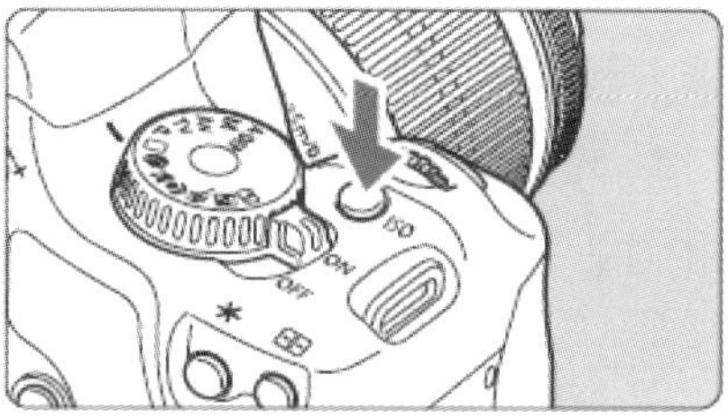

② ISO感度を選ぶ

- 「⚙」、または「▲▼」でISO感度を選びます。
- ファインダー内のISO感度を見ながら、「⚙」で設定することもできます。

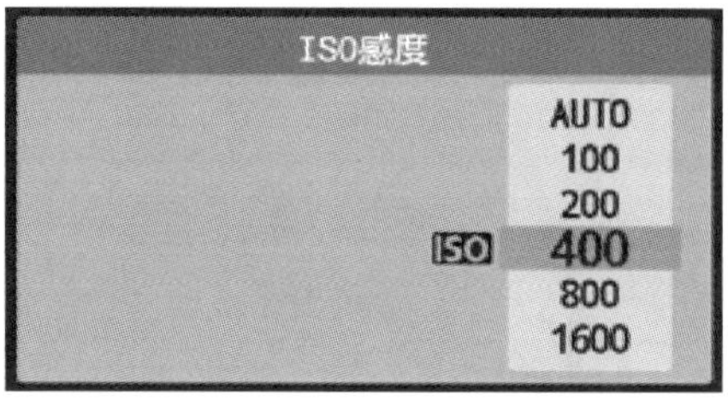


(7) AFモード(ピント合わせの方法)を変える

- 記念撮影や、動物の撮影、スポーツ撮影など、被写体や撮影目的にあわせてAFの機能を変えることができます。

① 「▶AF」ボタンを押す

- ［▶AF］が表示されます。

② AFモードを選ぶ

- 「◀▶」を押してAFモードを選び、「SET」ボタンを押します。

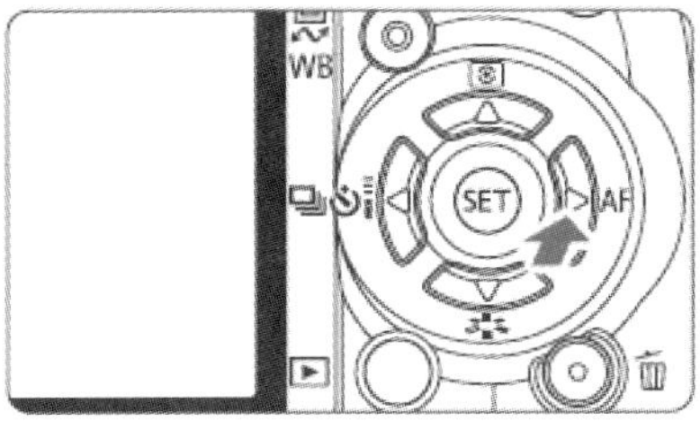


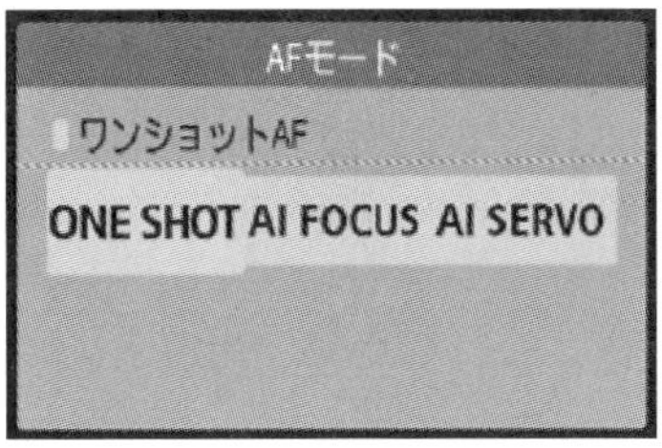


③ ピントを合わせる

- AFフレームを被写体に合わせ、シャッターボタンを半押しすると、設定したAFモードでピント合わせが行なわれます。

(8) 連続撮影する

- 1秒間に最高約3.5枚の連続撮影を行なうことができます。子供が走ってくる様子や、表情の変化を写し続けたいときに効果的です。

① 「◀ ⧉ ⏲」ボタンを押す

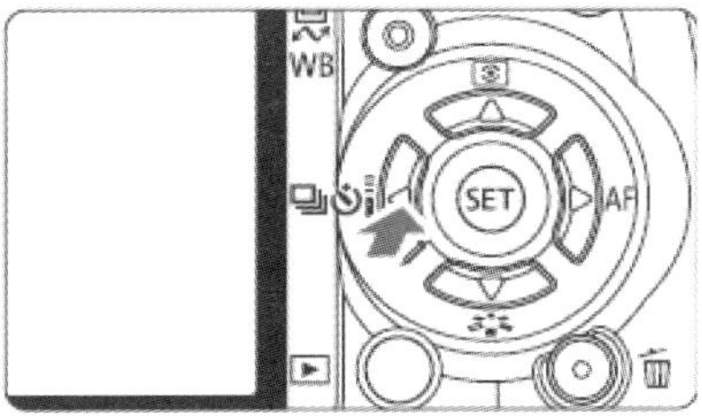


② 「⧉」を選ぶ

- 「◀▶」を押して連続撮影「⧉」を選び、「SET」ボタンを押します。

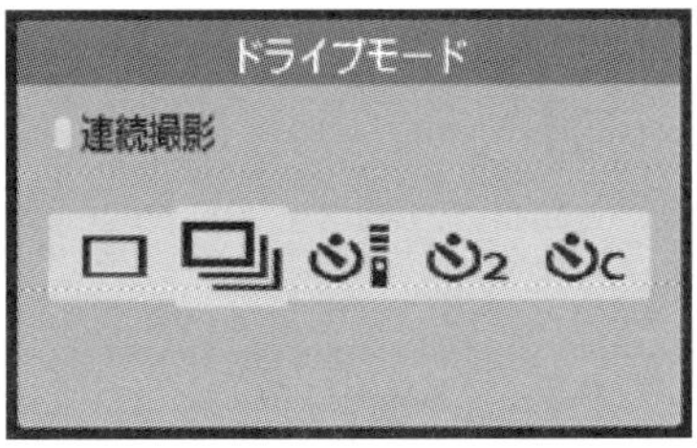


③ 撮影する

- シャッターボタンを全押ししている間、連続撮影します。

(9) 被写体の動きを表現する

- 動きの速い被写体が止まっているような写真や、ブレているような写真、流れているような写真は、モードダイヤルの「Tv」(シャッター優先AE)を使って撮影します。

① モードダイヤルを「Tv」にする

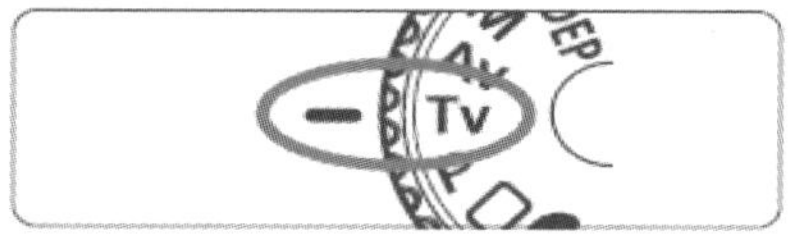


② シャッター速度を設定する

- 「撮影のポイント」を参考にしてシャッター速度を決めます。
- シャッター速度は「」を右に回すと速くなり、左に回すと遅くなります。

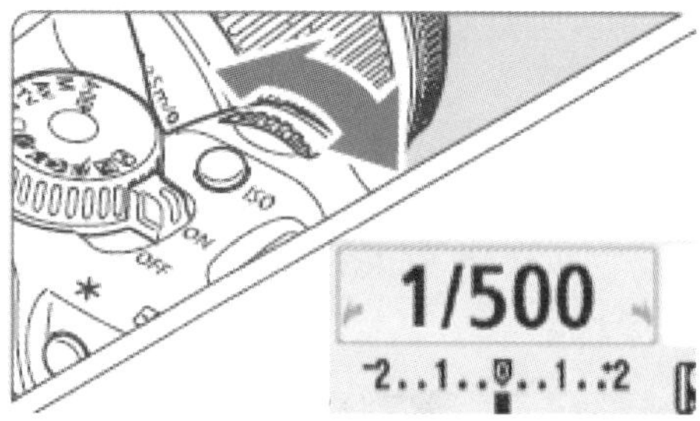


③ 撮影する

- ピントを合わせてシャッターボタンを全押しすると、設定したシャッター速度で撮影されます。

(10) ピントの合う奥行きを変える

- 背景をぼかした写真や、手前から遠くまでピントの合った写真など、ピントの合う奥行きを調整した写真は、モードダイヤルの「Av」(絞り優先AE)を使って撮影します。

① モードダイヤルを「Av」にする

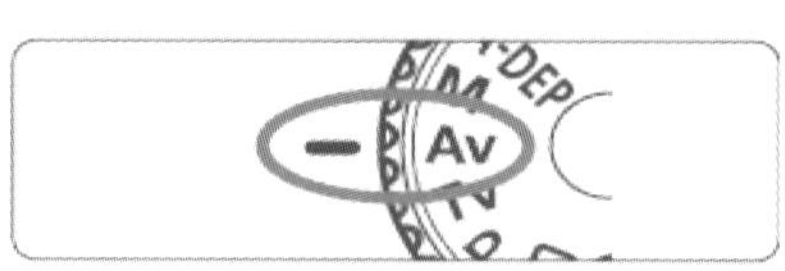


② 絞り数値を設定する

- 数値が大きいほどピントの合う奥行きが深くなります。
- 数値は「」を右に回すと大きくなり、左に回すと小さくなります。

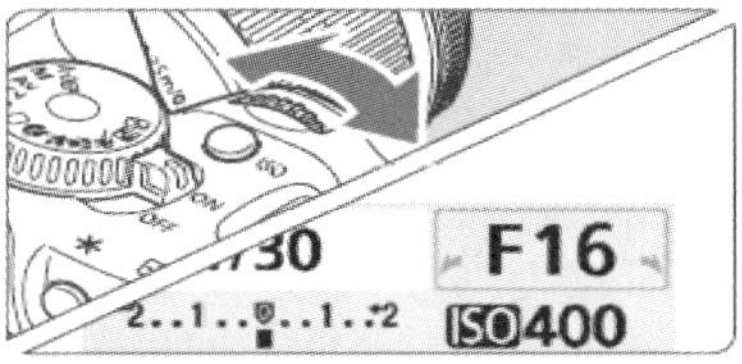


③ 撮影する

- ピントを合わせてシャッターボタンを全押しすると、設定した絞り数値で撮影されます。

## 4. お手入れ·注意事項

① カメラは精密機器です。落したり衝撃を与えたりしないでください。

② カメラには精密な回路が内蔵されていますので、絶対に自分で分解しないでください。

③ レンズ、ファインダー、ミラー、フォーカシングスクリーンなどにゴミが付いているときは、市販のブロアーで吹き飛ばすだけにしてください。カメラボディおよびレンズは、有機溶剤を含むクリーナーなどでふかないでください。特に汚れがひどいときは、最寄りの修理受付窓口にご相談ください。

④ このカメラは防水構造になっていませんので、水中では使用できません。万一水に濡れてしまったときは、早めに最寄りの修理受付窓口にご相談ください。また、水滴が付いたときは乾いたきれいな布で、潮風にあたったときは固くしぼったきれいな布でよくふきとってください。

⑤ カメラを磁石やモーターなどの強力な磁気が発生する装置の近くに、絶対に置かないでください。また、電波塔などの強い電波が発生しているところで使用したり、放置したりしないでください。電磁波により、カメラが誤作動したり、記録した画像データが破壊されることがあります。

⑥ カメラを寒いところから、急に暑いところに移すと、カメラの外部や内部に結露(水滴)が発生することがあります。カメラを寒いところから、急に暑いところに移すときは、結露の発生を防ぐために、カメラをビニール袋に入れて袋の口を閉じ、周囲の温度になじませてから、袋から取り出してください。

⑦ カメラを長期間使用しないときは、カメラから電池を取り出し、風通しが良く、涼しい乾燥した場所に保管してください。保管期間中でも、ときどきシャッターを切るようにして作動することを確認してください。

⑧ 長期間使用しなかったカメラは、各部を点検してから使用してください。長期間使用しなかったあとや、海外旅行など大切な撮影の前には、各部の作動を最寄りの修理受付窓口、またはご自身でチェックしてからご使用ください。

## 5. 重要語彙

① ISO感度 : 디지털카메라가 반응할 수 있는 빛의 양의 크기를 나타내는 수치로, 이 수치가 높을수록 어두운 곳에서도 촬영이 가능함. ISO란 International Standards Organization(국제표준화규격)의 약자이다.

② 赤目緩和 : 적목 완화. 적목현상(red-eye effect)이란 어두운 곳에서 사진을 찍을 때 플래시, 스트로보 등에 반응하여 인물 눈이 빨갛게 찍히는 현상이다.

③ EFレンズ : EF렌즈(electro-focus lens). 캐논 EOS시리즈를 위해 개발된 렌즈인 AF렌즈(auto-focus lens)의 총칭이다.

④ EF-Sレンズ : EF렌즈는 모든 캐논 EOS 카메라에 사용할 수 있으나, EF-S렌즈는 디지털카메라에만 전용됨. EF렌즈보다 더 소형이며 저가인 장점이 있음

⑤ シンクロ接点 : 싱크로(synchro) 접점. 섬광전구나 일렉트로닉 플래시를 셔터의 개방과 동조시켜 발광시키기 위한 신호 전달 장치(커넥터). 발광타이밍에 따라 F접점, M접점, FP접점, X접점, 싱크로 접점 등으로 분류

⑥ ストロボ : 스트로보(strobe). 외장 플래시

⑦ ホワイトバランス : 화이트 밸런스(white balance). 흰색을 흰색답게 표현할 수 있도록 하는 기능. 색 온도(태양광, 흐린날, 백열등, 형광등 등)에 따라 흰색이 각각 다르게 표현되는 것을 조절해주는 기능

⑧ WBブラケティング : 화이트 밸런스 브라케팅(white balance bracketing). 화이트 밸런스를 조금씩 바꾸어가며 촬영하도록 하는 기능

⑨ サーボ : 서보(servo). 서보 메카니즘(servo mechanism)의 줄임말. 물체의 위치, 방위, 자세 등이 변경될 때마다 피드백(feedback)을 통해 정확한 목표치를 설정하도록 한 제어기구

⑩ スポット測光 : 스팟 측광(spot metering). 특정 부분의 노출을 강조하는 측광. 전체 측광은 초점부와 주변부 모두의 노출을 계산하는 데 반하여 스팟 측광은 초점이 맞은 부분의 노출만을 가지고 계산함

⑪ 絞り : 조리개. 카메라에서 렌즈로부터 들어오는 빛의 양을 조절하는 기구

⑫ まかせる : 맡기다

⑬ ポートレート : 포트레이트(portrait). 인물사진

⑭ とらえる : 잡다. 붙잡다. 포착하다.

⑮ 半押し : 반누름. 셔터를 완전히 누르지 않고 살짝 누르고 있는 상태

⑯ 合焦マーク : 초점 일치 마크. 초점이 맞았음을 표시해주는 마크

⑰ 全押し(ぜんおし) : 완전누름

⑱ プログラムシフト : 프로그램 시프트 모드. 일반 자동 모드보다는 촬영의 자유도가 높은 프로그램 모드를 사용하고자 할 때, 프로그램 모드를 사용하는 도중에 조리개와 셔터 스피드를 바꿀 수 있도록 해주는 기능

⑲ ぼかす : 흐릿하게 하다

⑳ 奥行き(おくゆき) : 안길이

㉑ 潮風(しおかぜ) : 바닷바람

㉒ 風通し(かぜとおし) : 통풍

㉓ 最寄り(もより) : 가장 가까운

# 第12章 デジタルビデオカメラ(Digital Video Camera)

デジタルビデオカメラ(Digital Video Camera、「カムコーダ」とも呼ばれる)は、ビデオカメラの一種で、撮影部(ビデオカメラ)と録画部(ビデオデッキ)を一体化したものである。ビデオの撮影用カメラとしては主流の様式となっており、一般には単に「ビデオカメラ」というと、大半の場合デジタルビデオカメラを指す。カムコーダ(Camcorder)という別名は、ビデオカメラとビデオレコーダーを合わせた造語である。

レンズを通して入った光は、CCD(電荷結合素子)に写り、ここで電気信号に変換され、デジタル処理の後、記録されるという仕組みになっている。画像は、CCDに映った映像を電気的に伝えて、ファインダーに映し出している。最近はパナソニックが開発した3 CCD方式を採用したものも出ている。

3 CCD方式とは、1つのCCDの中で光の3原色である赤・緑・青(R・G・B)を処理する1CCD方式と違って、それぞれの情報を得るために特化したCCDを3つ使用するため、再現性の高い豊かな色彩が得られ、高画質の映像が撮れる。

ビデオが登場する前までは、動画はもっぱら映画によって撮影・上映されていたが、フィルムを使うことによって時間やコストの面で欠点があり、1956年に最初の2インチVTRが登場した。その後、フィルムを使った撮影ではなく、直接にビデオ信号として録画できるように発展し、小型化が進んだ。しかし、当時はビデオカメラとビデオデッキが独立しており不便だったため、それを一つにまとめた一体型が考案され、1980年に一般家庭用、1982年に放送業務用のデジタルビデオカメラが登場した。一般家庭用は1985年頃から急速に小型化が進み、1980年代末からは、片手で持って撮影・録画が可能なものが一般化するようになった。1995年には、従来の磁気テープ記録方式の代りに、デジタルビデオ記録方式DV規格が制定され、それ以降はデジタル方式がほとんどのシェアを占めるようになる。

最近は動画を撮る機能と静止画を撮る機能が一体化しており、デジタルカメラとデジタルビデオカメラの境界が曖昧になっている。

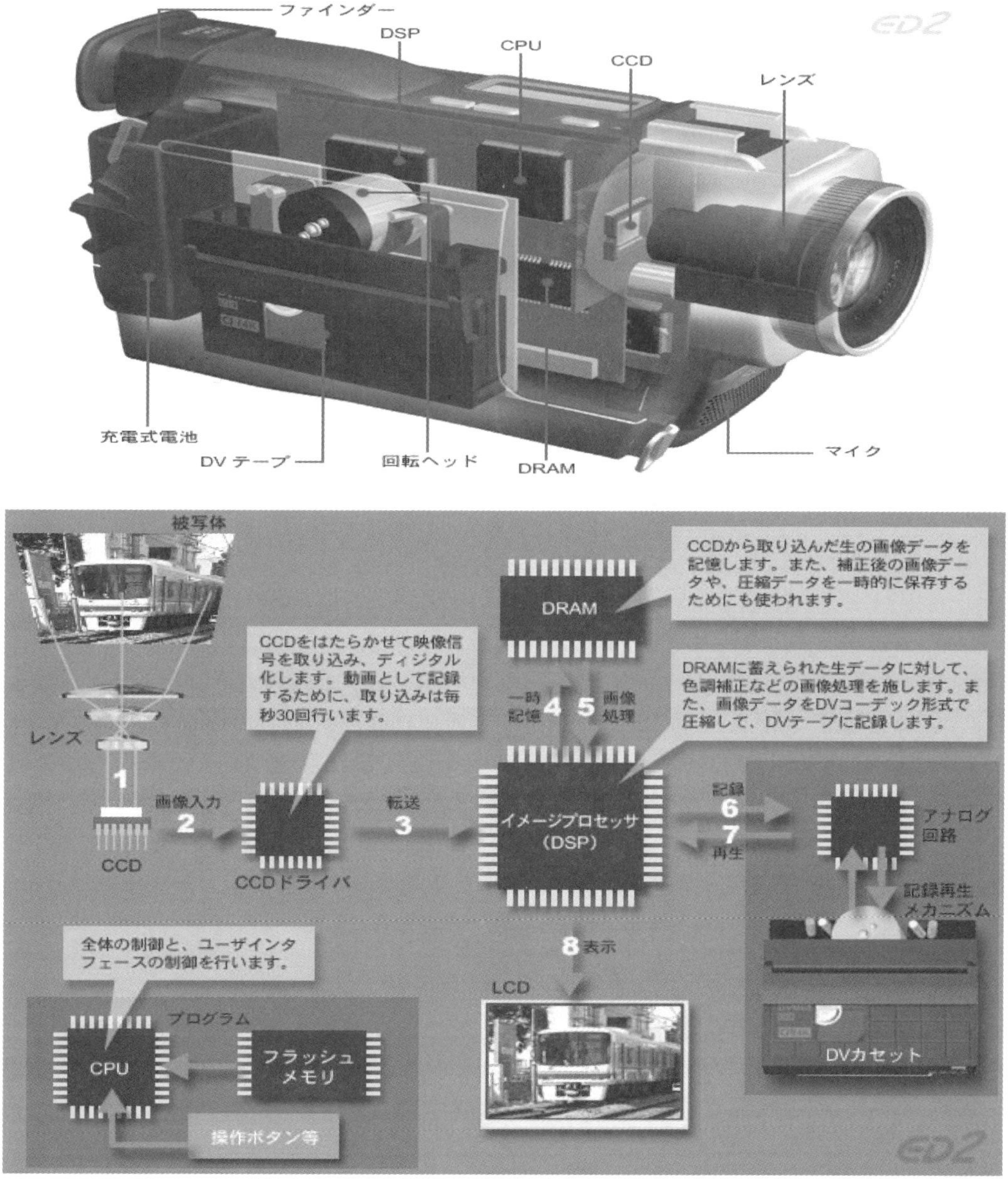


図12-1 ビデオカメラの構造としくみ

## 用語解説

① ファインダー：파인더(Finder) 또는 뷰파인더(Viewfinder). 초점을 맞추거나 구도를 결정하기 위하여 사용자가 눈을 대고 들여다 보는 부분

② DV規格(きかく)：DV(Degital Video)규격. SONY가 주도해서 만든 디지털 비디오의 표준 규격

③ コーデック：코덱(Codec). 영상이나 음성의 아날로그 신호를 디지털 신호로 변환하는 Coder와 디지털 신호를 음성 또는 영상으로 변환하는 Decoder의 합성어. 용량이 큰 동영상 파일을 작게 묶어주고(인코딩), 이를 다시 본래대로 재생(디코딩)할 수 있게 해주는 프로그램

④ ユーザインタフェース：유저인터페이스(User Interface). 사용자와 컴퓨터가 상호작용을 할 수 있도록 해주는 환경

⑤ 大半(たいはん)：거의, 대부분

⑥ 映(うつ)し出(だ)す：광선을 사용하여 나타내다, 투영하다, 비추다

⑦ 色彩(しきさい)：색채

⑧ 動画(どうが)：동영상

⑨ もっぱら：전적으로, 오로지, 한결같이

## 漢字練習

| 録画(ろくが) | | | | |
|---|---|---|---|---|
| 高画質(こうがしつ) | | | | |
| 独立(どくりつ) | | | | |
| 磁気(じき) | | | | |

## 練習問題

1. パナソニックが開発した3CCDの特徴について説明せよ。
2. カムコーダとデジタルカメラの境界が曖昧になった理由について考えよ。

## 1. 各部の名前とはたらき(ソニー、カムコーダ、HDR-SR11型)

### (1) 各部の名前

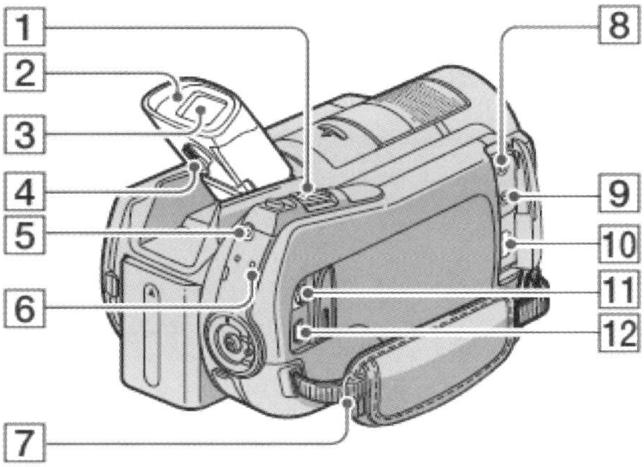


1 ズームレバー：軽く動かすとゆっくり、さらに動かすと速くズームします。再生ズーム中に画面をタッチすると、タッチした部分が液晶画面中央に表示されます。

2 アイカップ

3 ファインダー：液晶画面を閉じてファインダーで画像をみることもできます。

4 視度調節つまみ：ファインダーを上げて、画像がはっきり見えるように動かします。

5 QUICK ON(クイックオン)ボタン：電源を切るかわりにQUICK ONボタンを押すと、消費電力を押さえた状態(スリープモード)になります。

6 ACCESS(アクセス)ランプ(ハードディスク)：点灯中や点滅中は、データの読み込み/書き込みを行なっています。

7 ショルダーベルト取り付け部

8 MIC(PLUG IN POWER)端子

9 ヘッドフォン端子

10 HDMI OUT(ミニ)端子

11 A/Vリモート端子/A/V OUT端子

12 USB端子

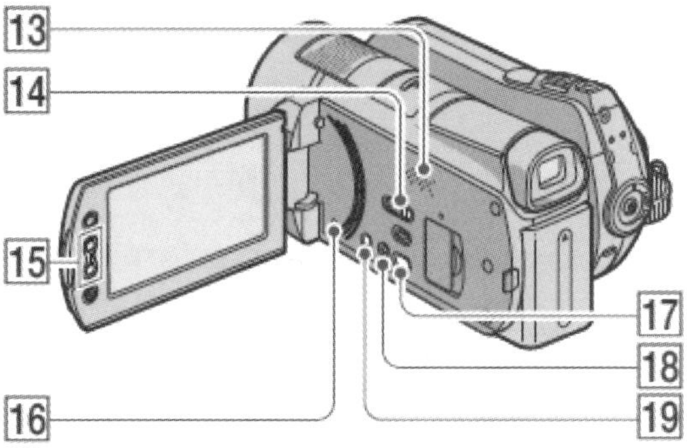


13 スピーカ

14 NIGHTSHOTスイッチ：「ON」にすると、暗い場所で撮影できます。

15 ズームボタン

16 RESET(リセット)ボタン：日時を含めすべての設定が解除されます。

17 ワンタッチディスクボタン：パソコンなどとつないでディスクを作成します。

18 EASY(かんたん操作)ボタン：ほとんどの設定を自動化するので、簡単に撮影/再生できます。

19 IDISP/BATT INFO(画面表示/バッテリーインフォ)ボタン：電源が入っているときに押すと画面表示を切り換えられます。

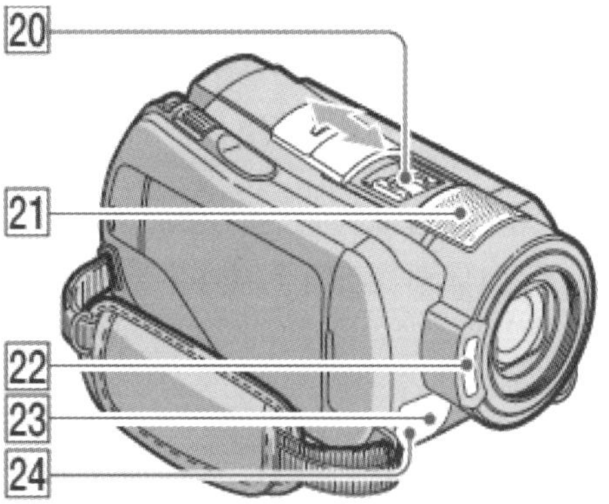


20 アクティブインターフェースシュー：専用マイクやフラッシュ(別売り)などを使うときに、本機から電源供給し、本機のPOWERスイッチに連動して接続機器の電源の入/切ができます。

21 内蔵マイク

22 フラッシュ発光部

23 リモコン受光部/赤外線発光部

24 録画ランプ

(2) 画面表示

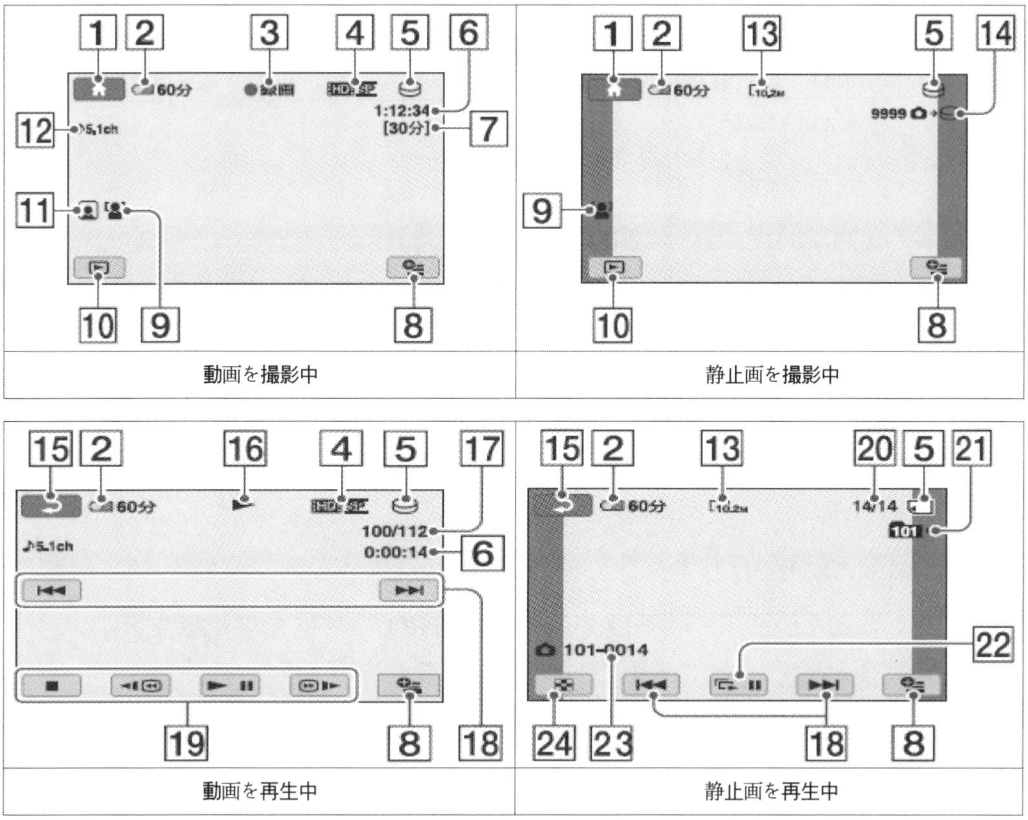


動画を撮影中　静止画を撮影中

動画を再生中　静止画を再生中

1 ホームボタン
2 バッテリー残量の目安
3 撮影状態 [スタンバイ / 録画]
4 記録画質(HD/SD)と録画モード(FH/HQ/SP/LP)
5 記録再生メディア
6 カウンター(時：分：秒)
7 記録残量時間
8 オプションボタン
9 顔検出
10 画像再生ボタン
11 フェイスインデックス設定
12 5.1chサラウンド記録
13 画像サイズ
14 およその静止画撮影可能枚数とメディア、または静止画記録中15 戻るボタン
16 再生表示
17 再生中の動画の番号 / 記録している動画の数
18 前の画像 / 次の画像ボタン
19 動画操作ボタン
20 再生中の静止画の番号 / 記録している静止画の数
21 再生フォルダ：静止画の再生メディアがメモリースティックPROデュオのときのみ表示されます。
22 スライドショーボタン
23 データファイル名
24 ビジュアルインデックス表示ボタン

## 2. 基本操作と使用法

### (1) 使い方の流れ

① 準備する

- バッテリを充電します。
- 充電が終わったら、電源を入れて日付・時刻を合わせます。
- メディアを設定します。

② HD(ハイビジョン)画質で撮影する

③ 再生する

- 液晶画面で撮影した画像を見ることができます。
- ハイビジョンテレビで楽しむこともできます。

④ 撮影した画像を保存する

- 内蔵ハードディスクから[メモリースティックPROデュオ]に画像をダビングしたり、他機につないでダビングすることができます。
- 相手機器によってダビングできる画質(HD(ハイビジョン)/SD(標準))が異なります。
- 画像をHD画質でパソコンに取り込んだり、ディスクに保存できます。

⑤ 画像を削除する

- 本機のメディアがいっぱいになると、新しい画像を撮影できなくなります。パソコンやディスクに保存済みのデータは本機のメディアから削除しましょう。

### (2) メディアを設定する

① (ホーム)→(メディア管理)をタッチする

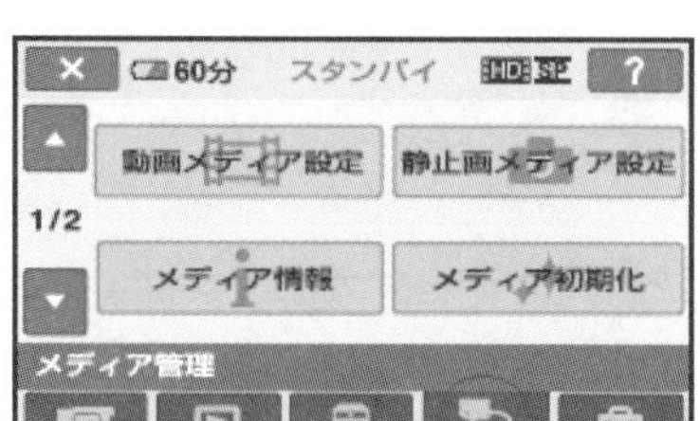

② 動画メディアを設定するには[動画メディア設定]をタッチする

- メディア設定画面が表示されます。

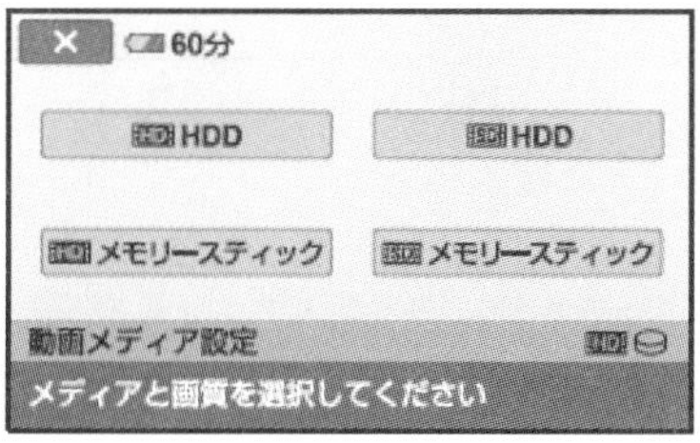


③ 希望のメディアと画質をタッチする

- HDはハイビジョン画質、SDは標準画質を表しています。
- ⊖はハードディスク、□はメモリースティックPROデュオを表しています。

④ [はい] →OKをタッチする

- メディアが切り替わります。

※ 静止画メディアを設定するには手順②で [静止画メディア設定] をタッチして、希望のメディアをタッチしてください。

(3) メモリースティックPROデュオを入れる

① メモリースティックデュオカバーを矢印の方向に開く

② メモリースティックPROデュオを正しい向きに、「カチッ」というまで押し込む

③ メモリースティックPROデュオカバーを閉じる

※ 動画メディアをメモリースティックPROデュオに設定した場合は、POWERスイッチをずらして、🎞(動画)ランプを点灯させます。

※ 「OFF(CHG)」から電源を入れるときのみ、緑のボタンを押しながら矢印の方向へずらします。

※ 新しいメモリースティックPROデュオを入れたときは、液晶画面に[管理ファイル新規作成]画面が表示されます。[はい]をタッチしてください。

※ メモリースティックPROデュオに静止画のみを記録する場合は[いいえ]をタッチしてください。

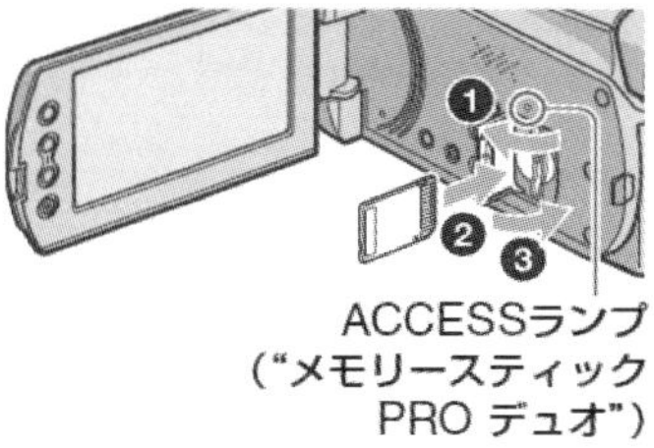


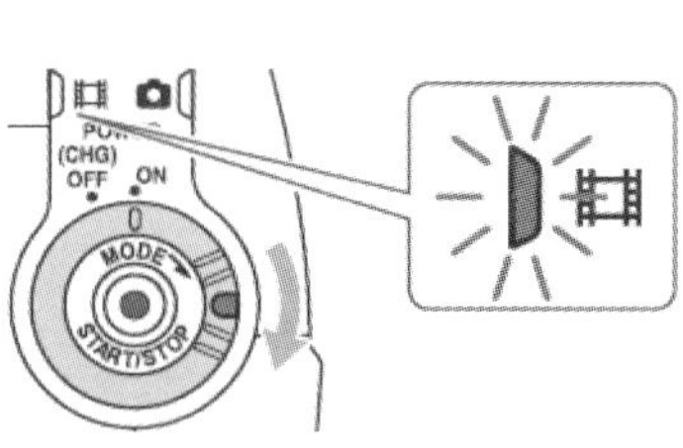


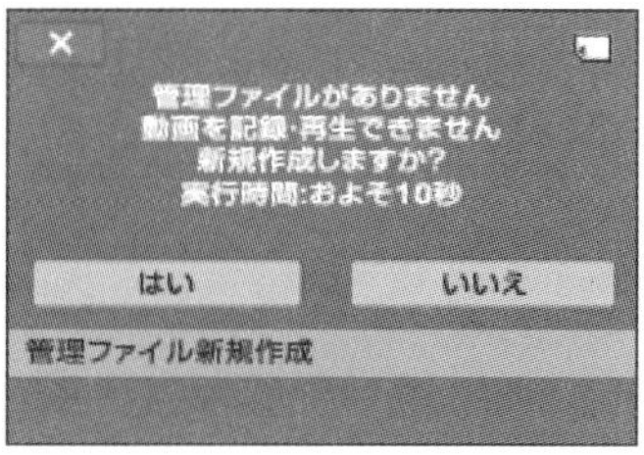

(4) ホームメニューの使い方

① 緑のボタンを押しながら、POWERスイッチを矢印の方向にずらして、電源を入れる

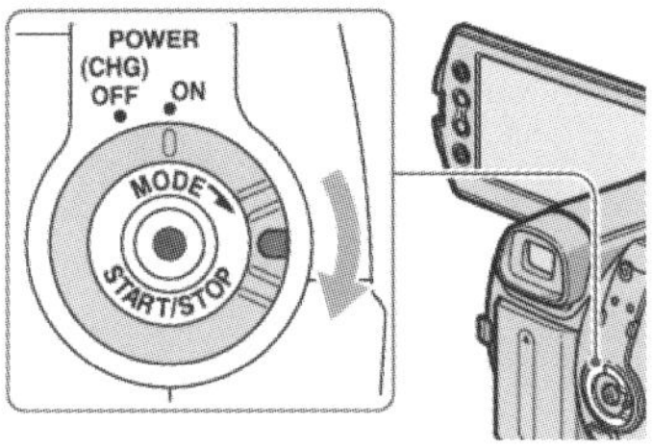


② (ホーム)ボタンA、またはBを押す

③ 希望のカテゴリーをタッチする

• 例) [その他の機能] カテゴリーのとき

④ 希望の項目をタッチする

• 例) [編集] のとき

⑤ 本機の表示に従って設定する

• ホームメニュー画面を消すには[×]をタッチする。

(5) 撮る

• 画像は′ 設定したメディアに記録されます゜お買い上げ時は′ 動画′ 静止画ともに内蔵ハードディスクに設定されています゜

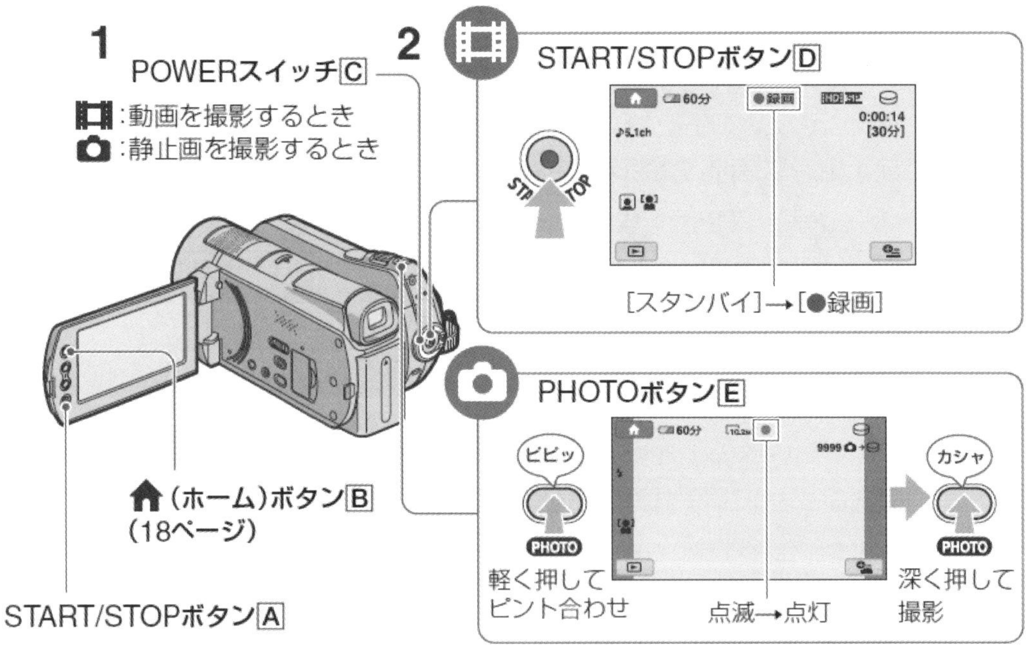


① POWERスイッチCをずらして、使用するモードのランプを点灯させる

• 「OFF(CHG)」から電源を入れるときは、緑のボタンを押しながらずらしてください。

- 動画の撮影の場合は、静止画の撮影の場合はのランプを点灯させます。

② 動画の撮影を始める

- START/STOPボタンD(またはA)を押します。
- 撮影をやめるときは、もう一度押してください。

③ 静止画の撮影を始める

- PHOTOボタンEを押します。
- またはの横にが表示されます。が消えると記録されます。

※ ちょっと一言

- 撮影可能時間や空き容量などを確認するには、(ホーム)B→(メディア管理)→［メディア情報］をタッチします。
- 動画撮影中にPHOTOボタンEを押すと、静止画を撮影できます。
- 動画の連続撮影可能時間は約13時間です。
- 動画のファイルサイズが2GBを超えると、自動的に次のファイルが生成されます。

(6) 見る

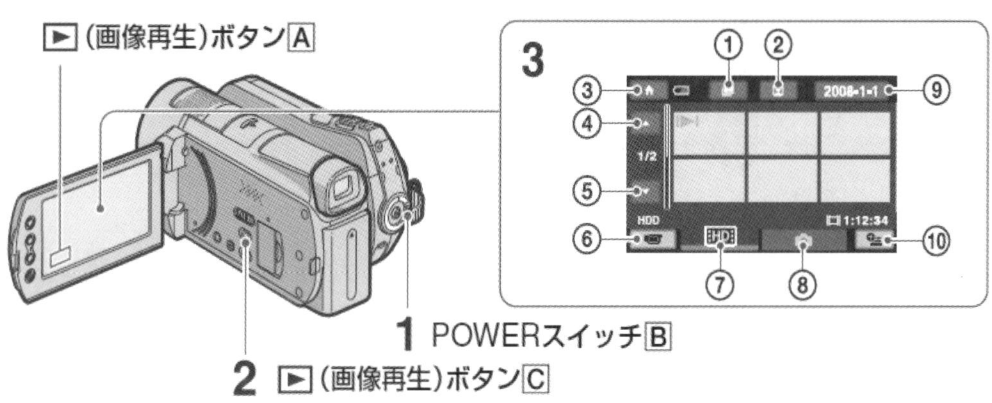


① (フィルムロールインデックス)画面へ
② (フェイスインデックス)画面へ
③ ホームメニューへ
④ 前の6枚
⑤ 次の6枚
⑥ 撮影画面に戻る
⑦ HD(ハイビジョン)画質タブ*
⑧ 静止画タブ
⑨ 撮影日から画像を探す
⑩ (オプション)

* ［動画メディア設定］(9ページ)でSD(標準)画質の動画を選択しているときは、SDが表示されます。

① POWERスイッチ[B]をずらして本機の電源を入れる

② [▶](画像再生)ボタン[C](または[A])を押す

- ビジュアルインデックス画面が表示されます(数秒かかります)。

③ 動画の再生を始める

- HD、またはSDタブをタッチして、見たい画像をタッチします。

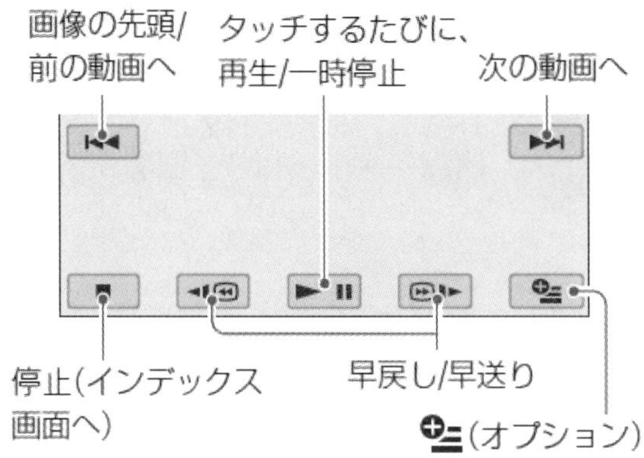


④ 静止画の再生を始める

- タブをタッチして、見たい画像をタッチします。

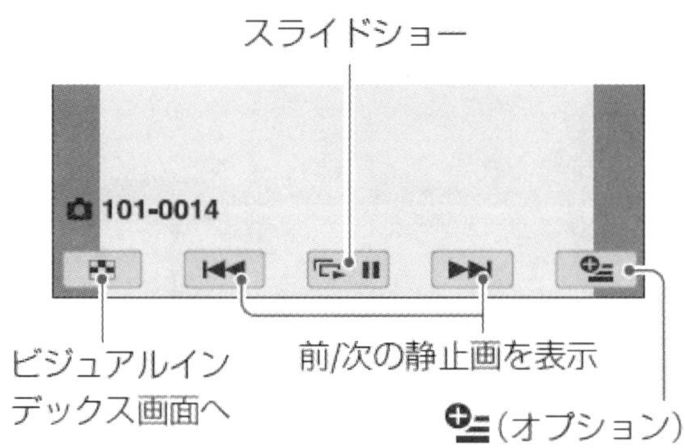


(7) ズームする

- 12倍までズームできます。
- 倍率はズームレバー、または液晶画面横のズームボタンで調節します。
- W(Wide、ワイド、広角)
- T(Telephoto、テレフォト、望遠)

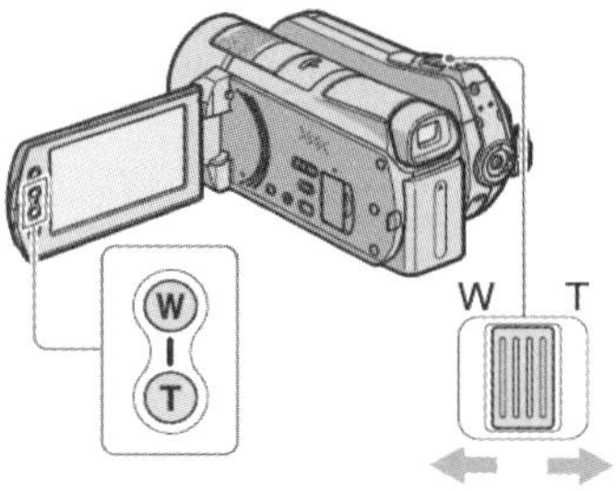

(8) すばやく撮影を始める(クイックオン)

- 電源を切るかわりにQUICK ONボタンを押すと、消費電力を押さえた状態になります。
- スリープモード中は、QUICK ONランプが点滅します。
- 次の撮影を始めるときにもう一度QUICK ONボタンを押すと、約1秒で撮影可能な状態になります。

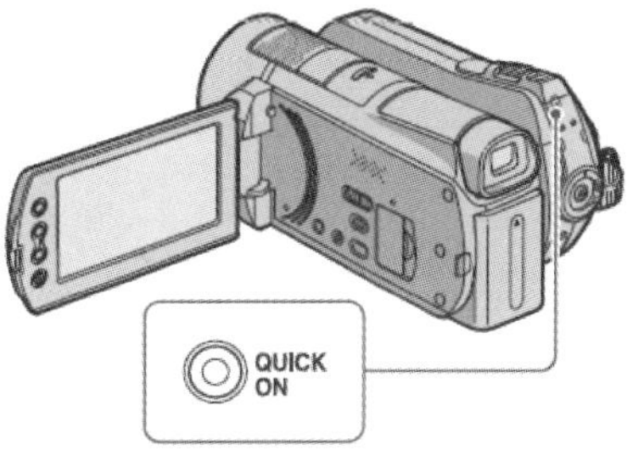


- スリープモード中に操作をしない状態が続くと、自動的に電源が切れます。

(9) 動画撮影中に高画素の静止画を記録する(デュアル記録)

- 動画撮影中にPHOTOボタンを押すと、高画素の静止画を撮影できます。
- 動画撮影中は、フラッシュ撮影はできません。
- メディアの容量不足時や、連続して静止画を撮影するとが表示されることがあります。表示されている間は撮影できません。
- 撮影スタンバイ中は(静止画)ランプ点灯時と同様に静止画を記録できます。フラッシュ撮影も可能です。

(10) 暗い場所で撮る(NightShot)

- NIGHTSHOTスイッチを「ON」にすると、が表示されて、暗い場所で撮影できます。
- NightShotとSuperNightShotは赤外線を利用するため、赤外発光部を指などで覆わないでください。
- コンバージョンレンズ(別売り)ははずしてください。

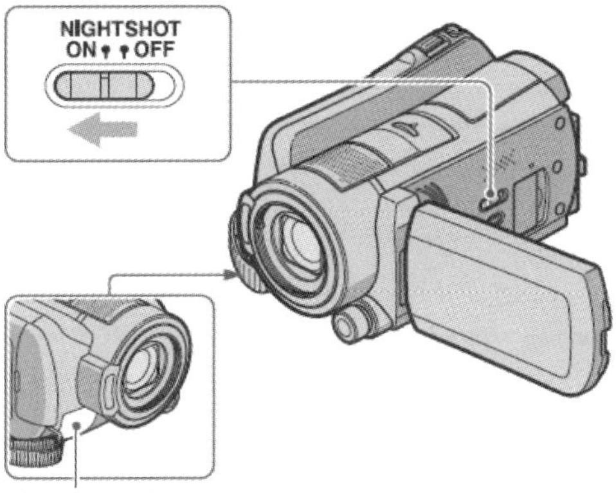


赤外線発光部

- 明るい場所で使うと、故障の原因になります。
- ピントが合わないときは、手動ピント合わせをしてください。
- さらに高感度で撮影するにはSuperNightShot、薄暗い場所でも明るくカラーで撮影するにはColorSlowShutterが使えます。

(11) 逆光を補正する

- ☒(逆光補正)ボタンを押すと、液晶画面に☒が表示されて補正されます。解除するにはもう一度押します。

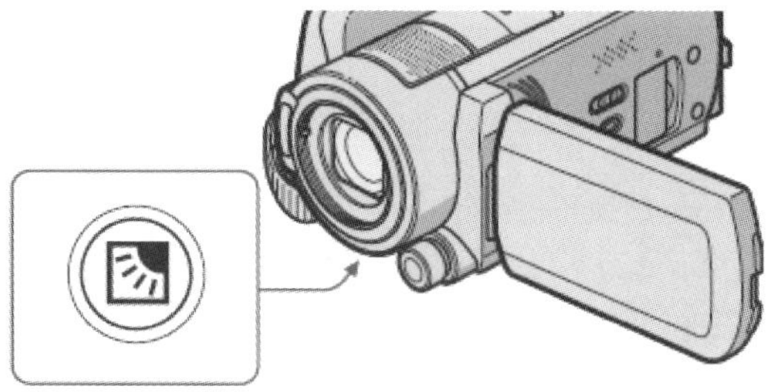

(12) 自分撮り(対面撮影)する

① 液晶画面を90°まで開く

② レンズ側に180°回す

※ 液晶画面には左右反転で映りますが、実際には左右正しく録画されます。

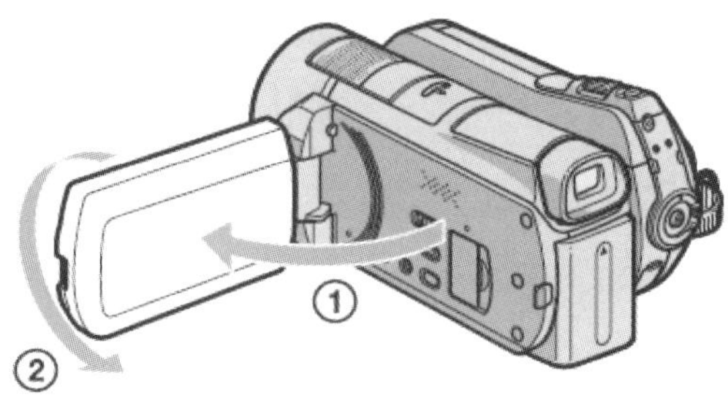


(13) 速い動作をスローモーションで記録する(なめらかスロー録画)

- 通常撮影では見ることができない高速な動作、現象、なめらかなスローモーション映像として撮影します。ゴルフ、テニスのスイングなどの速い動きの撮影時に便利です。

① ⌂(ホーム)→▬(撮影)→［なめらかスロー録画］をタッチする

② START/STOPボタンを押す

- 約3秒間の録画が、約12秒間のスローモーション映像として記録されます。
- [録画中]が消えると記録が完了します。

※ 解除するには、[↩]をタッチします。

## 3. お手入れ・注意事項

### (1) 液晶のお手入れ

- 液晶画面に指紋やゴミが付いて汚れたときは、柔らかい布などを使って、きれいにすることをおすすめします。
- 別売りの液晶クリーニングキットを使うときは、クリーニングリキッドを直接液晶パネルにかけず、必ずクリーニングペーパーに染み込ませて使ってください。

※ 液晶画面を強く押さないでください。画面にムラが出たり、液晶画面の故障の原因になります。

※ 寒い場所でお使いになると、画面が尾を引いて見えることがありますが、異常ではありません。

### (2) 本機表面のお手入れ

- 汚れのひどいときは、水やぬるま湯を少し含ませた柔らかい布で軽く拭いた後、乾拭きします。
- 本機の表面が変質したり、塗装がはげたりすることがあるので、以下は避けてください。
  - シンナー、ベンジン、アルコール、化学ぞうきん、虫除け、殺虫剤、日焼け止めのような化学薬品類
  - 上記が手に付いたまま本機を扱う
  - ゴムやビニール製品との長時間接触

### (3) カメラレンズのお手入れと保管について

- レンズ面に指紋などが付いたときや、高温多湿の場所や海岸など塩の影響を受ける環境で使ったときは、必ず柔らかい布などでレンズの表面をきれいに拭いてください。
- 風通しの良い、ゴミやほこりの少ない場所に保管してください。

- カビの発生を防ぐために、上記のお手入れは定期的に行なってください。また本機を良好な状態で長期にわたって使っていただくためにも、月に1回程度、本機の電源を入れて操作することをおすすめします。

(4) 結露について

- 結露が起きたときは、電源を入れずに、結露がなくなるまで(約1時間)放置してください。
- 結露が起こりにくくするためには、本機を温度差の激しい場所へ持ち込むときは、ビニール袋に空気が入らないように入れて密封します。約1時間放置し、移動先の温度になじんでから取り出します。

(5) 長時間使用しないときは

- 本機の性能を維持するために定期的に電源を3分間入れ、撮影および再生を行なってください。
- バッテリーは使いきってから保管してください。

## 4. 重要語彙

① アイカップ：아이컵(eye cup)
② ファインダー：파인더(finder)
③ HDMI：HDMI(High Definition Multimedia Interface). 개인용 컴퓨터와 디스플레이의 인터페이스 표준 규격인 DVI를 가전/AV제품용으로 변경한 것
④ アクティブインターフェースシュー：액티브 인터페이스 슈(active interface shoe). 캠코더 상부에 있는 액세서리용의 단자. 전용 마이크나 플래시 파인더 등을 장착할 수 있으며, 카메라의 전원 스위치와 연동해서 작동
⑤ フラッシュ：플래시(flash)
⑥ 別売り(べつう)：별매
⑦ 顔検出(かおけんしゅつ)：얼굴 검출 기능. 카메라가 자동적으로 피사체의 얼굴을 검출해서 초점을 맞추는 기능
⑧ フェイスインデックス：페이스 인덱스(face index). 얼굴 인식을 통해서 원하는 사람이 찍힌 장면을 찾아주는 기능
⑨ およそ：대략, 약

⑩ メモリースティック : 메모리 스틱(memory stick)

⑪ ビジュアルインデックス : 비주얼 인덱스(visual index). HDD 안의 수많은 콘텐츠를 섬네일(thumbnail)형태로 보관함으로써 원하는 동영상의 위치를 곧바로 찾을 수 있는 기능.

⑫ ハイビジョン : 하이비전(high vision). 고화질 TV

⑬ ダビング : 더빙(dubbing)

⑭ ずらす : (겹치지 않도록 위치나 시간을) 옮기다, 틀다, 늦추다

⑮ お買い上げ : 구매

⑯ GB : 기가 바이트(giga byte), 정보량을 표시하는 단위. MB의 1000배(109byte)

> ※ 1byte＝8bit
> 1KB＝1024($2^{10}$)byte
> 1MB(megabyte)＝1024($2^{10}$)KB
> 1GB(gigabyte)＝1024($2^{10}$)MB
> 1TB(terabyte)＝1024($2^{10}$)GB

⑰ 早戻し : 빨리되감기

⑱ 早送り : 빨리감기

⑲ 倍率 : 배율

⑳ コンバージョンレンズ : 컨버전 렌즈(conversion lens). 촬영용 렌즈 앞이나 뒤에 접속시켜서 전체적인 초점거리를 변경해주는 렌즈

㉑ 薄暗い : 침침한. 조금 어두운

㉒ 逆光補正 : 역광 보정

㉓ 液晶クリーニングキッド : 액정 클리닝 키트

㉔ 染み込ませる : 물들게 하다

㉕ 尾を引いて見える : 잔상이 남아 보이다, 화면의 꼬리를 물고 늘어져 보이다

㉖ はげる : 벗겨지다

㉗ 指紋 : 지문

㉘ 海岸 : 해안

# 第13章 DVDレコーダー(DVD Recorder)

DVDレコーダー(Digital Versatile Disc Recorder)とは、DVDの録画・再生ができる機器である。HDD(ハードディスク)やVHSビデオデッキも1台の機器に内蔵し、録画・再生ができるものが多く使われている。HDDはDVDと同じように録画・再生ができ、DVDに比べて非常に大容量のディスクであるが、固定式(本体内蔵)で、通常は取り外しができない。DVDの容量は普通4.7GBで、標準の画質で2時間しか録画できない欠点があり、HDDを内蔵することでこれを補っている。この理由で現在はHDD付きのDVDレコーダーが主流となった。なお、DVDは、デジタルデータの記録媒体である光ディスクの一種。

レーザー光線のスポットをディスクに照射すると、ディスクの表面の合金膜が部分的に溶け、これを急冷すると表面はアモルファスと結晶に分かれる。結晶の場合は原子の配列が規則正しいが、アモルファスとは原子の配列が不規則的であり、光の反射率が違う。これを利用して「0」と「1」のデジタル情報にする。

DVDが出現する前の1990年代の始め頃、CDより高密度の光ディスク媒体の規格として、二つの連合(「フィリップス・ソニー」と「東芝・タイム・ワーナー・松下電器・日立・パイオニア・トムソン・日本ビクター」)間の争いが始まったがIBMの仲介によって、この二つの規格を一つに統合することに合意する。世界初の商用化は1996年の日本であり、始めて映画に利用したのが「ツイスター(1996)」である。

現在は、DVDより高密度な「BD(Blue-ray Disk)」が開発されてすでに商用化している。BD

は従来のDVDと比べて同じサイズのディスクに、最大25GBの記録が可能になっているもので、従来のDVDで使っていたものより波長が短い青いレーザー光線を使うため、より高密度な記録を読み取ることができるようになっている。

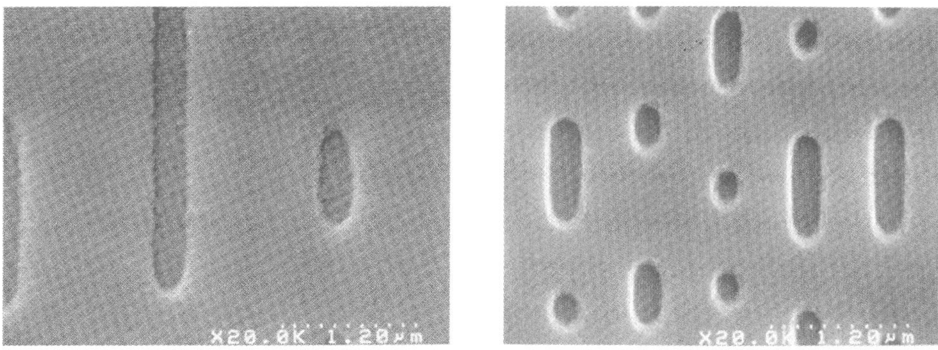


図 13-1 CD(左)とDVD(右)の記録ピットの比較

## DVDの記録・再生・消去の原理

DVDは、記録を行なう場合、原子が規則正しく配列した結晶状態にあるメモリ薄膜層に強いレーザー光を瞬間的に照射する。その際、照射部の薄膜材料は原子配列が大きく乱れる液体状態を瞬間的に経由して、そこから超急冷されることになり液体の乱れた状態が室温に凍結され、アモルファス状態となるという現象を利用している。

記録状態を再生する際は、アモルファス状態が結晶化しない程度のパワーでレーザー照射し、照射部からの反射光強度の変化を検出する。

また、消去する場合は、アモルファス状態が融解しない程度のパワーでレーザー照射し、原子を再配列させることでメモリ薄膜層を結晶化させる。

この結晶→液体→アモルファス→結晶の状態変化のサイクルを繰り返すことにより、DVD-RAMは動作する。

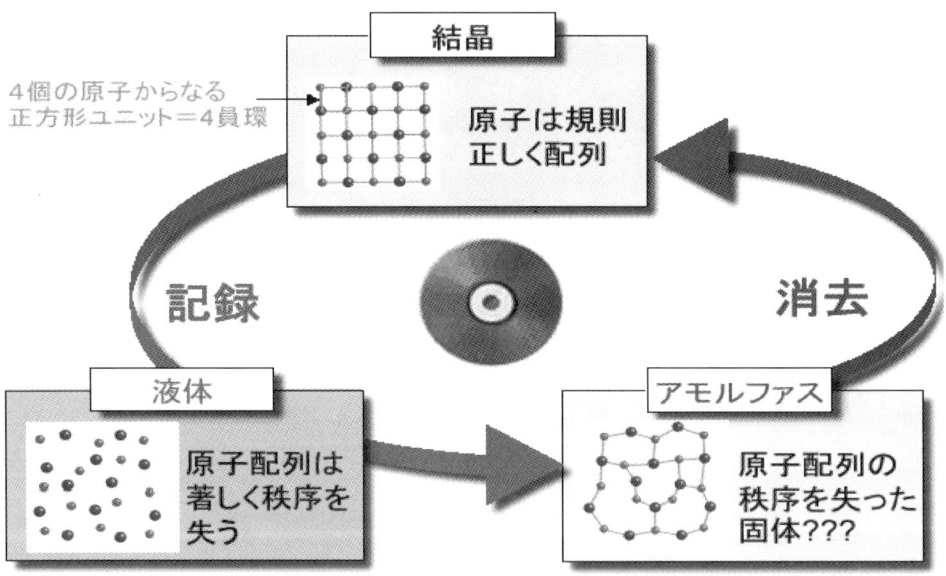


그림 출처 : http://www.jst.go.jp/pr/announce/20061017/index.html

## 用語解説

① HDD : 하드디스크드라이브(Hard Disk Drive). 내용량 저장매체로 작은 상자 안에 여러 개의 자기 디스크로 구성된 디스크 드라이브

② VHS : 비디오홈시스템(Video Home System)의 머리글자. 카세트를 이용해 동영상을 기록하고 재생할 수 있도록 만들어진 표준 규격. 즉 일반적인 비디오 테입의 규격

③ GB : 기가바이트(giga byte). 주로 기억 용량을 나타내기 위한 정보량의 단위. 1GB＝1,024MB, IBM＝1,024kB, 1kB＝1,024B

④ 光(ひかり)ディスク : 광디스크. 데이터의 기록하거나 읽어내는 데 레이저광선을 이용하는 기록매채. CD나 DVD 등이 대표적이다.

⑤ アモルファス : 아모르파스(Amorphous), 또는 비정질(非精質). 고체를 구성하는 원자나 분자 또는 이온이 결정구조와 같은 규칙성을 갖지 않는 상태

⑥ 反射率(はんしゃりつ) : 물체가 빛을 받았을 때 반사하는 정도를 나타내는 단위

⑦ BD : 블루레이 디스크(Blue-ray Disk). 정보의 저장과 재생에 단파장인 청보라색 레이저를 이용한 정보저장매체. 기존 DVD보다 약 5배 많은 정보를 저장할 수 있다.

⑧ 非常(ひじょう)に : 대단히, 매우

⑨ 取(と)り外(はず)す : 떼어내다

⑩ 補(おぎな)う : 보충하다, 보조하다

⑪ 記録媒体(きろくばいたい) : 기록매체

⑫ スポット : 스포트(spot), 점, 지점, 스포트라이트

⑬ 照射(しょうしゃ) : (빛, 광선을) 비추는 것, 조사

⑭ 溶(と)ける : 녹다

⑮ 頃(ごろ) : ～무렵, ～경

⑯ 争(あらそ)い : 싸움, 경쟁, 争う(경쟁하다)

⑰ すでに : 이미, 벌써

⑱ レーザー光線(こうせん) : 레이저광선

⑲ 読(よ)み取(と)る : 읽어들이다, 해석하다, 간파하다, 알아차리다

⑳ 融解(ゆうかい) : 융해

## 漢字練習

| | | | | |
|---|---|---|---|---|
| 標準(ひょうじゅん) | | | | |
| 結晶(けっしょう) | | | | |
| 情報(じょうほう) | | | | |
| 従来(じゅうらい) | | | | |
| 波長(はちょう) | | | | |

## 練習問題

DVDレコーダーに使われる記録媒体の種類について述べよ。

## 1. 各部の名前(ソニー、BDレコーダー、BDZ-A70型)

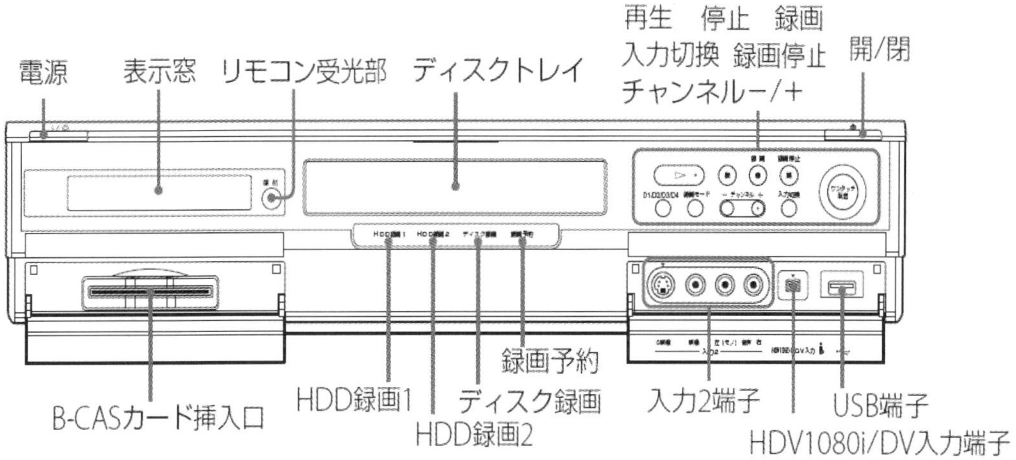


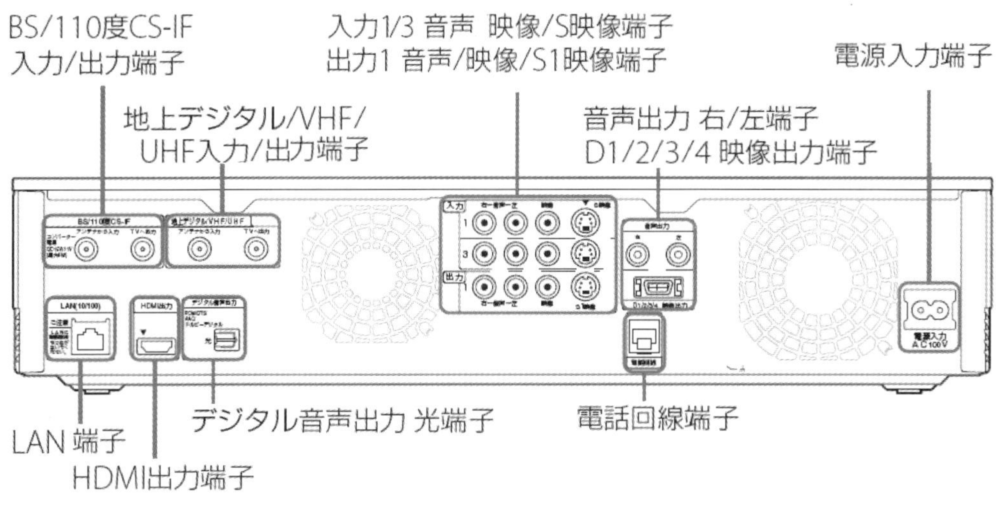

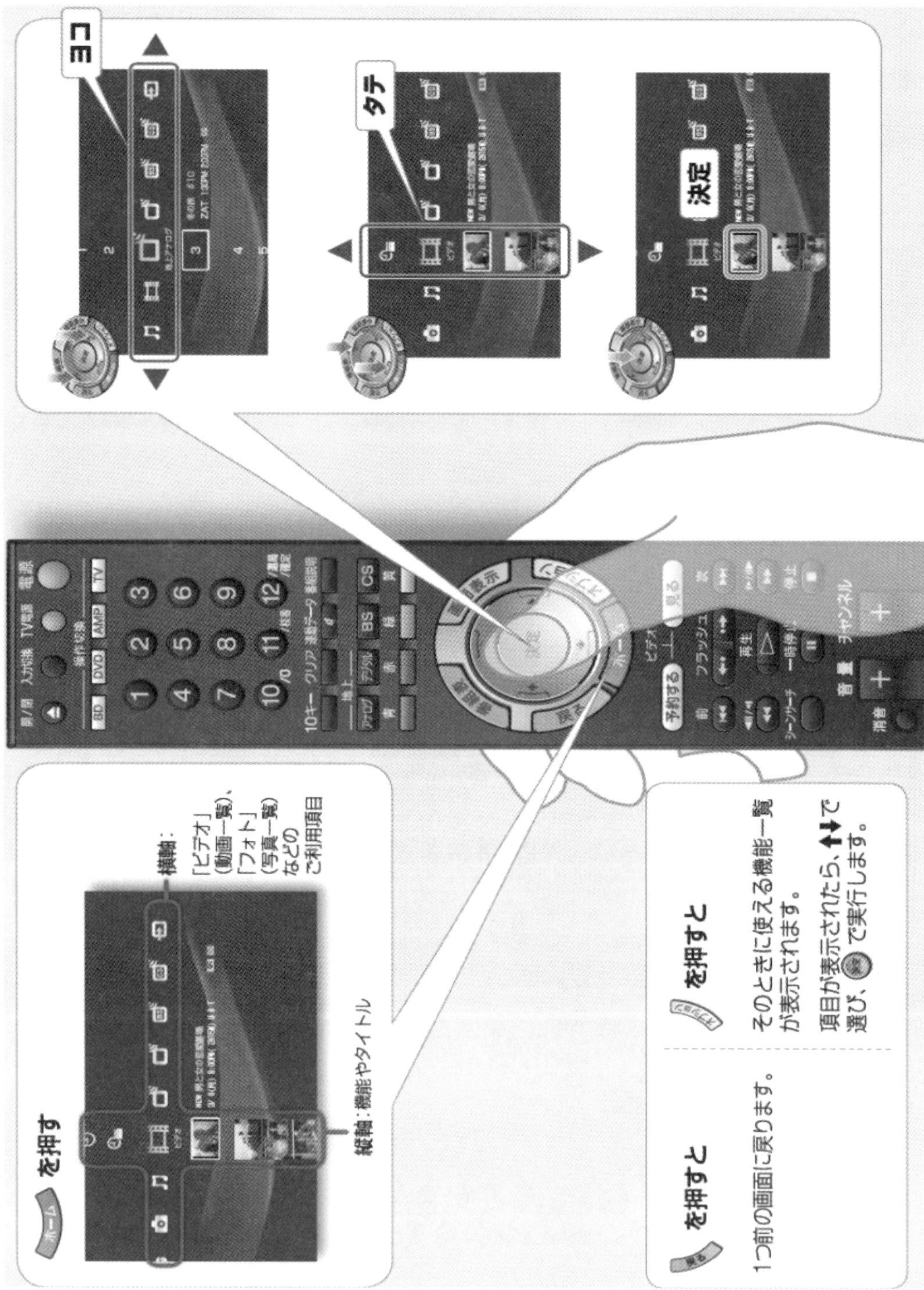
ヨコ
タテ
決定
を押す
横軸：「ビデオ」（動画一覧）、「フォト」（写真一覧）などのご利用項目
縦軸：機能やタイトル
を押すと
1つ前の画面に戻ります。
を押すと
そのときに使える機能一覧が表示されます。
項目が表示されたら、↑↓で選び、で実行します。

## 3. 基本操作と使用法

(1) 接続と準備の流れ

付属品を確認する → アンテナをつなぐテレビをつなぐ → 他機器をつなぐ → デジタル放送用ICカード(B-CASカード)を入れる → 電源コードをつなぐ → 簡単設定をする

(2) 本機を操作するには

① テレビの電源を入れ、テレビの入力を本機が接続されている入力に切り換える(「HDMI」など)

- 本機からの映像が映るよう、先にテレビの入力を切り換えます。

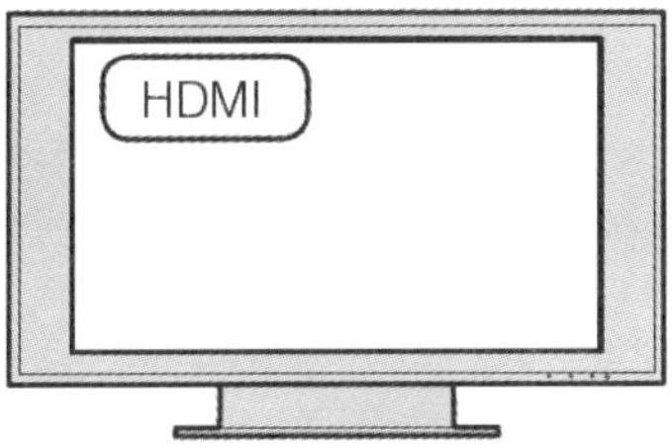


② 電源ボタンを押す

- 本機が起動するまで数分かかります。「起動中です。しばらくお待ちください。」のメッセージが消えたら、操作できます。

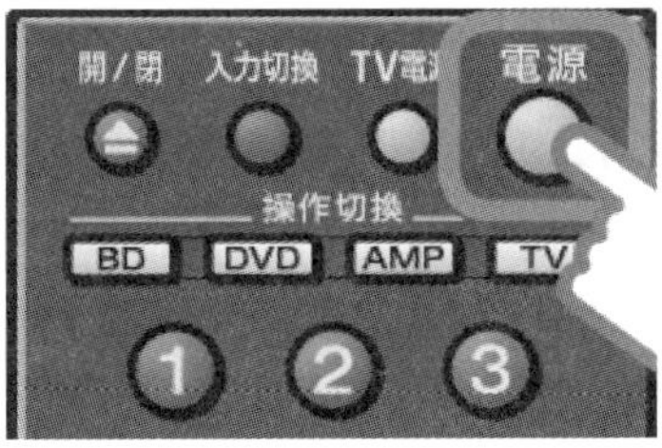


③ ホームボタンを押す

④「←→」でカテゴリーを選ぶ

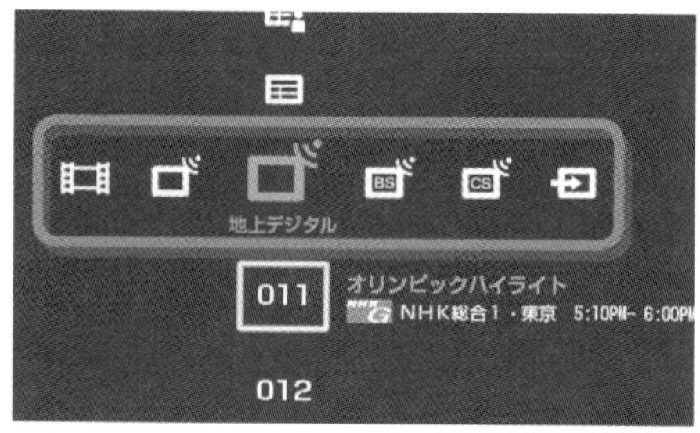


⑤「↑↓」で項目を選び、決定ボタンを押す

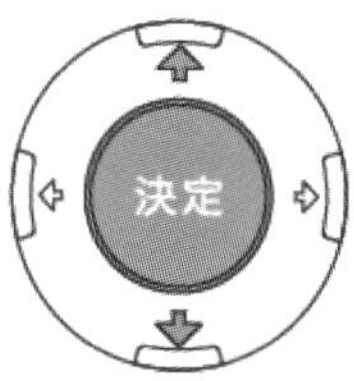


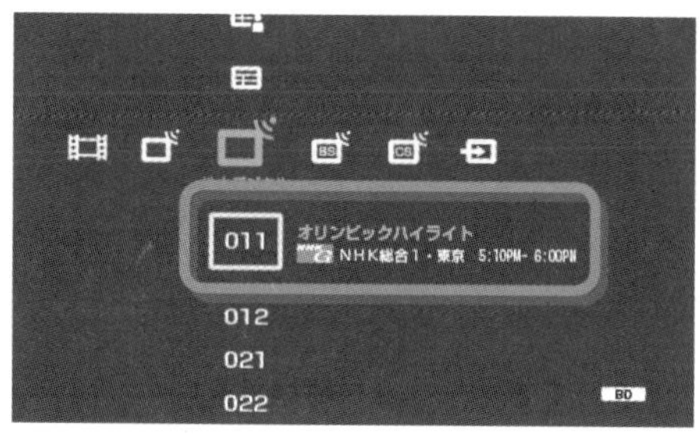


(3) 番組表からテレビ番組を録画する

①「予約する」ボタンを押す

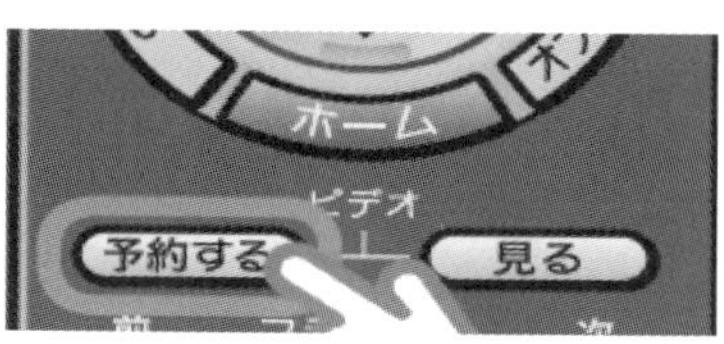


②「↑↓」で番組表を選び、「決定」ボタンを押す

- 番組表は「番組表」ボタンでも表示できます。

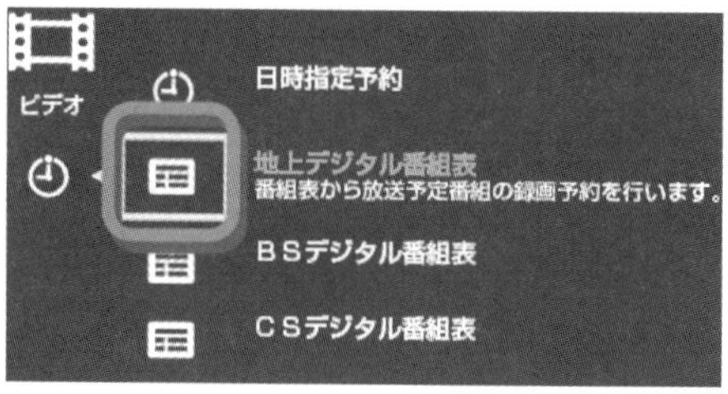

③「←→↑↓」で番組を選び、「決定」ボタンを押す

- 「(赤)」ボタンで次の日、「(青)」ボタンでその前の日の番組表を表示します。
- 番組の種類を切り換えるには、「アナログ」、「デジタル」、「BS」、「CS」ボタンを押してください。

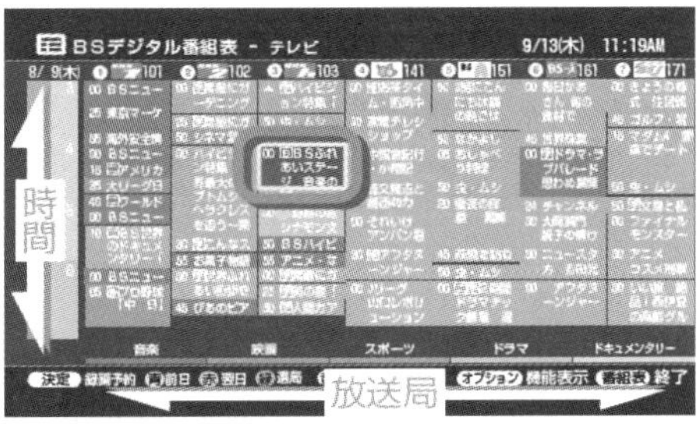


④「→」で「予約確定」を選び、「決定」ボタンを押す

- 電源を切っても、予約時間になると自動で録画を始めます。

※ 録画モード

DR：ハイビジョン放送をそのままの画質で録画したいときに選びます。

LSR：ハイビジョン画質でたっぷり録りたいときに選びます。

ER：番組をたくさん録画したいとき(長時間録画)に選びます。

(4) おまかせで録画する(x−おまかせ・まる録)

①「ホーム」ボタンを押す

②「←→」で「ビデオ」を選んでから「↑↓」で「x-おまかせ・まる録」を選び、「決定」ボタンをおす

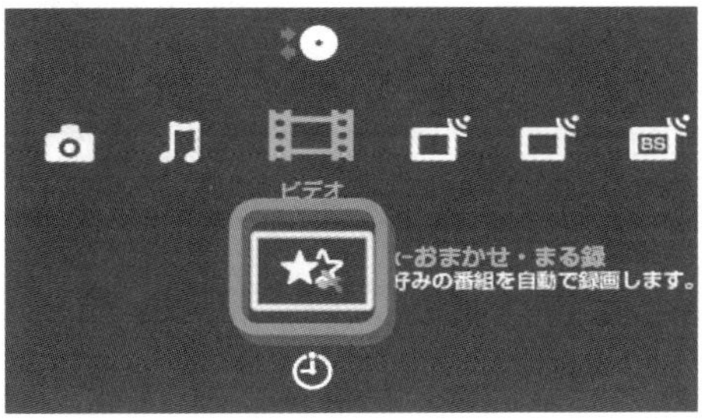

③「↑↓」でおまかせ条件が設定されていない行(灰色の★マーク)を選び、決定ボタンを押す

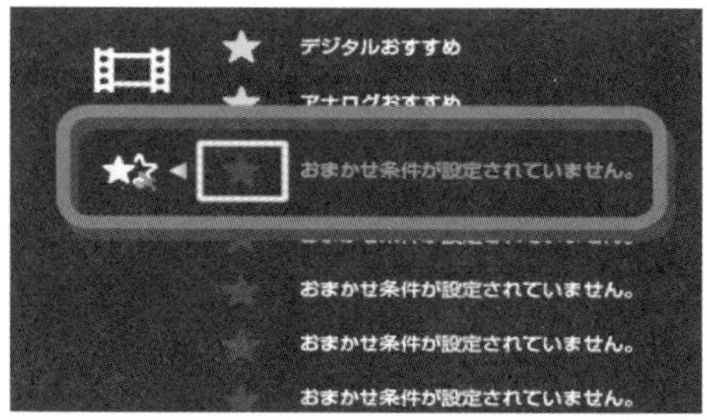


④「↑↓」で「おまかせ条件」を選び、決定ボタンを押す

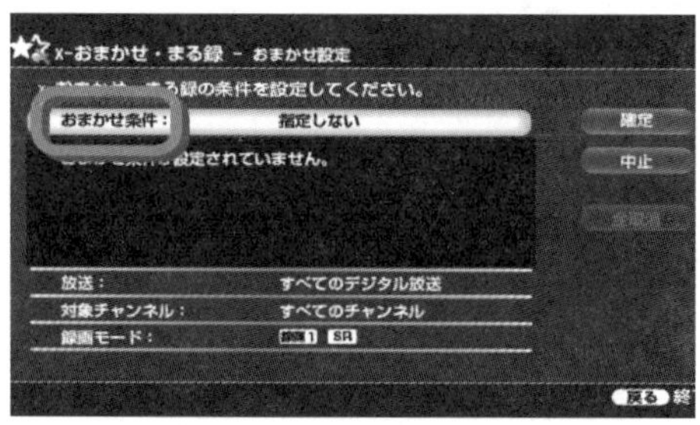


⑤「↑↓」でジャンルやキーワードを選び、「決定」ボタンを押す

- 「詳細設定」を選ぶと、好みのおまかせ条件を設定できます。

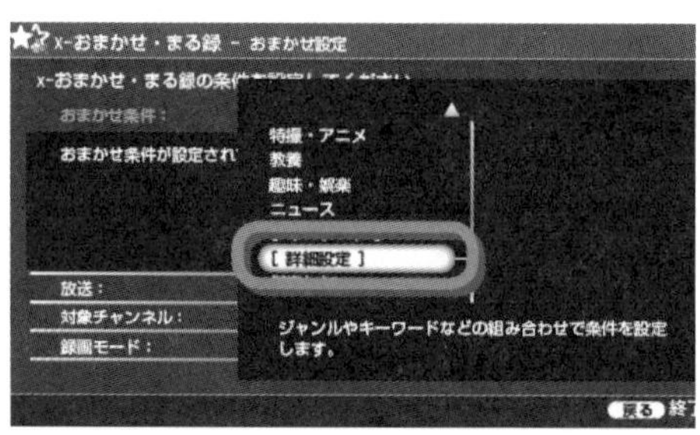


⑥「→」で「確定」を選び、「決定」ボタンを押す

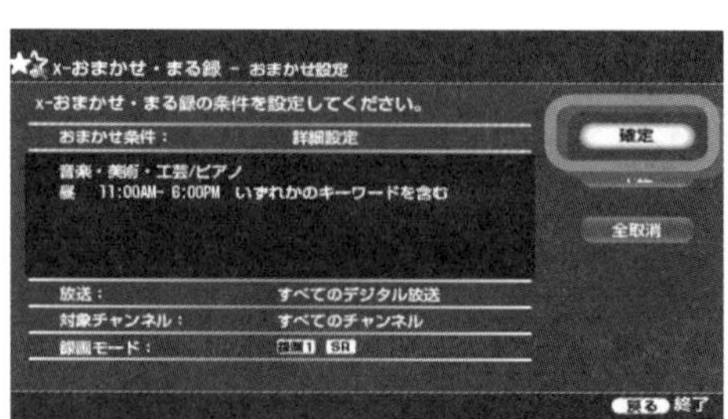

(5) HDDに録画した番組を見る

①「見る」ボタンを押す

②「↑↓」で番組(タイトル)を選び、「決定」ボタンを押す

※「(黄)」ボタンを押すと、「オートグルーピング」機能により、録画した番組をいろいろな分類方法でまとめることができます。

※ BDやDVDに録画・ダビングした番組を見るには、「●」を選んでから番組を選びます。

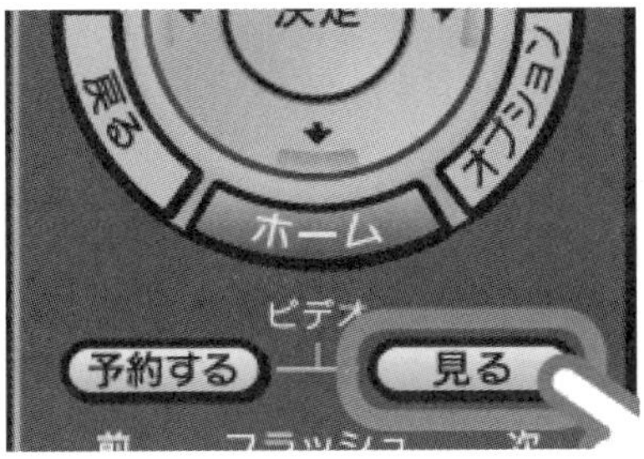


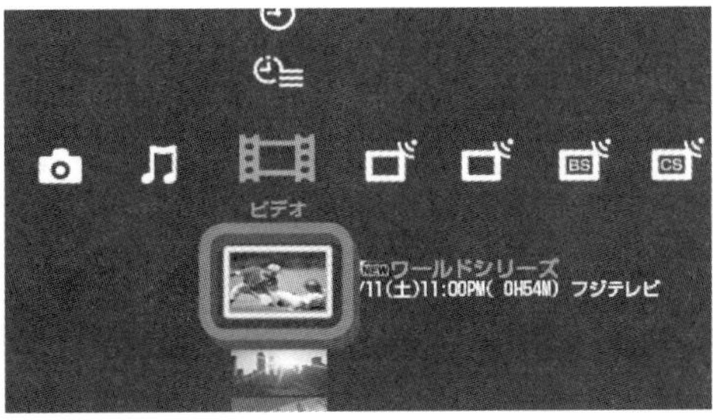


(6) 録画した番組を削除する

①「見る」ボタンを押す

- HDDの容量がいっぱいになる前に、不要な番組を除去することをおすすめします。いっぱいになると、「x-おまかせ・まる録」で録画した番組は、古いものから自動で除去されます。

②「↑↓」で消したい番組(タイトル)を選ぶ

③「オプション」ボタンを押す

- 「クリア」ボタンでも、番組(タイトル)を除去できます。

④「↑↓」で「消去」を選び、「決定」ボタンを押す

⑤「↑↓」で「1タイトル消去」を選び、「決定」ボタンを押す

- 「選択消去」を選ぶと、まとめて消去できます。

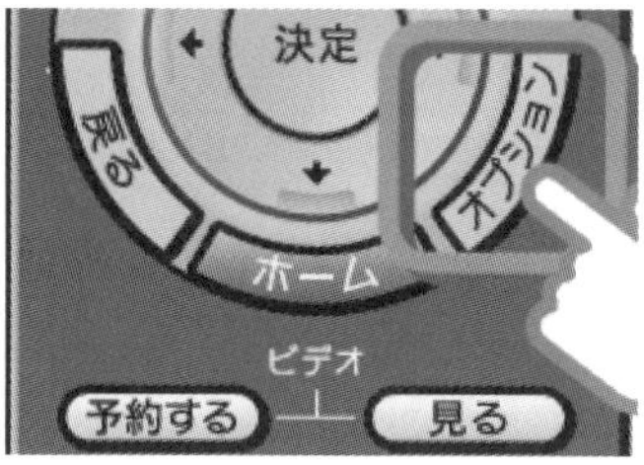

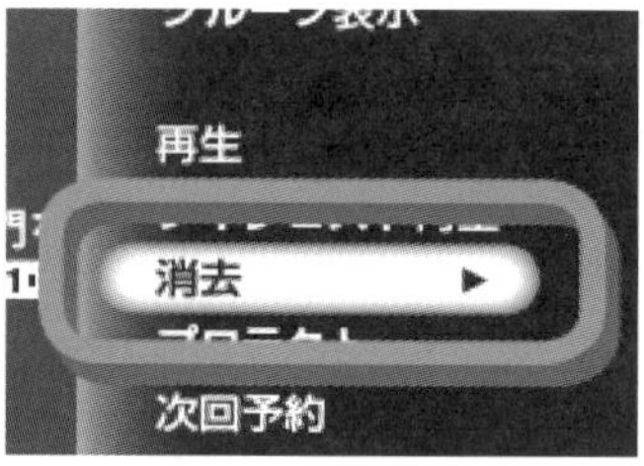

⑥「←→」で「はい」を選び、「決定」ボタンを押す

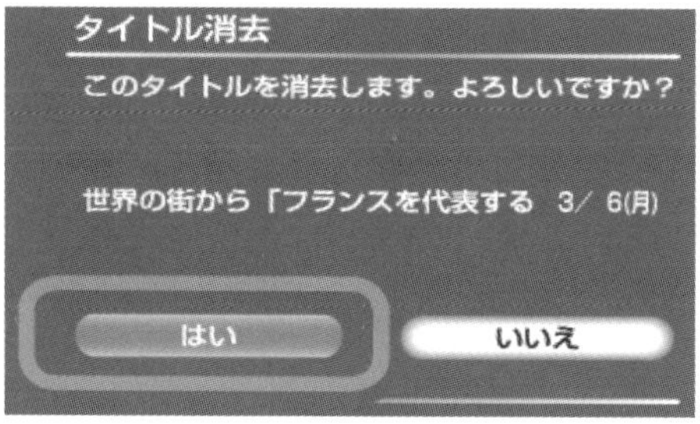


(7) 録画した番組をブルーレイディスク(BD)に残す

①「開/閉」ボタンを押して新品のソニー製　BD-REまたはBD-Rを入れる

- 記録面を下にしてください。

②「ホーム」ボタンを押す

※ 繰り返し録画するときはBD-RE　Ver.2.1(1層および2層)を、番組を1回だけ録画するときはBD-R　Ver.1.1およびVer.1.2(1層および2層)をお使いください。これらのディスクを使うと、デジタル放送の高画質をそのままダビングできます。

③「←→」で「ビデオ」を選んでから「↑↓」で「ディスクダビング」を選び、「決定」ボタンを押す

④「HDD→BD/DVDダビング」を選び「決定」ボタンを押してから、「↑↓」で保存したい番組を選び、「決定」ボタンを押す

- 繰り返して、複数の番組を選ぶこともできます。

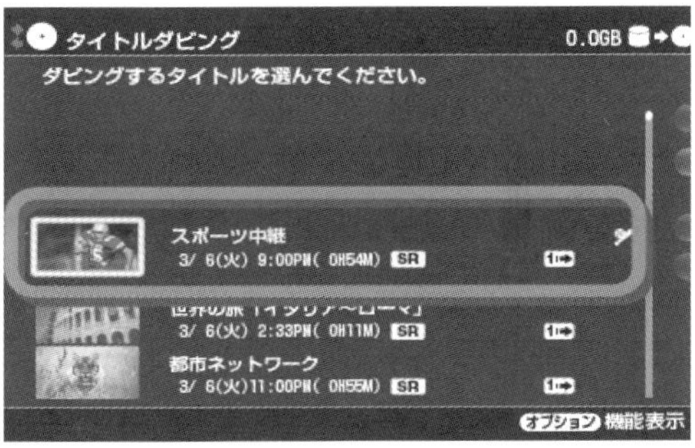


⑤ 選んだら、「↑↓←→」で「実行」を選び、「決定」ボタンを押す

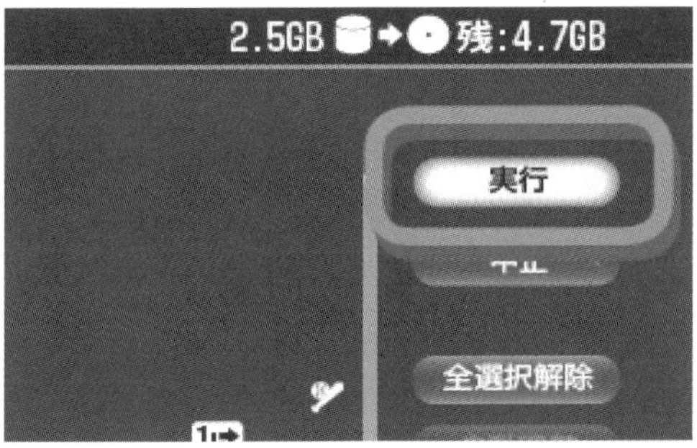


⑥「←→」で「はい」を選び、「決定」ボタンを押す

- デジタル放送の番組は、ダビングするとハードディスクから消去されます。それを、移動(ムーブ)と呼びます。

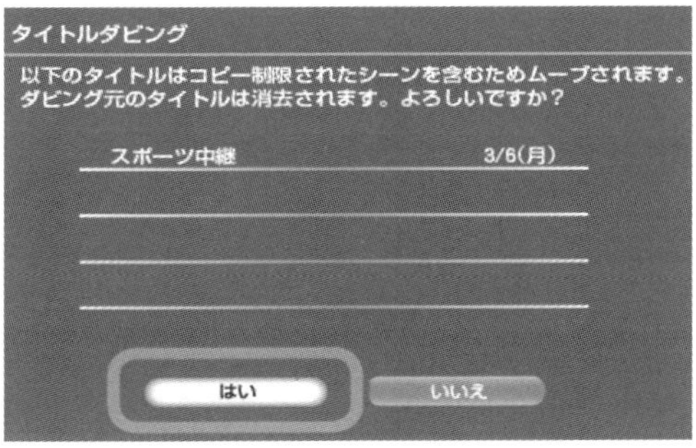

## 4. お手入れ・注意事項

### (1) 本体のお手入れ

- キャビネットやパネル面の汚れは、中性洗剤を少し含ませた柔らかい布で拭いてください。
- シンナーやベンジン、アルコールなどは表面を傷めますので使わないでください。

### (2) BDやDVD、CDの取り扱い上のご注意

- 再生、録画面に手を触れないように持ちます。
- 直射日光が当たる所など温度の高い所、湿度の高い所には置かないでください。
- ケースに入れて保存してください。
- 指紋やほこりによるディスクの汚れは、映像の乱れや音質低下の原因になります。いつもきれいにしておきましょう。
- 柔らかい布でディスクの中心から外の方向へ軽く拭きます。汚れがひどいときは、水で少し湿らせた柔らかい布で拭いた後、さらに乾いた布で水気を拭き取ってください。
- ベンジンやレコードクリーナー、静電気防止剤などは、ディスクを傷めることがありますので、使わないでください。
- 次のようなディスクを使用すると本機の故障の原因となることがあります。
  - 円形以外の特殊な形状(カード型、ハート型、星型など)をしたディスク
  - 紙やシールの貼られたディスク
  - セロハンテープやレンタルディスクのラベルなどの粘がはみ出したり、はがした跡のあるディスク

## 5. 重要語彙

① B−CASカード：B-CAS사가 발행하는 접촉식 IC카드. B-CAS사에서 인증한 디지털 방송수신기에 배부됨

② BS/110度CS−IF：BS디지털 방송이 이용하고 있는 방송위성(BS)과 같은 동경 110도 방향에 쏘아 올려져 있는 통신위성(CS)을 이용한 디지털 방송에 사용되는 중간 주파수(IF)

③ S映像端子(えいぞうたんし)：S영상 단자. S영상이란 비디오 원본을 TV나 기타 비디오 디스플레이에 연결하는 데 사용되는 특수 케이블. 합성 비디오 케이블보다 고화질의 이미지를 제공함

④ VHF：VHF(Very High Frequency). 30MHz～300MHz 범위의 주파수를 말하며 초단파라고도 함. 단거리 통신, TV방송, FM방송, 레이더 등에 사용

⑤ UHF：UHF(Ultra High Frequency). 300MHz～3000MHz 범위의 주파수를 말하며 극초단파라고도 함. 레이더, TV방송, 다중통신, 단거리 통신 등에 사용

⑥ たっぷり：충분히, 잔뜩, 가득

⑦ 録(と)る：녹화하다

⑧ X−おまかせ：사용자의 녹화예약이나 미시청 방송 삭제 등의 조작을 통해 레코더 스스로사용자의 경향을 학습하여 예약하지 않은 방송에 대해서도 방송 편성표를 인식하여 자동으로 녹화하는 기능

⑨ まる録(ろく)：프로그램 전체를 녹화하는 기능

⑩ ジャンル：장르

⑪ オートグルーピング：자동 그룹핑. 녹화된 방송을 방송표의 키워드 등을 참조하여 영화, 드라마, 뉴스 등을 자동적으로 분류해, 저장해 주는 기능

⑫ BD−RE：블루레이디스크-RE(rewritable). 보조기억장치의 일종. 데이터의 삭제와 재기록 등이 가능

⑬ BD−R：블루레이디스크-R(recordable). 보조기억장치의 일종. 데이터의 삭제와 재기록 등이 불가능

⑭ 繰(く)り返(かえ)す：반복하다

⑮ 貼(は)られる：붙여지다

⑯ セロハンテープ：셀로판 테입

⑰ 粘(ねば)：끈적거리는 것, 풀, 끈끈이

⑱ はみ出(だ)す：삐져나오다

⑲ はがす：(표면을) 벗기다

⑳ 跡(あと)：흔적

# 第14章 液晶テレビ(Liquid Crystal Display TV)

テレビとは、テレビジョン(television)の略語で、動く映像を電気信号に変えて離れた地点に送り、それを映像に再現する通信方式、または、その受信機を指す。液晶テレビは、薄型テレビの一種である。薄型テレビはテレビ受信機の種類の一つで、一般的にはフラットパネルディスプレイを使ったテレビのことである。この中には「液晶テレビ」と「プラズマテレビ」がある。

世界初のテレビは、1897年のブラウン管、1908年の電子式走査法が開発されることによって、1925年、イギリスの「ジョン・ロジー・ベアード(John Logie Baird)」によって開発された。1984年には日本で世界初の液晶テレビの「マイチャンネル(SEIKO)」が発売され、1993年にはプラズマテレビが発売されるようになった。

最近の傾向としては、パナソニックやLGなどの家電メーカーで薄型ブラウン管テレビが発売されてはいるが、液晶・プラズマテレビに移りつつある。

※ 2005年のある統計によれば、世界でもっとテレビを見る時間が長いのは、日本人(5時間1分 / 日)で、2位は米国(4時間46分 / 日)だという。もっとも少ない国は中国とスウェーデンの2時間30分だった。

## それぞれの構造と特長

- ブラウン管テレビ

ブラウン管方式のテレビは、電子銃により電子ビームが前面ガラスに放射され、前面ガラスには電子ビームが当たると発光物質が塗ってある表示画面が光るという仕組みになっている。そして電子ビームの強弱で明暗を表示することが可能である。

- プラズマテレビ(PDPテレビ)

プラズマとは、「気体放電」すなわち「空中に電気の火花が飛ぶ」現象を指す。プラズマテレビでは、2枚のガラス板を平行に並べ、キセノン(Xe)ガスやネオン(Ne)ガスを入れる。ガラス板の内側に電極をおき、放電を起こさせると、紫外線が発生し、この紫外線がガラス板に塗った蛍光体を刺激して発光させる仕組みになっている。カラーの実現は、蛍光体の種類を変え、赤・緑・青色の光を発生させるようにし、このような蛍光灯を何十万本も並べていると考えればよい。放電は信号によって指定されたところで起こるようになっている。

- 液晶テレビ(LCDテレビ)

液晶は電圧をかけると分子並びが変わる性質を利用し、分子の並びを変えてバックライト(蛍光灯)からの光を通したり、または遮断したりする。このようにして、液晶を通過する光の量を変化させ、その光が小さな3色のカラーフィルターを通って、カラー映像を表示する仕組みになっている。

| 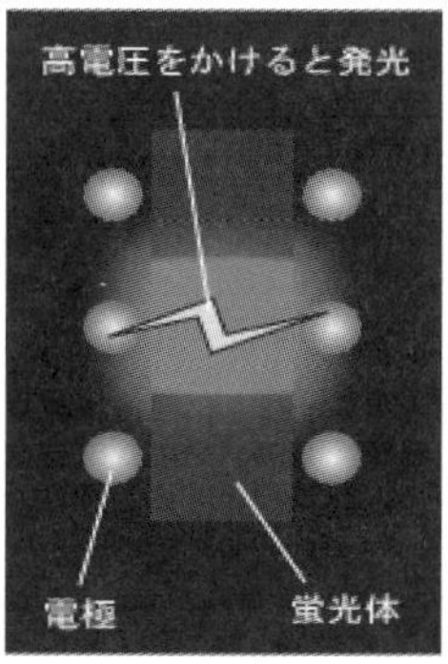 | 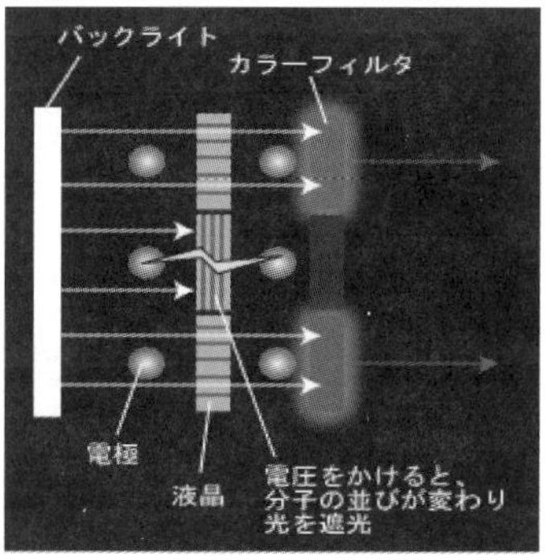 |
|---|---|
| プラズマテレビの仕組み | 液晶テレビの仕組み |





출처 : http://jtcs-soft.com/

図14-1 プラズマテレビと液晶テレビの比較

▸ プラズマと液晶の特徴比較

| | | |
|---|---|---|
| プラズマ TV | 長所 | • 発光体自体が発光するため、見る角度によって色の違いがない。 |
| | | • 表現力が豊かで、自然。 |
| | | • 速い動きの表現もぼけない。 |
| | 短所 | • 重量が重く、値段が高い。 |
| | | • 消費電力が高い。 |
| | | • 小型化することが難しい。 |
| | | • 外光の影響を受けやすく、明るい部屋では黒が鮮やかに見えない。 |
| 液晶 TV | 長所 | • きめ細かいので文字が見やすい。 |
| | | • 消費電力が低い。 |
| | | • パソコン映像などの静止画像・静止映像の長時間表示でも残像が少ない。 |
| | | • プラズマテレビより軽い。 |
| | 短所 | • 見る位置によって色が違って見える。 |
| | | • ハイライトからの光の遮断に限界があり、暗い部屋では黒が鮮やかに見えない。 |
| | | • 早い映像の動きがぼける。 |
| | | • 大型化することが難しい。 |

## LED(Light Emitting Diode, 発光ダイオード)

最近LEDの需要が急増している。LEDとは電流を流すと発光する半導体素子の一種で、二つの端子にそれぞれ電圧をかけると、数ボルトの電圧で電流が流れ、発光する。赤、緑、オレンジなどの種類があり、最近になって難しいとされていた青色ダイオードが実用化されたため、赤・青・緑の光の三原色が揃った。これらの組合わせで白色を含む様々な色の光を作ることができるようになったため、フルカラーの表示装置や照明、光ディスク装置のヘッドなどの用途が拡大し、家電製品への応用も急増している。

特徴として、蛍光灯や白熱灯など他の多くの光源と異なり、不要な紫外線や赤外線を含まない光が簡単に得られる。

LEDテレビとは、液晶テレビで光源として使っていたCCFL(冷陰極蛍光ランプ)の代りにLEDを光源に利用したテレビである。LEDにはCCFLとは違って水銀が入っておらず、高色再現性やスリム化などのメリットに加え、親環境性もLCD採用の加速化を後押ししていると言われている。

※ **LED TV**の特徴

- 消費電力が低く、電気代が安い。
- 電球と違いフィラメントを使わないため軽量で、衝撃に強く、寿命が長い。
- 電気エネルギーのほとんどを光エネルギーに変えるため、熱を持たない。
- より薄型にすることができる。
- 光の反射率が低く、目の疲れが少ない。
- 動画の残像が少ない。
- 液晶の裏側に並べたLEDの発光量を個々制御することで、コントラストを高めることができる。

## 用語説明

① 液晶(えきしょう) : 액정. 고체가 가지고 있는 규칙성과 액체의 유동성을 동시에 갖는 물질. 고체와 액체의 중간물질로 전압이 가해지면 분자의 배열방향이 규칙적으로 바뀜
② プラズマ : 플라즈마(Plasma). 방전 과정을 통해 생성된 전자, 이온, 중성입자들의 혼합체. 또는 이온화된 기체. 전기자기장에 강하게 반응하는 성질을 가진 물질
③ ブラウン管(かん) : 브라운관(Braun Tube). 음극선관(CRT : Cathod Ray Tube)이라고도 함. 전기신호를 빛으로 변환시켜 인간의 눈에 보일 수 있도록 영상을 발생시키는 장치. 일반적으로 TV용을 CPT(Color Picture Tube)라고 하고, 모니터용을 CDT(Color Display Tube)라고 함
④ 離(はな)れる : 멀어지다, 떨어지다, 빗나가다
⑤ ～によれば : ～에 따르면, ～에 의하면, よる(～에 따르다)
⑥ 最(もっと)も : 가장, 제일
⑦ 仕組(しく)み : 구조, 장치, 방법
⑧ 指(さ)す : 가리키다
⑨ 紫外線(しがいせん) : 자외선
⑩ 並(なら)べる : 나란히 놓다, 줄지어 놓다, 늘어놓다
⑪ バックライト : 백라이트(back light)
⑫ カラーフィルター : 컬러필터(color filter)
⑬ 豊(ゆた)かな : 풍부한, 풍요로운
⑭ ぼける : 흐릿해지다, 색이 바래다, 멍청해지다, 망령들다
⑮ 鮮(あざ)やかな : 선명한
⑯ きめ細(こま)かい : 매우 세밀한, 빈틈없는, 곱고 부드러운

## 漢字練習

| 映像(えいぞう) | | | | |
|---|---|---|---|---|
| 種類(しゅるい) | | | | |
| 傾向(けいこう) | | | | |
| 薄型(うすがた) | | | | |

## 練習問題

薄型テレビである液晶テレビと　PDPテレビの長所と短所を簡単に比較せよ。

1. 各部の名前(シャープ、Aquos、LC-65RX5型)

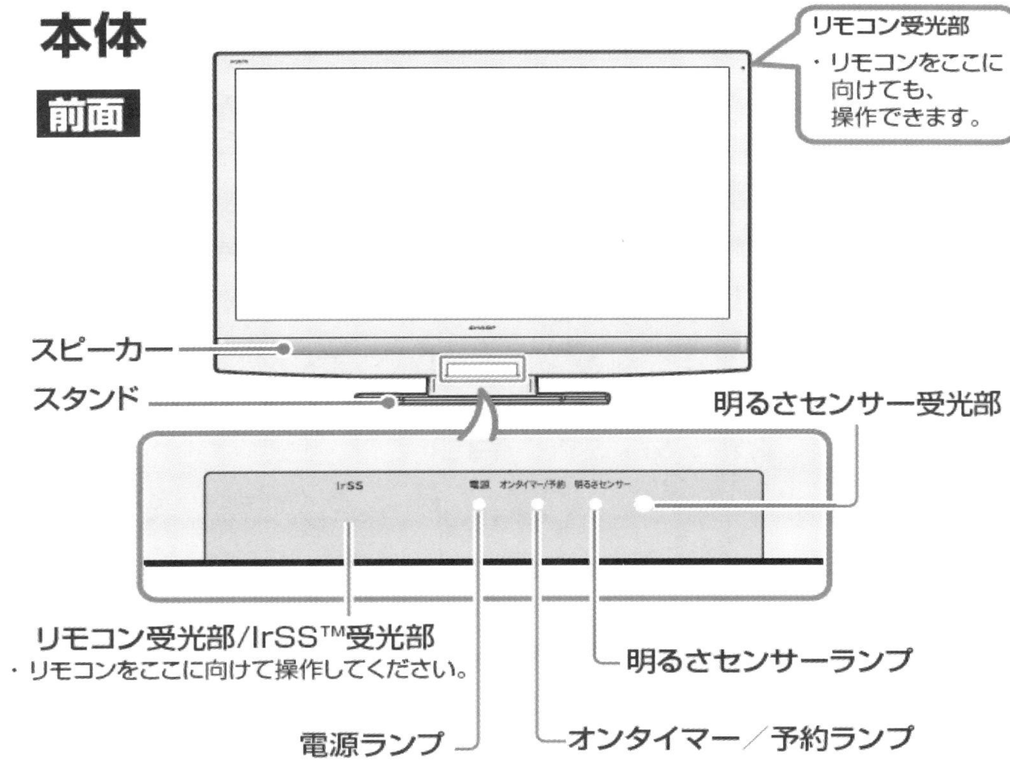


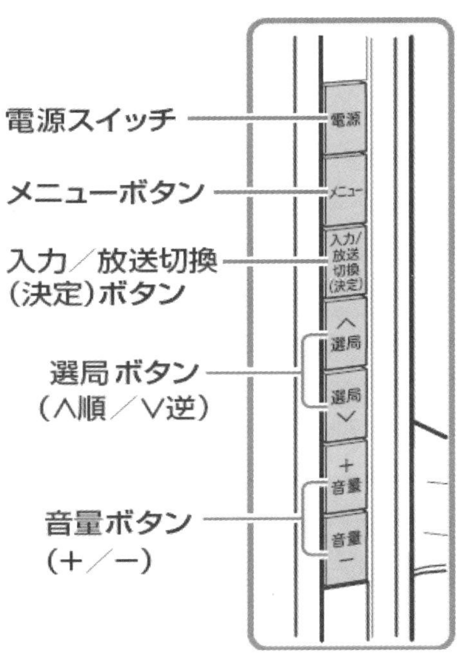


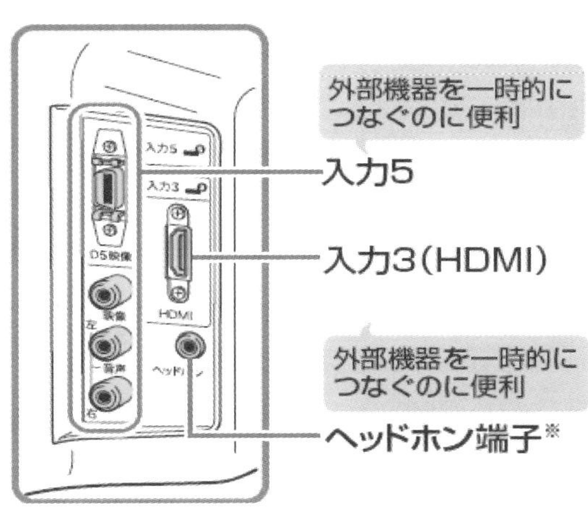

## 2. リモコンのはたらき

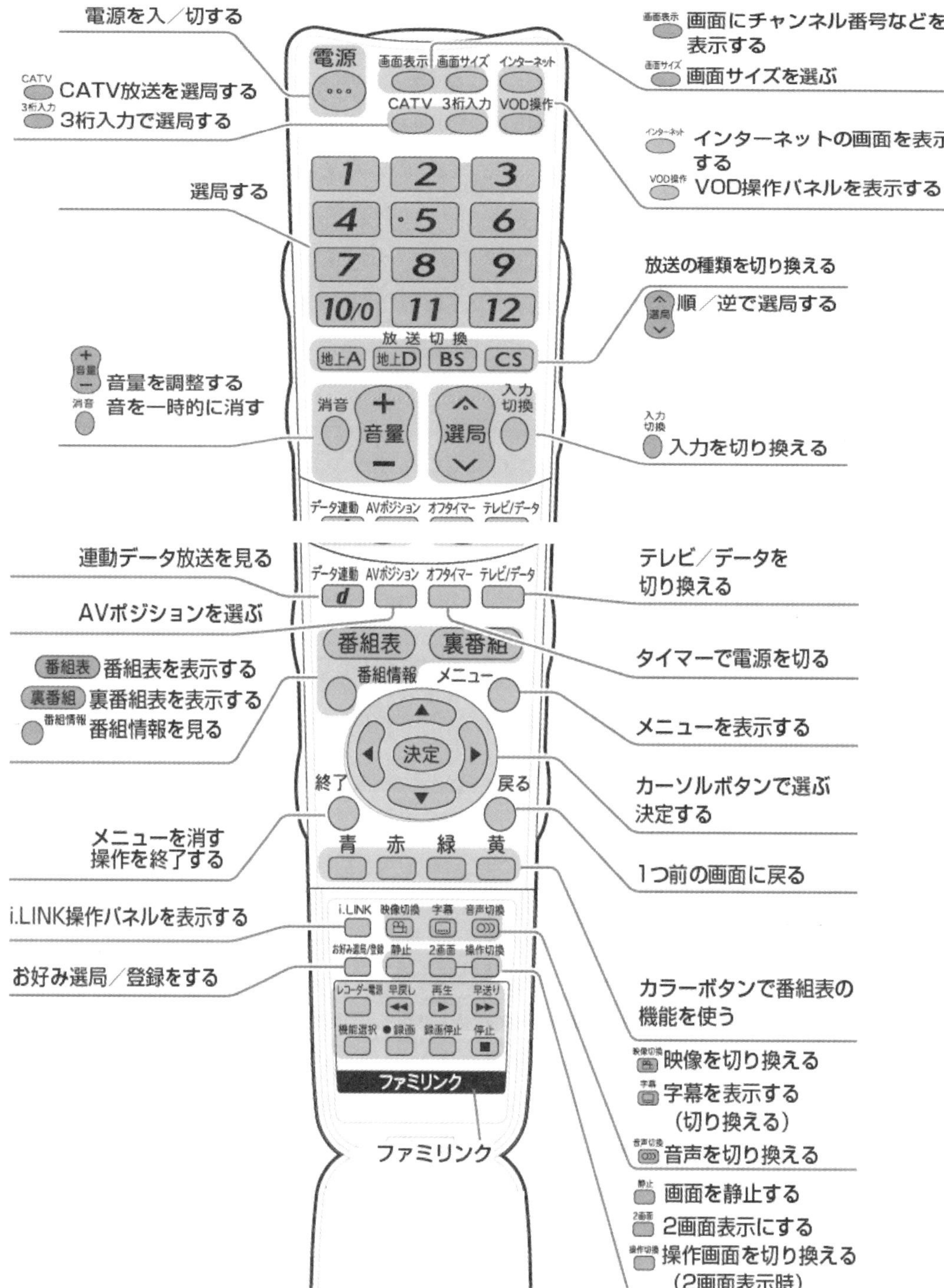

電源を入／切する
CATV放送を選局する
3桁入力で選局する
選局する
音量を調整する
音を一時的に消す
画面にチャンネル番号などを表示する
画面サイズを選ぶ
インターネットの画面を表示する
VOD操作パネルを表示する
放送の種類を切り換える
順／逆で選局する
入力を切り換える
連動データ放送を見る
AVポジションを選ぶ
番組表を表示する
裏番組表を表示する
番組情報を見る
メニューを消す
操作を終了する
i.LINK操作パネルを表示する
お好み選局／登録をする
テレビ／データを切り換える
タイマーで電源を切る
メニューを表示する
カーソルボタンで選ぶ
決定する
1つ前の画面に戻る
カラーボタンで番組表の機能を使う
映像を切り換える
字幕を表示する（切り換える）
音声を切り換える
画面を静止する
2画面表示にする
操作画面を切り換える（2画面表示時）
ファミリンク
電源
画面表示
画面サイズ
インターネット
CATV
3桁入力
VOD操作
放送切換
地上A
地上D
BS
CS
消音
音量
選局
入力切換
データ連動
AVポジション
オフタイマー
テレビ/データ
番組表
裏番組
番組情報
メニュー
決定
終了
戻る
青
赤
緑
黄
i.LINK
映像切換
字幕
音声切換
お好み選局/登録
静止
2画面
操作切換
レコーダー電源
早戻し
再生
早送り
機能選択
●録画
録画停止
停止

## 3. 基本操作と使用法

### (1) テレビを見る準備をする

① B-CASカードを挿入する・登録する
- 右の絵のように正しく挿入してください。

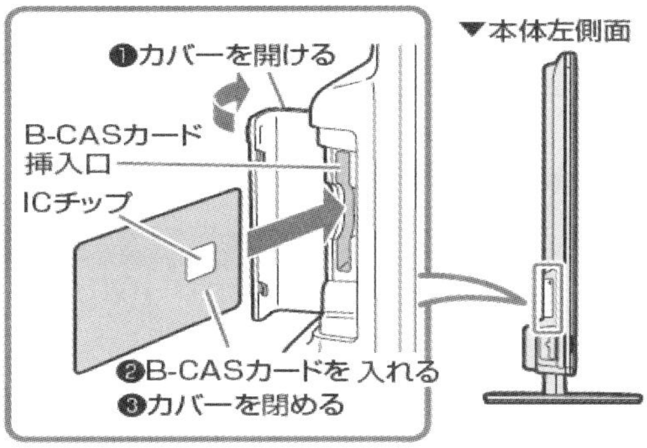


② 本機を置く場所を決める

③ 端子カバーをはずす

④ アンテナをつなぐ
- テレビ、録画機器、DVD・ビデオなどもつなぐ。

⑥ 電源コードをつないでケーブルやコードをまとめる

⑦ 本機を固定して転倒を防ぐ

### (2) テレビを見るための設定をする

- 設定は、リモコンと本体の両方で操作できます。

① メニューを表示する
- 「メニュー」ボタンを押します。

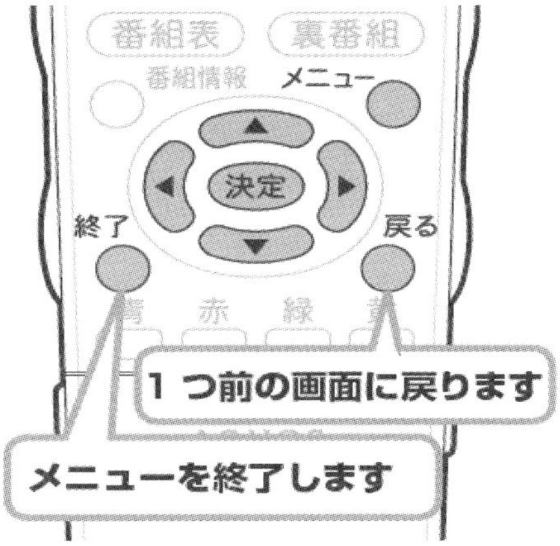


② 項目を選ぶ
- 設定する項目の分類を「◀▶」で選びます。
- 設定する項目を「▲▼」で選びます。
- ガイド表示に「決定」が表示されているときは「決定」ボタンを押します。
- ガイド表示に「決定」が表示されていないときは手順③に進んでください。

③ ガイドの表示を参考に、操作を進める

### (3) 放送を受信するために最初に必要な設定(かんたん初期設定)

- お買い上げ後、B-CASカードを入れて、初めて電源をいれると「かんたん初期設定」の画面が表示されます。「かんたん初期設定」は画面を見ながら操作・設定してください。受信できる地上デジタル・地上アナログ放送のチャンネルが設定されます。

- 設定中に戻るボタンで一つ前の画面に戻れます。

① メッセージを確認して「決定」ボタンを押す

② 地域を設定する

- 「▲▼◀▶」を押して、お住まいの地域を選んで「決定」してください。

③ 郵便番号を入力し、「決定」ボタンを押す

- 「0」を入力するときは「10/0」ボタンを押してください。

(4) 基本的な選びかた

- リモコンを使って番組を選んでみましょう。電源を入れてください。

① 放送の種類(ネットワーク)を選ぶ

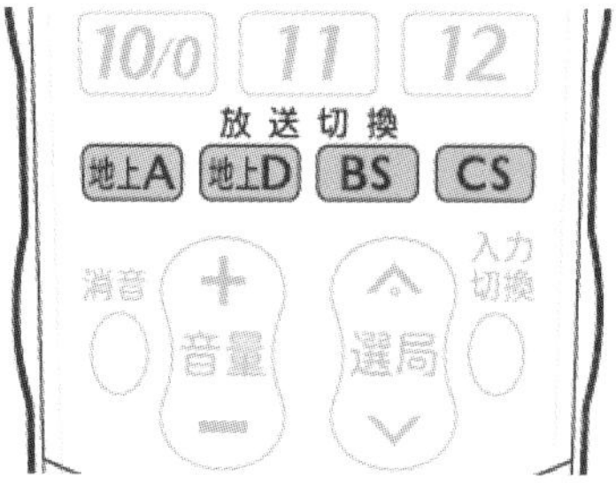


- 放送切換ボタンを押します。
- デジタル放送の場合はメディア(テレビ/データ)の選択ができます。
- デジタル放送(地上A、地上B、BS)はB-CASカードを挿入しないと視聴できません。

② チャンネルを選ぶ

- 数字ボタン(チャンネルボタン)または選局ボタン(緑)を押します。

③ 音量を調節する

- 音量ボタンや「消音」ボタンで調節します。
- 「消音」ボタンを押すと一時的に音を消せます。

(5) お好み選局 / 登録

- よく見るチャンネルを12局まで登録しておき、数字ボタン(チャンネルボタン)で選局できます。
- 地上デジタル、地上アナログ、BSデジタル、110度CSデジタルやテレビ、データを混在させた登録ができるので、放送の種類を切換ずにチャンネルを換えられ、チャンネルが選びやすくなります。

① 「お好み選局 / 登録」ボタンを押し、お好み選局 / 登録画面を表示する

- 「お好み選局 / 登録」ボタンはリモコンのフタ内にあります。

② チャンネルを選局する / 登録する

(登録例)

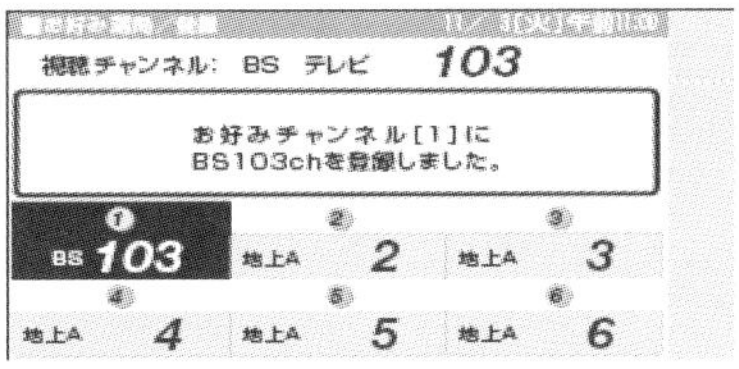


- チャンネルを登録する
  - 登録したいチャンネルを選局する → お好み選局 / 登録ボタンを押す → 決定を押す → 登録したい先の数字ボタン(チャンネルボタン)を押す → 終了ボタンを押し、画面表示を消す(押さなくても、しばらくすると画面表示は消えます。)
- チャンネルを選局する場合
  - 視聴したいチャンネルを直接選局できます。

(6) データ放送で天気予報や株価などの情報を見る

① 「BS」ボタンを押して、BSデジタル放送を選ぶ

② 「テレビ / データ」ボタンを押して、データ放送に切り替える

③ 「選局」ボタンで、天気予報や株価のチャンネルを選ぶ

(7) デジタル放送で音声・音声+字幕を切替る

- 複数の映像(最大4つ)または音声(最大８つ)がある番組をご覧のとき、映像および音声を切り換えて楽しめます。
- 字幕のある番組をご覧のとき、字幕を表示できます。複数の字幕がある番組の場合は、字幕を切り換えて楽しめます。
- 「映像切換」、「字幕」、「音声切換」ボタンはフタ内にあります。

① 複数の映像を楽しむ

- 「映像切換」ボタンを押し、映像を切り換えます。
  - ボタンを押すたびに映像が切り換わり、テレビ画面右上のチャンネルサインに映像表示が出ます。
  - 番組によって映像の数は異なります。

② 複数の音声を切り換える

- 「音声切換」ボタンを押し、音声を切り換えます。
  - ボタンを押すたびに音声が切り換わり、テレビ画面右上のチャンネルサインに音声表示が出ます。

③ 字幕を表示する / 複数の字幕を切り換える

- 「字幕」ボタンを押し、字幕を表示します。(切り換えます。)
  - ボタンを押すたびに字幕の表示が切り換わります。(切り換わりかたは、「字幕表示設定」によって変わります。

④ 地上アナログ放送で二重音声放送(ニヶ国語、主音声＋副音声、ステレオ)の番組を見るとき、音声を切り替えて楽しめます。

- 「音声切替」ボタンを押して、お好みの音声を選ぶ。
  - ボタンを押すたびに、次のように切り替わります。
  - ステレオ放送のときは、自動的に「ステレオ」になります。「音声切替」ボタンを押して「モノラル」にすると、ステレオテレビ画面右上のチャンネルサインに「モノラル」と表示されます。

(8) 2つの映像を同時に見たいとき

- 2画面のとき、「♪」マークのある操作画面は、チャンネルや入力の切り替えと音量調整ができます。
- 2画面でヘッドホンを使用するときの音の出しかたを選べます。

① 「2画面」ボタンを押し、2画面を表示する

- 「2画面」ボタンはフタ内にあります。
- 操作できる画面の上に「♪」マークが表示されます。この画面の音声が聞けます。

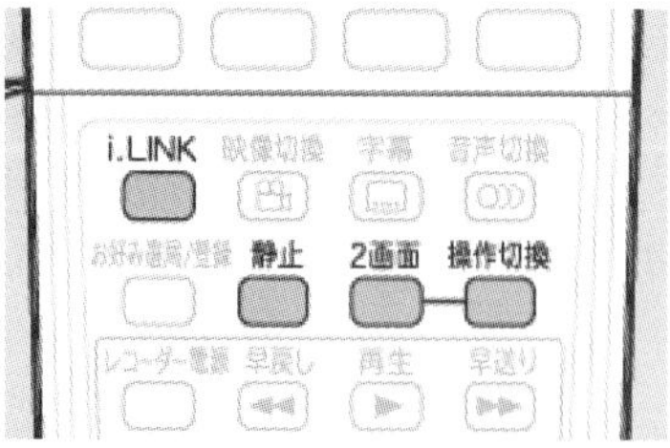

② 選局する

- 「放送切換」ボタンを押して放送を選びます。

- 操作画面の番組は、数字ボタン(チャンネルボタン)または「選局(∧順／∨逆)」ボタン(緑)で選局できます。
- 入力切換ボタンを押すたびに、操作画面の入力が切り換わります。

③「操作切換」ボタンを押し、操作画面を切り換える
- 押すたびに、「♪」マークが左・右に移動して、操作画面が切り換わります。

④「♪」マークのある操作画面の音量を調整する
- ヘッドホン接続時、非操作側画面(「♪」マークのない側の画面)の音声を聞くことができます。

⑤「終了」ボタンを押し、1画面に戻す
- 「♪」マークのある画面が1画面表示されます。
- 右画面は、最後に右画面で選局していたチャンネルまたは外部入力が保持されます。
- 2画面ボタンを繰り返し押しても、1画面に戻すことができます。

### (9) 2画面の表示のしかたを切り換える

①「2画面」ボタンを押し、2画面を表示する

②「2画面」ボタンを繰り返し押して、表示のしかたを切り換える
- 「2画面」ボタンを繰り返し押すと、「1画面 → 均等2画面 → 大小2画面 → PinP」の順に画面が切り換わります。
- 「PinP」のとき「▲▼◀▶」ボタンを押すと、小画面の位置が右下、右上、左下、左上に移動します。
- 「大小2画面」と「PinP」のときに「決定」ボタンを押すと、大画面と小画面が入れかわります。

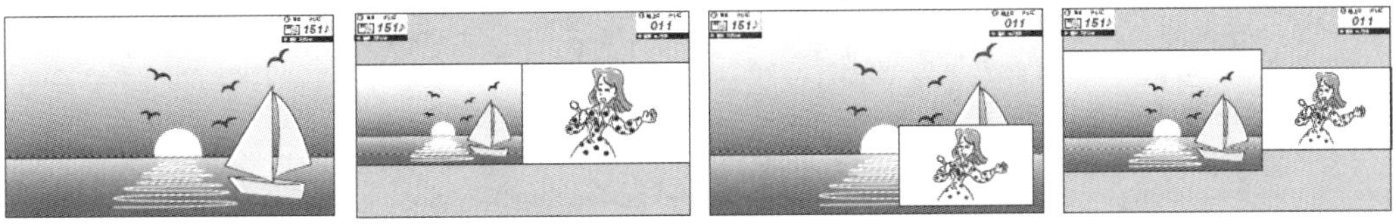

### (10) 見ている画面を静止させる

- いま見ている放送や映像を静止できます。料理番組のメモをとったりするときに便利です。

①「静止」ボタンを押し、視聴中の映像を静止させる
- 動画と静止画の2画面になります。(動画は左画面、静止画は右画面に表示されます。)

- 静止画表示中に「決定」ボタンを押すと、そのときに表示されていた動画が新しい静止画として表示されます。
- 1画面に戻すには「戻る」ボタン、「終了」ボタンまたは「静止」ボタンを押します。

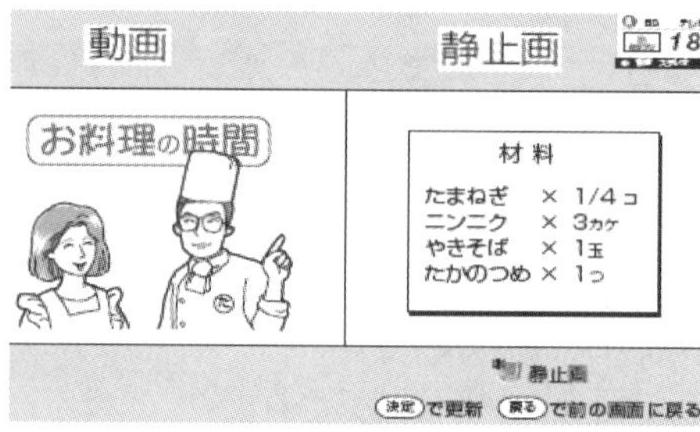


(11) タイマーで電源を入れるには(オンタイマー設定)

- 指定した時刻に、自動的に電源が入るように設定できます。設定すると、本体のオンタイマー/予約ランプが赤色に点灯します。
- メニューの「機能切換」—「オンタイマー設定」で設定します。設定する場合は、「オンタイマー」を「入」にして、各項目を設定します。
- オンタイマー機能を使うには、本体の内蔵時計が正しく合っていることが必要です。デジタル放送が受信できないなど、内蔵時計の時刻が自動設定されない場合は、「時刻設定」で合わせてください。

(12) 時刻設定

- デジタル放送を受信している場合は、自動的に時刻が設定されます。デジタル放送が受信できないなど、自動設定されないときは、「時刻が設定されていません。」と表示されます。この場合は、下記の手動設定を行ってください。

※ 手動で時刻を設定する

- メニューの「本体設定」—「時計設定」—「時刻設定」で設定します。
- 時刻が自動設定されている場合、「時刻設定」は選べません。
- 設定できる時刻は12時間表示です。
- 設定後、現在時刻を確認したいときは、時刻表示を「する」に設定したあと、画面表示ボタンを押してください。
- 電源プラグをコンセントから抜いたり停電が起きた場合、時刻情報は消去されます。この場合は、時刻設定をしなおしてください。

## 4. お手入れ・注意事項

### (1) キャビネットのお手入れのしかた

- キャビネットにはプラスチックが多く使われています。ベンジン、シンナーなどで拭いたりしますと変質したり、塗料がはげることがありますので避けてください。
- 殺虫剤など、揮発性のものをかけないでください。またゴムやビニール製品などを長時間接触させたままにしないでください。変質したり、塗料がはげる原因となります。
- 汚れはネルなど柔らかい布で軽く拭きとってください。
- 硬い布で拭いたり、強くこすったりすると、キャビネットの表面に傷がつきます。
- 汚れがひどいときは、水で薄めた中性洗剤にひたしたネルなどの布をよく絞って拭きとり、柔らかい乾いた布で仕上げてください。

### (2) 液晶ディスプレイパネルのお手入れのしかた

- お手入れの際は、必ず本体の電源スイッチを「切」にし、コンセントから電源プラグを抜いてから行ってください。
- 本機のディスプレイパネルの表面は、柔らかい布(綿、ネル等)で軽く乾拭きしてください。硬い布で拭いたり、強くこすったりすると、パネルの表面に傷がつきますのでご注意ください。
- 汚れがひどい場合は、柔らかい布を軽く水で湿らせて、そっと拭いてください。(強くこすったりすると、ディスプレイパネルの表面に傷が付いたりしますので、ご注意ください。)
- ディスプレイパネルの表面にホコリがついた場合は、市販の除塵用ブラシ(停電機除去ブラシ) をお使いください。
- ディスプレイパネルの保護のため、ホコリのついた布や洗剤、化学雑巾などを使わないでください。パネルの表面がはく離することがあります。

### (3) 使用上の注意事項

- 直射日光・熱気は避けてください。
- 急激な温度差がある部屋(場所)でのご使用は避けてください。
- 低温になる部屋(場所)でのご使用の場合は画像が尾を引いて見えたり、少し遅れたように見えることがありますが、故障ではありません。常温に戻れば回復します。(使用温度： 0 ℃～40℃)

- 雨天・降雪中でのご使用の場合は、本機をぬらさないようにご注意ください。
- ステッカーやテープなどを貼らないでください。キャビネットの変色や傷の原因となる場合があります。
- 長期間ご使用にならないと機能に支障をきたす場合がありますので、ときどき電源を入れて作動させてください。
- 外国では使用できません。

## 5. 重要語彙

① IrSSTM : 고속적외선통신 규격인 IrSimple 1.0에 준거한 편방향 통신을 실현한 방식. IrSS는 고화질의 정지화면 등의 데이터를 손쉽게 주고 받을 수 있도록 고안된 통신 방식으로 휴대전화나 디지털 카메라, 프린터 등에 탑재되는 경우가 많다.

② 3桁(けた) : 세 자릿수(100～999)

③ VOD : VOD(video on demand). 쌍방향 TV를 실현한 동영상 송수신 시스템. 영화나 텔레비전 방송에 대하여 사용자가 요구한 것을 즉시 송신하는 형태의 서비스를 말함

④ I.LINK : 컴퓨터와 주변기기를 연결하는 전송방식의 하나인 "IEEE 1394"규격에 붙여진 별명

⑤ ファミリンク : 패미링크(familink, family와 link의 약자). 특히 샤프의 액정TV인 AQUOS를 중심으로 HDMI(High Definition Multimedia Interface: 영상이나 음성, 제어신호를 하나의 케이블을 사용하여 전송할 수 있는 인터페이스)로 규격화되어 있는 AV앰프, DVD레코더, BD레코더 등을 상호 제어할 수 있는 컨트롤 기능

⑥ 転倒(てんとう) : 전도, 넘어짐

⑦ 株価(かぶか) : 주가

⑧ 副音声(ふくおんせい) : 부음성. TV의 음성다중방송이나 2개국어방송 등에서 주음성과는 별도로 송출되는 음성

⑨ 主音声(しゅおんせい) : 주음성. 기본적인 송출 음성

⑩ モノラル : 모노. 모노럴(monoral). ↔스테레오(stereo)

⑪ PinP : PinP(picture in picture). TV 등의 화면 속에 또 다른 작은 화면을 표시하는 기능

⑫ ネル : 플란넬(flannel). 털실, 면, 레이온의 혼방사로 짠 부드러운 모직물. 면사를 써서 만든 플란넬을 綿(めん)フランネル, 또는 綿(めん)ネル라고 함

⑬ そっと : 살그머니, 살짝, 조용히

⑭ 雑巾(ぞうきん) : 걸레

⑮ 雨天(うてん) : 우천

⑯ 降雪(こうせつ) : 강설

# 第15章　デジタルメディアプレーヤー(Digital Media Player)

デジタルメディアプレーヤー(Digital Media Player)は、古くは対応するファイルの種類から「MP3プレーヤー」とも呼ばれていたデジタルオーディオプレーヤーの考えを拡張し、音楽などの記録された音声ファイルはもちろん、動画など映像を含むファイル形式の再生に特化した情報機器のことである。なお、パソコン上において各種メディアの再生を行うユーティリティソフトウェアやアプリケーションソフトウェアを指してメディアプレーヤーとも呼ぶ。

世界初のデジタルオーディオプレーヤー(DAP：Digital Audio Player)は、1998年、韓国のセハン情報システムが発表した「MPman F10」である。「セハン情報システム」はその後「MPman.com」に変わったが、2004年「ReignCom(レインコム)」に合併されることによって、核心技術をアメリカ企業に渡すことになる。

ちなみに、現在世界のデジタルメディアプレーヤー市場の80%を占めているのが「Apple社」の「iPod」である。特にアメリカでの人気は絶大であるが、この高い人気の原因は「iPod」と「iTunes(有料音楽Downloadサイト、現在まで1億曲以上販売している)」との提携にあるといわれる。「iTunes」では、「FairPlay DRM(著作権管理方式)」を採用しているが、これは「iPod」と「iTunes」以外では解読できない。つまり、有料音楽市場を手に入れる(市場占有率70%以上)ことによって、その音楽の再生に必要な「iPod」の売れ行きも延びたことになる。

この種の機器の目的は「各種メディアファイル」に対応して、記録された音声や映像を再生することにあるが、市場競争の激しい娯楽家電分野では、「ポータブル・マルチメディア・プレーヤ(PMP、Portable Multi-Media Player)」や「カーナビ」、あるいは「携帯型ゲーム機」などのように、付加価値としてこれらの再生機能を備えた製品も流通している。

最近のデジタルメディアプレーヤーでは、液晶ディスプレイが安くて省電力、かつ必要十分な表示機能を備えることから利用されている。また、ユーザーインターフェイスに関しては、ボタン操作によるものがある一方で、タッチパネルなど他の入力装置に対応する製品も見られる。

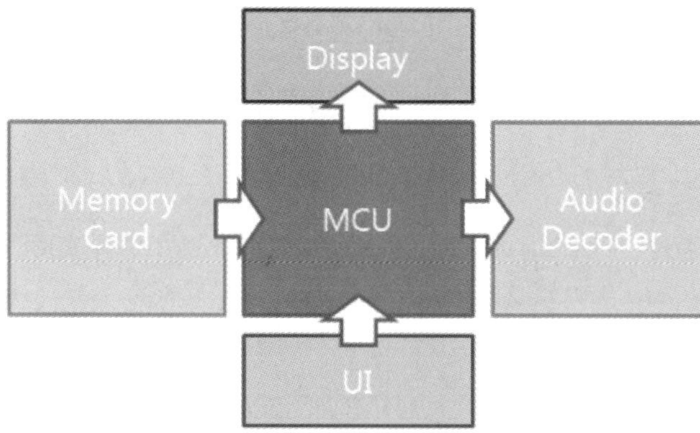


注）・MCU(Micro Controller Unit)：演算および制御を担当
・UI(User Interface)：使用者インターフェース
・Display：情報を視覚化する。
・Memory Card：情報を保存する。
・Audio Decoder：memory cardからMP3音楽を処理してスピーカーに流す。

図 15-1 デジタルメディアプレーヤの最も基本的な構造

## 用語解説

① ユーティリティソフトウェア：유틸리티(Utility). 필수적인 프로그램은 아니나 사용자가 컴퓨터를 더 편리하게 사용할 수 있도록 도와주는 보조프로그램. 즉 제한된 기능을 가진 응용프로그램

② アプリケーションソフトウェア：어플리케이션 소프트웨어(Application Software). 컴퓨터 사용자가 컴퓨터 상에서 실행하고 싶은 작업을 실시할 수 있도록 해주는 직접적인 기능을 가진 소프트웨어. 이와 반대로 시스템 소프트웨어는 컴퓨터의 다양한 기능과 관련되어 있기는 하지만 사용자가 실시하려고 하는 작업과 직접적인 관계는 없다.

③ 渡(わた)す：넘기다, 건네주다

④ 売(う)れ行(ゆ)き：팔리는 상태, 売れ行きが順調(じゅんちょう)だ。(잘 팔린다)

⑤ 激(はげ)しい：격렬한, 거친, 심한

⑥ 付加(ふか)価値(かち)：부가가치

⑦ 省電力(しょうでんりょく)：전기 절약

⑧ かつ：또한, 게다가

⑨ 備(そな)える：미리 대비하다, 갖추다

## 漢字練習

| 合併(がっぺい) | | | | |
|---|---|---|---|---|
| 提携(ていけい) | | | | |
| 携帯(けいたい) | | | | |
| 対応(たいおう) | | | | |

## 練習問題

アメリカのデジタルメディアプレーヤー市場の占有率トップを誇るiPodが、なぜ国内(韓国)では苦戦しているか、その理由について考えよ。

1. 各部の名前(アップル、iPod、Touch2.0)

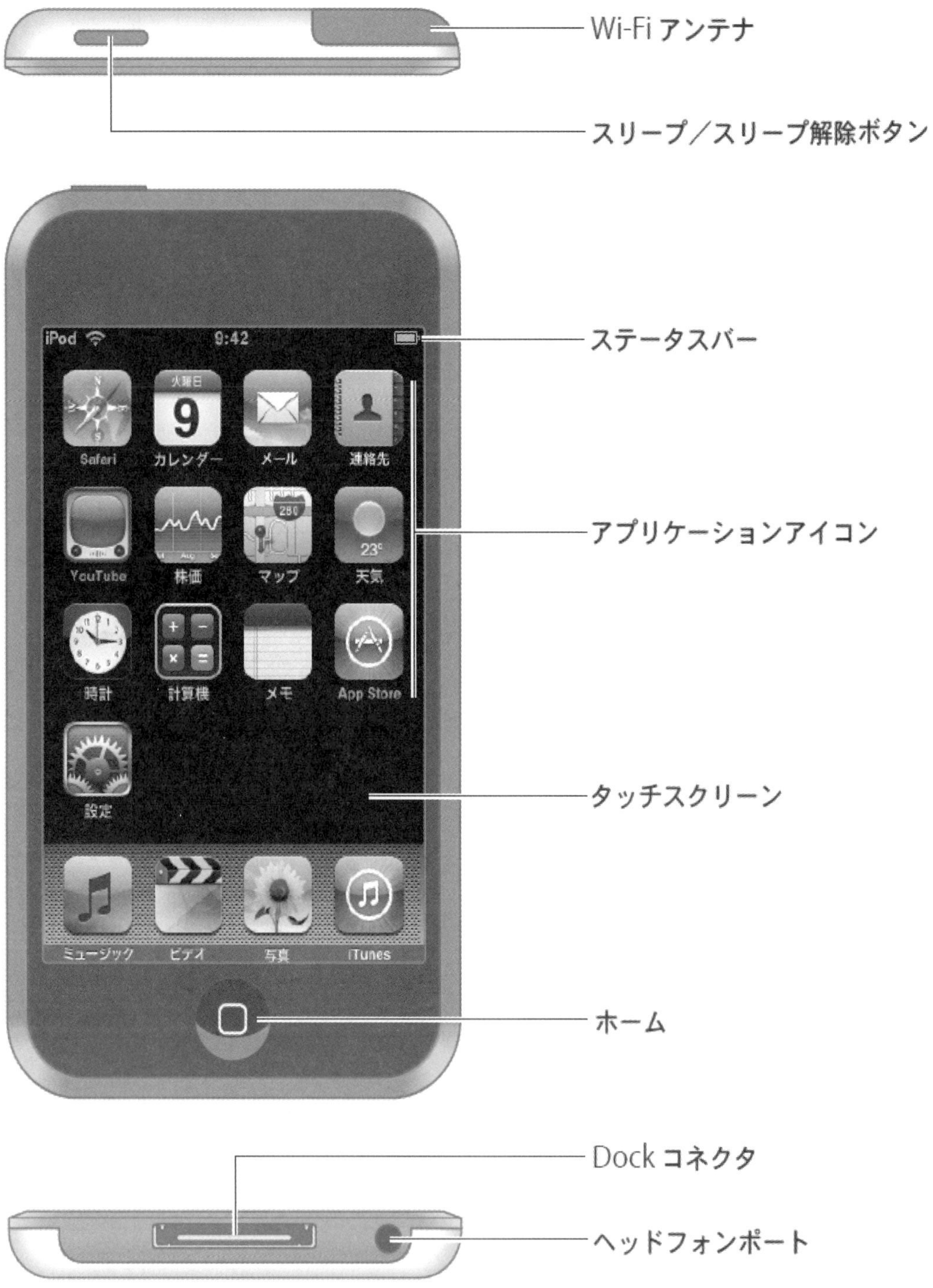

## 2. 操作パネルのはたらき

### (1) ステータスアイコンの意味

| | |
|---|---|
|  | iPod touchがWi-Fiネットワーク経由でインターネットに接続されていることを示します。バーの本数が多いほど、信号が強いことを示します。 |
| 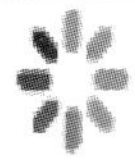 | ネットワーク操作を実行中であることを示します。他社製のアプリケーションでは、処理を実行中であることを示すためにこのアイコンが使用されることもあります。 |
|  | VPNを使ってネットワークに接続していることを示します。 |
|  | iPod touchがロックされていることを示します。 |
|  | 曲、オーディオブック、またはPodcastが再生中であることを示します。 |
|  | アラームが設定されていることを示します。 |
|  | バッテリーレベルまたは充電状況を示します。 |

### (2) ホーム画面の機能

- ボームボタン(▢)を押せば、iPod touch アプリケーションを表示できます。アプリケーションアイコンをタップする(指で軽く叩く)とアプリケーションが開始します。

| | |
|---|---|
|  | 曲、オーディオブック、および Podcastを聴くことができます。音量制限を設定すれば、突然大音量になってしまうこともありません。 |
|  | ムービー、ミュージックビデオ、ビデオ Podcast、およびテレビ番組を視聴できます。 |
|  | コンピュータから電送した写真や画像、または、 iPod touch で保存した写真や画像を表示できます。縦向き、横向き両方で表示することが可能です。写真を拡大してみることができます。スライドショーを見ることもできます。さらに、写真をメールで送ったり、MobileMe ギャラリーに追加したり、連絡先に割り当てたり、壁紙として使用したりすることもできます。 |
|  | iTunes Wi-Fi Music Store の音楽カタログを検索し、ニューリリース、トップ10ソング、トップ10アルバムなどをブラウズ、プレビュー、および購入できます。Starbucks の一部の店舗では、店内で流れている曲を調べて、その場で購入することができます。おすすめの Starbucks コレクション以外の曲をブラウズ、プレビュー、および購入することもできます。 |

| | |
|---|---|
|  | Wi-Fi 接続を使用して、App Store で iPod touch アプリケーションを検索し、購入またはダウンロードすることができます。気に入ったアプリケーションのレビューを読んだり書いたりすることもできます。アプリケーションは、ホーム画面にダウンロードしてインストールできます。 |
|  | Wi-Fi 経由で Web サイトをブラウズできます。 iPod touch を横向きにすれば、ワイドスクリーンで表示できます。ダブルタップで拡大 / 縮小することもできます。Web ページの列が自動的に iPod touch の画面いっぱいに表示されるので、内容が読みやすくなります。Web クリップをホーム画面に追加すれば、よく使う Web サイトにすばやくアクセスできます。さらに、Web サイトの画像をフォトライブラリに保存することもできます。 |
|  | MobileMe、「iCal」、「Microsoft Entourage」、「Microsoft Outlook」、または Microsoft Exchange のカレンダーを表示できます。iPod touch でイベントを入力すれば、それらがコンピュータ上のカレンダーに同期されます。イベント、約束、締め切りなどを知らせる通知を設定することもできます。 |
|  | iPod touchは、MobileMe、Microsoft Exchange、よく利用される多くのメールシステム(Yahoo!メール、Googleメール、AOLなど)、および業界標準の POP3/IMAPメールシステムに対応しています。 PDF やその他の添付ファイルは「メール」内で表示できます。さらに、添付された写真や画像をフォトライブラリに保存することもできます。 |
|  | MobileMe、Mac OS Xの「アドレスブック」、「Yahoo!アドレスブック」、Google 連絡先リスト、「Windowsアドレス帳」(「Outlook Express」)、「Microsoft Outlook」、または Microsoft Exchange から連絡先情報を同期できます。連絡先を追加、変更、または削除することもできます。変更内容は、同期の際にコンピュータ上の連絡先情報に反映されます。 |
|  | YouTubeのオンラインコレクションからビデオを再生できます。ビデオを検索するか、おすすめビデオ人気ビデオ、最近アップデートされたビデオ、またはトップレートのビデオをブラウズできます。 |
| 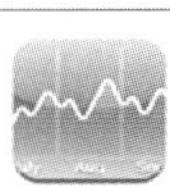 | 関心のある株価を見ることができます。インターネットから自動的に最新の情報を入手できます。 |
|  | 世界中の市街地図、航空写真図、または地図＋写真をみることができます。拡大すれば、より近づいてみることができます。おおよそその現在位置を確認および追跡することもできます。運転経路の詳細を表示したり、高速道路の現在の渋滞状況を確認したりできます。周辺の店舗や企業を検索することもできます。 |
|  | 現在の気象情報と 6 日分の予報を見ることができます。よく見る場所を追加して、いつでもすばやく天気予報を見ることができます。 |
|  | 世界の都市の時間を表示します。お気に入りの都市の時計を作成できます。1つまたは複数のアラームを設定することができます。ストップウォッチを使ったり、カウントダウンタイマーを設定することもできます。 |

| | |
|---|---|
|  | 足し算、引き算、掛け算、および割り算ができます。iPod touch を横向きにすれば、高度な関数電卓として使用できます。 |
|  | メモ、買い物リスト、ひらめいたアイデアをいつでも書き留めることができます。それらをメールで送信できます。 |
|  | iPod touch のすべての設定を一括してここで操作します。壁紙、画面の明るさのほか、ネットワーク、メール、Web、音楽、ビデオ、写真などの設定ができます。セキュリティのために、自動ロックおよびパスコードを設定することができます。露骨な内容(EXPLICIT)のiTunesコンテンツや特定のアプリケーションへのアクセスを制限することもできます。さらに、iPod touch をリセットすることもできます。 |

## 3. 基本操作と使用法

### (1) iPod touch を登録する

- iPod touchの機能を使用するには、まず「iTunes」を使って iPod touchを設定する必要があります。
- このとき、iPod touchを登録したり、iTunes Store アカウント(一部の国で利用できます)をまだ持っていない場合は作成したりすることもできます。

① www.itunes.com/jp/downloadから最新バージョンの「iTunes」をダウンロードしてインストールします。

② iPod touchに付属のケーブルを使って、iPod touchを MacまたはPCの USB2.0ポートに接続します。

③ 「iTunes」の画面に表示される指示に従って、iPod touchを登録し、コンピュータ上の連絡先、カレンダー、ブックマークを iPod touchと同期するように設定します。

### (2) 「iTunes」との同期を設定する

- iPod touchをコンピュータ上の「iTunes」と同期して、iTunesライブラリに収集した曲、ビデオ、およびその他のコンテンツを取り込むことができます。

① iPod touchをコンピュータに接続し、「iTunes」を開く(自動的に開かない場合)

② 「iTunes」のサイドバーで、iPod touchを選択する

③ 「ミュージック」、「ムービー」、「テレビ番組」、および「Podcast」タブで、iPod touchに転送したいコンテンツを選択する。

• たとえば、選択した音楽プレイリストやお気に入りのビデオ Podcastのここ3回分のエピソードを同期するように「iTunes」を設定できます。

④ 画面の右下にある「適用」をクリックする

(3) アプリケーションを開く、またはホーム画面に戻る

① アプリケーションを開くには、アイコンをタップします。

② ホームが件に戻るには、ディスプレイの下にあるホーム「▢」ボタンを押します。

(4) リストを操作する

リスト表示のときに、右側にインデックスが表示されることがあります。

① インデックス付きのリストで項目を探す

• インデックスの文字をタップすると、その文字の市ア書の項目にジャンプします。指でインデックスをドラッグすると、リスト内をすばやくスクロールすることができます。

② 項目を選択する

• リストで項目をタップします。

• リストの内容によって、項目をタップしたときの動作が異なります。たとえば、項目をタップすると、新しいリストが開いたり、曲が再生されたり、メールが開いたり、連絡先が表示されたりします。

③ 前のリストに戻る

• 左上の「戻る」ボタンをタップします。

(5) スクロールする

① スクロールするには、指で上下にドラッグします

• Webページなど、画面によって左右にスクロールすることもできます。

② 指で上下にドラッグしてスクロールしても、画面上では何も変更されたりアクティブになったりすることはありません

③ すばやくスクロールするには、フリックします

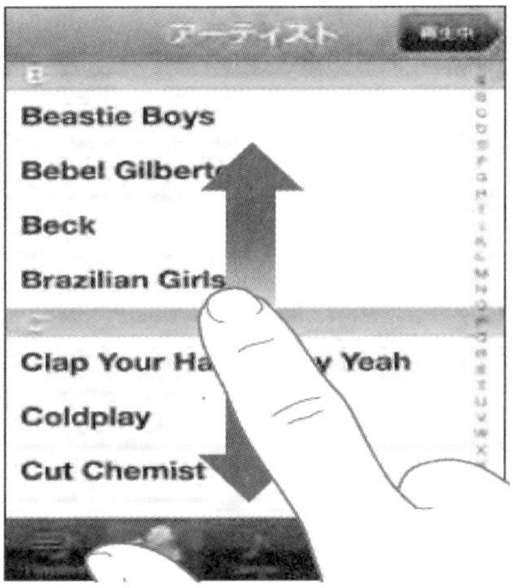


(6) アイコンを並べ替える

① ホーム画面上にあるアイコンをタッチしたまま押さえる

• アイコンをタッチしたまま押さえていると、アイコンが波打ちはじめます。

② アイコンをドラッグして並べ替える

③ ホーム「▢」ボタンを押して配置を保存する

(7) ホーム画面を追加する

① アイコンを画面の右端までドラッグする

• 新しい画面が表示されます。

② フリックして元の画面に戻る

• 別のアイコンを新しい画面にドラッグすることができます。

• 新しく追加できる画面は最大９つまでです。

- ホーム画面をデフォルトのレイアウトにリセットするには、「設定」→「リセット」を選択し、「ホーム画面レイアウトをリセット」をタップします。

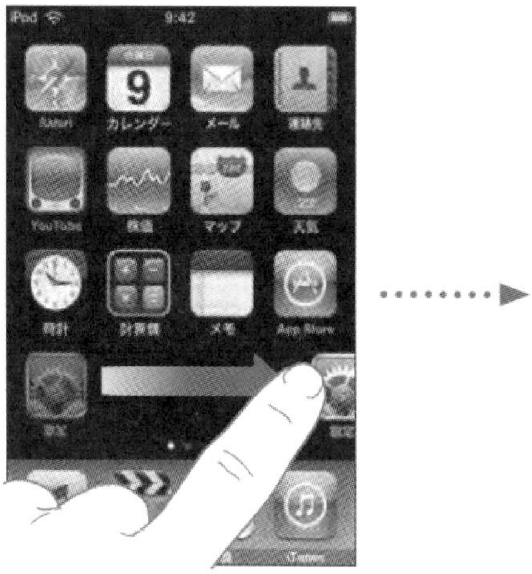

(8) スリープ / スリープ解除ボタン

- iPod touch を使わないときは、ロックしておくことができます。ロックされているときは、画面に触れても操作できません。デフォルトでは、1分間画面に触れないと、自動的にロックされます。

① iPod touch をロックする

- スリープ / スリープ解除ボタンを押します。

② iPod touch のロックを解除する

- ホーム「▢」ボタン、またはスリープ / スリープ解除ボタンを押して、スライダをドラッグします。

③ iPod touch の電源を完全に切る

- スリープ・スリープ解除ボタンを数秒間、赤いスライダが表示されるまで押し続け、スライダをドラッグします。

④ iPod touch の電源を入れる

- スリープ / スリープ解除ボタンを Apple ロゴが表示されるまで押し続けます。

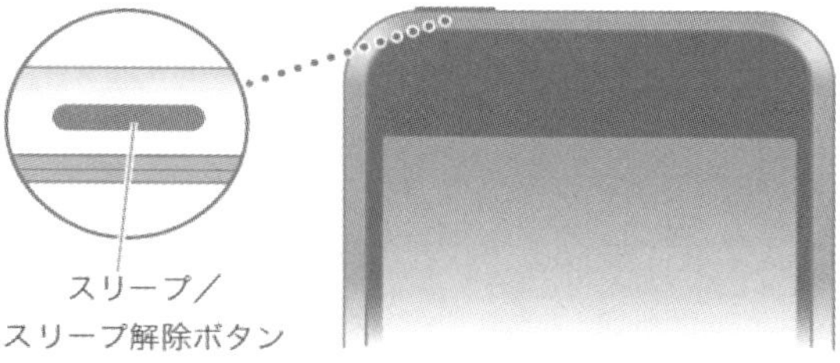

(9) 拡大 / 縮小する

① 写真、Webページ、メール、またはマップを表示しているときに、拡大 / 縮小することができます。

② ピンチ(2本の指で押し開く、または閉じる)する

- 写真とWebページの場合は、ダブルタップ(すばやく2回軽く叩く)すると拡大し、もう一度ダブルタップすると縮小します。
- マップの場合は、ダブルタップすると拡大し、2本の指で1回タップすると縮小します。

(10) オンスクリーンキーボードで入力する

- オンスクリーンキーボードを使って、連絡先、テキストメッセージ、Webアドレスなどのテキストを入力できます。

① メモや新しい連絡先などのテキストフィールドをタップする

- キーボードが表示されます。

② キーボードのキーをタップする

- 入力するたびに、入力した文字がキーの上に表示されます。
- 間違ったキーをタッチした場合は、正しいキーに指をスライドさせてください。キーから指が離れるまで文字は入力されません。

③ 大文字を入力する

- 文字を入力する前にシフト「⇧」キーをタップします。

④ 数字、句読点、または記号を表示する

- 数字「.?123」キーをタップします。記号「#+=」キーをタップすると、さらに他の句読点や記号が表示されます。

⑤ 他の言語のキーボードに切り換える

- iPod touch には複数の言語のキーボードが用意されています。キーボードを切り換えるには、「設定」で「一般」→「言語環境」→「キーボード」と選択します。
- 韓国語の場合、2-Set Korean キーボードを使ってハングル文字を入力します。二重子音または複合母音を入力するには、文字を押したまま、重ねる文字にスライドして選択します。

(11) 曲の再生を制御する

- 曲を再生するには、曲をタップします。
- 曲を再生しているときには、「再生中」画面が表示されます。

① 曲を一時停止する

- ‖をタップするか、 iPod touch ヘッドセットのマイクボタンをクリックします。

② 再生を再開する

- ▶をタップするか、 iPod touch ヘッドセットのマイクボタンをクリックします。

③ 音量を上げる / 下げる

- 音量スライダをドラッグするか、iPod touch の横にあるボタンを使用します。

④ オーディオブックまたは Podcast の曲、またはチャプタを再生する

- ⏮をタップします。

⑤ オーディオブックもしくは Podcast の次、または前の曲 / チャプタに移動する

- ⏮をダブルタップして前の曲に移動します。⏭をタップするか、iPod touch ヘッドセットのマイクボタンをすばやく2回クリックして、次の曲に移動します。

⑥ 巻き戻し・早送り

- ⏮または⏭を押し続けます。長く押し続けるほど、曲の巻き戻しまたは早送り速度が上がります。

⑦ iPod ブラウズリストに戻る

- ⬅をタップします。または、アルバムカバーの上で右に向かって指をさっと動かします。

⑧ 再生中画面に戻る

- 「再生中」をタップします。

⑨ 曲の歌詞を表示する

- 曲の再生中にアルバムカバーをタップします。(歌詞が表示されるのは、「iTunes」で曲の情報ウインドウを使って歌詞を曲に追加した場合だけです。)

(12) その他のコントロール

- 再生中画面で、アルバムカバーをタップします。
- リピートとシャッフルコントロール、およびスクラブバーが画面に表示されます。

① 曲をリピートするよう iPod touch を設定する

- をタップします。をもう一度タップすると、現在再生中の曲だけをリピートするように iPod touchが設定されます。
- が iPod touchに表示されているときは、現在再生中のアルバムまたはリスト内のすべての曲がリピートされます。
- がiPod touchに表示されているときは、現在再生中の同じ曲が何度もリピートされます。
- がiPod touchに表示されているときは、曲はリピートされません。

② 曲の中の好きな場所に移動する

- スクラブバー再生ヘッドを好きな場所にドラッグします。

③ 曲をシャッフルするよう iPod touch を設定する

- をタップします。をもう一度タップすると、順番通りに曲を再生するように iPod touchが設定されます。

- が iPod touch に表示されているときは、曲がシャッフルされます。
- が iPod touch に表示されているときは、曲が順番通りに再生されます。

④ プレイリスト、アルバム、またはその他のリストのトラックをシャッフルする

- リストの一番上にある「シャッフル」をタップします。たとえば、 iPod touch内のすべての曲をシャッフルするには、「曲」→「シャッフル」と選択します。
- iPod touchがシャッフルするように設定されていても、いなくても、曲のリストの一番上の「シャッフル」をタップすると、iPod touchはそのリストの曲をランダムに再生します。

(13) アルバムカバーを Cover Flow でブラウズする

- 音楽をブラウズするときは、iPod touchを横向きにして iTunes コンテンツを Cover Flowで表示し、アルバムアートワークで音楽をブラウズできます。

① コンテンツを Cover Flowで表示する

- iPod touch を横に回転させます。

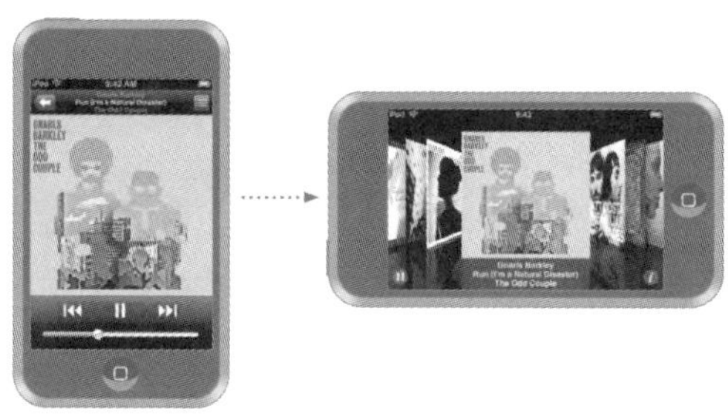

② アルバムカバーをブラウズする

- 左右にドラッグするか、フリックします。

③ アルバムのトラックを表示する

- アルバムカバーまたは をタップします。

④ 任意のトラックを再生する

- 再生したいトラックをタップします。トラックのリストを上下にドラッグします。

⑤ アルバムカバーに戻る

- タイトルバーをタップします。または ℹ をもう一度タップします。

⑥ 現在の曲を再生または一時停止する

- ▶ または ‖ をタップします。または、付属のステレオヘッドセットを使用している場合は、マイクボタンをクリックします。

(14) 現在の曲が入っているアルバムのすべてのトラックを表示する

- 再生中画面で ☰ をタップします。任意のトラックをタップして再生します。
- アルバムカバーのサムネールをタップして、再生中画面に戻ります。

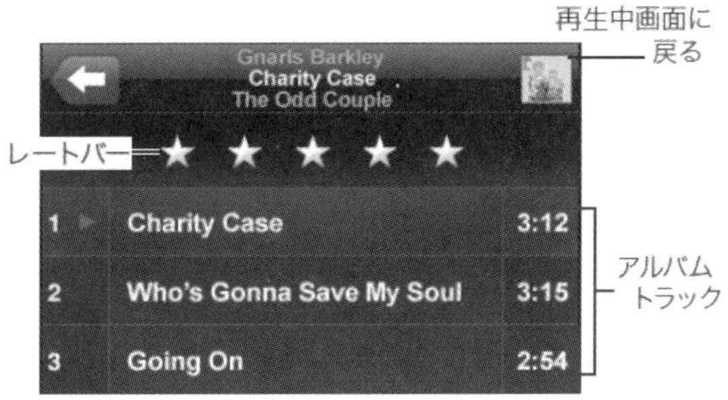


## 4. お手入れ・注意事項

(1) iPod touchを清掃するときは、すべてのケーブルを取り外し、iPod touchの電源を切ってください。(スリープ / スリープ解除ボタンを押したまま、画面に表示されたスライダをスライドします)

(2) 柔らかく、けば立たない布を水で湿らせて使用してください。開口部に水が入らないように注意してください。

(3) iPod touchを清掃するために、窓ガラス用洗剤、家庭用洗剤、スプレー式の液体クリーナー、有機溶剤、アルコール、アンモニア、研磨剤は使用しないでください。

## 5. 重要語彙

① Wi−Fi : Wi-Fi Alliance(무선LAN 제품의 보급 촉진을 도모할 목적으로 만들어진 업계 단체. 미국에 본사가 있으며, 참가기업 수는 약 300사에 이름)에 의해서 무선 LAN기기 간의 상호 접속성을 인증 받았음을 나타내는 명칭

② ステータスバー : 스테이터스 바(status bar). 상태 바

③ Dockコネクタ : 도크 커넥터(Dock connecter). 아이팟과 컴퓨터 등의 다양한 장치들을 연결해주는 커넥터

④ VPN : VPN(Virtual Private Network, 가상 사설망). 저렴한 공공의 인터넷망을 이용하여 고비용의 사설 전용선을 사용하는 것과 같은 효과를 얻는 것. 즉 공중망을 마치 자신의 전용망처럼 사용하는 서비스

⑤ Podcast : 팟캐스트(Podcast). iPod와 Broadcasting의 약자로 음성파일이 업로드 되면 이를 자동으로 감지하여 다운로드 받아서 들을 수 있도록 하는 서비스의 총칭. 최근에는 블로그에 글을 게시하는 것이 아닌 음성 파일로 녹음하여 업로드 함으로써 방송을 내보내는 것과 같은 역할을 하고 있다.

⑥ ギャラリー : 갤러리(gallery). 회랑, 전시실

⑦ 割り当てる : 할당하다, 배당하다, 분배하다

⑧ 壁紙 : 벽지(wall paper) 또는 컴퓨터 바탕화면에 표시되는 그림이나 배경

⑨ iTunes : Apple사에서 만든 소프트로 음악을 관리하거나 재생. iPod이 발매되면서 iPod를 관리하는 소프트웨어로서의 역할도 하게 됨

⑩ ニューリリース : 뉴 릴리즈(new release). “새로이 배포하다” 또는 “공개하다”

⑪ ブラウズ : 브라우즈(browse). 열람하다, 컴퓨터 데이터나 프로그램을 화면상에 문자나 화상으로 표시하는 것

⑫ プレビュー : 프리뷰(preview, 미리보기)

⑬ App Store : 앱 스토어(App Store). Apple사의 iPhone 및 iPod touch용으로 개발된, 어플리케이션 배포를 전문으로 하는 채널(쇼핑몰)

⑭ ダウンロード : 다운로드(download)

⑮ ダブルタップ : 더블 탭(double tap). 터치 패드를 빠르게 두 번 터치하는 것. 마우스의 더블 클릭에 해당함

⑯ Webクリップ : 웹 클립(Web clip). 홈 화면에 특정 웹 사이트에 대한 바로가기 아이콘을 만들 수 있는 기능

⑰ YouTube : 유튜브. 구글(google)이 운영하는 동영상 사이트

⑱ アップデート : 업데이트(update). 소프트웨어의 최신정보를 소규모로 갱신하는 것. 또는 갱신을 위한 소프트웨어 부품을 인스톨하는 것

⑲ おおよそ : 대략. およそ라고도 함

⑳ 足し算 : 덧셈. 기호는 ＋(たす)를 사용

㉑ 引き算 : 뺄셈. 기호는 －(ひく)를 사용

㉒ 掛け算 : 곱셈. 기호는 ×(かける)를 사용

㉓ 割り算 : 나눗셈. 기호는 ÷(わる)를 사용

㉔ 関数 : 함수

㉕ 電卓 : 전자계산기

㉖ ひらめく : 순간적으로 번쩍이다, 번뜩이다. アイディアがひらめく。(아이디어가 번뜩 떠오르다)

㉗ 書き留める : 적어두다, 기록하다

㉘ 露骨な内容 : 노골적인 내용

㉙ Explicit : "애매함이 없이 명확한"의 뜻. 여기에서는 너무 과격하거나 노골적인 내용을 담고 있는 콘텐츠에 대해서 액세스를 제한할 수 있는 기능에 대한 설명

㉚ iTunesコンテンツ : iTunes(Apple사의 음악 관리 재생 소프트)로 관리되는 콘텐츠

㉛ ブックマーク : 북마크(book mark). 윈도우즈에서 말하는 "즐겨찾기" 기능

㉜ ライブラリ : 라이브러리(library). 특정 기능을 가진 프로그램을 다른 프로그램에서 사용할 수 있도록 부품화하여, 복수의 프로그램 부품을 하나의 파일로 모아 놓은 것

㉝ スクロール : 스크롤(scroll). 컴퓨터 등의 화면 내에서 표시내용을 상하좌우로 이동시키는 것

㉞ 波打つ : 파도치다, 물결치다, 파도 모양의 기복이 생기다

㉟ デフォルト : 디폴트(default). 기본 설정, 이용자가 아무런 조작이나 설정을 하지 않은 상태에서 사전에 입력되어 있는 설정값

㊱ 句読点 : 마침표(句点)와 쉼표(読点)

㊲ 二重子音 : 이중 자음(겹자음). 두 개의 자음 문자가 겹쳐져 만들어진 자음

㊳ 複合母音 : 복합 모음. [ㅢ, ㅐ, ㅘ, ㅞ, ㅒ] 등과 같이 두 개 이상의 모음 문자가 겹쳐져 만들어진 모음

㊴ スライド : 슬라이드(slide). 여기에서는 하나의 글쇠를 누른 상태에서 손가락을 떼지 않은 상태에서 다른 글자로 이동해 가는 것

㊵ シャッフルコントロール : 셔플 컨트롤(shuffle control). 재생 목록을 순서대로 재생하지 않고 임의로 재생되도록 설정하는 것

㊶ スクラブバー : 탐색바(scrap bar)

㊷ ランダム : 랜덤(random). 임의의, 무작위

㊸ Cover Flow : 커버 플로우. 앨범의 자켓을 보여주기 위한 사용자 인터페이스

㊹ サムネール : 섬네일(thumbnail). 엄지손가락 손톱, 화상이나 이미지 등을 작게 표시하여 대략적인 내용파악과 검색을 편리하게 한 기능

㊺ 柔(やわ)らかい : 부드러운

㊻ けば立(だ)つ : 보풀이 일다

㊼ 開口部(かいこうぶ) : 개구부

# 第16章 スマートフォン(Smart Phone)

スマートフォン(Smart Phone)とは、オペレーティングシステム(Operating System, OS)を搭載した携帯電話のことをいう。OSとは、コンピューターにおいて、ハードウェアを抽象化したインターフェースを様々なアプリケーションソフトに提供し、使用者がハードウェアとソフトウェアをコントロールできるようにするプログラムであり、スマートフォンを簡単にいえば、コンピューターと類似した機能を持つ携帯電話といえるのである。そのため、どのようなOSを搭載しているかによってその性能や使用法が異なる。

世界初のタッチパネル搭載のスマートフォンはIBM製の「Simon」である。当時の「Simon」にはシャープの「Zaurus OS」と電話機能が備わっていた。

現在世界で作られているスマートフォンに使用されるOSには、Android、Symbian、iOS(iPhone)、BlackBerry(RIM OS)、Windows Phone、などが挙げられる。「Android」はAndroid社を買収したGoogle社が開発したOSで、「Symbian」はNokia社のOSである。Nokiaは、2009年以後携帯電話の売上高世界1位の座をAppleに譲ってから衰退の一方をたどっており、将来Symbianへの投資を打ちきることを明らかにした。iOSは、Apple社が開発したハードウェア専用のOSである。「BlackBerry」は、RIM(Research In Motion)社の「BlackBerry Phone」に使用されるOSである。

スマートフォンの主な機能としては、1) internetへの接続、2) PDF / ハングル / Word / Excelなどの閲覧、3) 個人情報管理、4) マルチメディアプレーヤー、5) デジタル / ムービーカメラ、6) ゲーム、7) 電子書籍 / 辞書 / 電卓、8) GPS / 位置情報、9) 携帯 / 時計、10) 地上波テレビ・ラジオ、11) Wi-Fi、などがある。

| 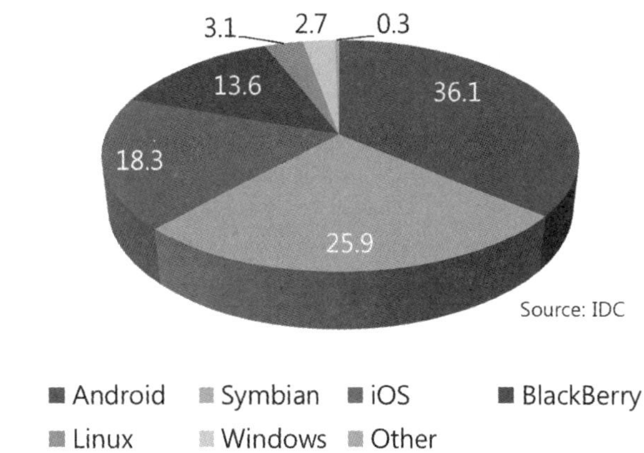<br> | <br> |
|---|---|
| 2011年度一四半期のスマートフォンOSのシェア | 世界初のスマートフォン |

## 用語解説

① スマートフォン : OS를 탑재한 휴대전화. 전화의 통화기능 이외에 컴퓨터의 다양한 기능을 갖추고 있음. Smart Phone

② アプリケーションソフト : 응용프로그램 또는 어플리케이션. 문서작성이나 수치계산 등 특정 목적을 위하여 만들어진 소프트웨어. application software

③ タッチパネル : 터치 패널. 액정 패널 등의 표시장치와 터치 패드와 같은 위치입력장치를 조합한 전자부품. 화면상의 표시를 눌러 기기를 조작하는 입력장치. touch panel

④ Google社 : 미국의 소프트웨어 회사. 검색엔진 서비스로는 세계 최대

⑤ Nokia社 : 핀란드의 전기통신기기 제조회사. 휴대전화 단말기 판매대수 및 시장점유율은 세계 최대이나 최근 스마트폰 시장에서는 실적이 저조함

⑥ RIM社 : 캐나다의 통신기기 제조 및 네트워크 관련 서비스 제공회사. BlackBerry 단말기를 제조한 것으로 유명. 공식명칭은 Research In Motion Limited

⑦ Apple社 : 매킨토시 컴퓨터, 아이폰, 스티브잡스로 유명한 미국의 컴퓨터 및 통신기기 제조회사

⑧ GPS : 범지구측위시스템 또는 위성항법장치. 미국방성에서 군사목적으로 개발한 것으로 수신기를 통하여 3개 이상의 위성으로부터 수신된 정보를 기반으로 현재 위치를 계산하는 장치. Global Positioning System

## 漢字練習

| | | | | |
|---|---|---|---|---|
| 搭載(とうさい) | | | | |
| 提供(ていきょう) | | | | |
| 衰退(すいたい) | | | | |
| 投資(とうし) | | | | |

## 練習問題

スマートフォンに使用(しよう)されるOSの中(なか)でGoogle社の「Android」とApple社の「iOS」についてそれぞれの特徴(とくちょう)を比較(ひかく)し、市場(しじょう)シェアに関(かん)する今後(こんご)の展望(てんぼう)について述(の)べよ。

## 1. 各部の名前とはたらき(Samsung、GalaxyS、SC-02B)

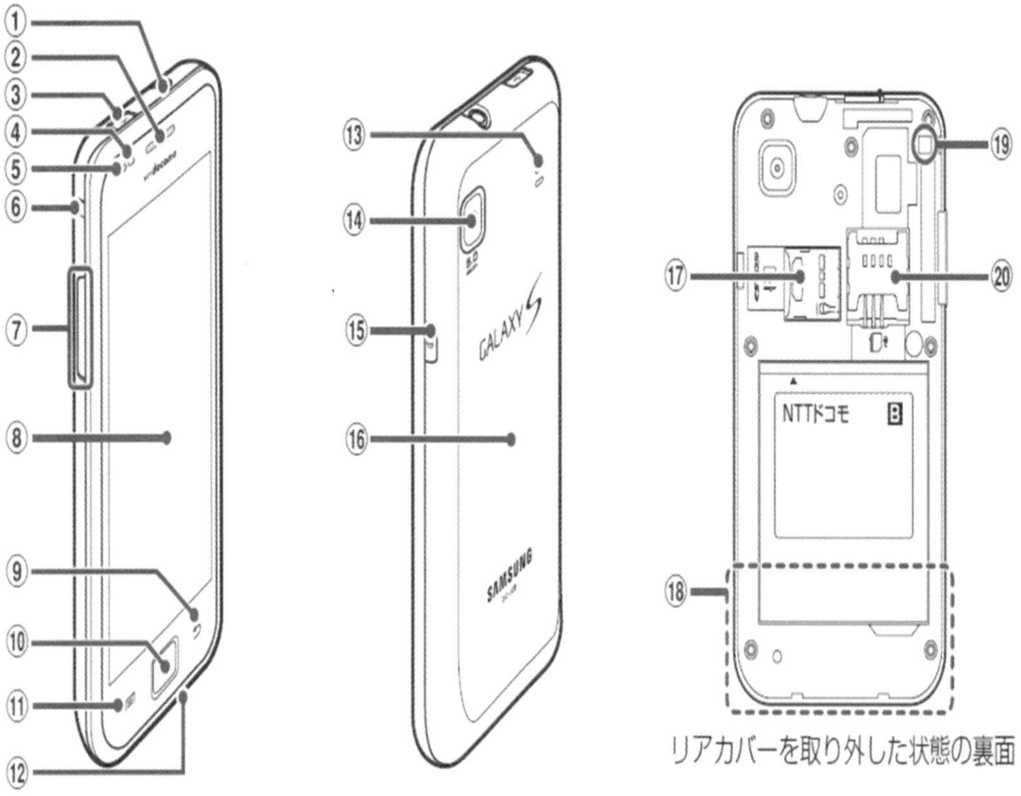


① ヘッドホン接続端子

- マイク付ステレオヘッドセット(試供品)などを接続する直径3.5mmの接続端子です。

② 受話口

③ 外部接続端子／カバー

- 付属のFOMA充電microUSB変換アダプタSCO1などを接続します。
- 外部接続端子カバーはスライドさせて開閉します。

④ 照度センサー

- 周囲の明るさを検知します。ディスプレイの明るさの自動調整などに利用されます。

⑤ 近接センサー

- 通話中に顔などに接近を検知して、ディスプレイの表示を消します。

⑥ ストラップ穴

- ストラップを取り付ける場合は、リアカバーを外してストラップ取り付け穴に通してからストラップがこの穴を通るようにリアカバーを取り付けます。

⑦ 音量大ボタン／ 音量小ボタン

⑧ ディスプレイ（タッチスクリーン）

⑨ バックボタン

- メニュー表示などをボタン操作の一段階前の状態に戻します。
- アプリケーションを終了します。

⑩ ホームボタン

- 操作中の画面をホーム画面に戻します。
- １秒以上押すと、新しく起動した順に６件までの機能やアプリケーションの一覧とタスクマネージャの起動ボタンが表示され、タップして起動できます。

⑪ メニューボタン

- 表示中の画面やアプリケーションの状態に応じたオプションメニューを表示します。
- ロングタッチすると、クイック検索が起動できます。

⑫ 送話口

⑬ スピーカー

⑭ カメラ

⑮ 電源／終了ボタン

- １秒以上押して、FOMA端末の電源を入れます。
- 手動でスクリーンロックを設定できます。
- FOMA端末の電源が入っているときに１秒以上押すと、オプションメニュー画面が表示され、電源を切ったり、マナーモードや機内モードを設定したりすることができます。

⑯ リアカバー

⑰ microSDカードスロット

⑱ 内蔵アンテナ部分

- アンテナが内蔵されています。より良い条件で通話するために、アンテナ部を手で覆わないようにしてお使いください。

⑲ ストラップ取り付け穴

⑳ ドコモUIMカードスロット

## 2. 操作パネルのはたらき

### (1) タッチスクリーンでの操作方法

**■タップする／ダブルタップする**

表示項目やアイコンなどを指で軽く触れて選択／実行します（タップ）。
また、表示されている画像やホームページなどをすばやく2回続けてタップして、
表示内容を拡大／縮小します（ダブルタップ）。

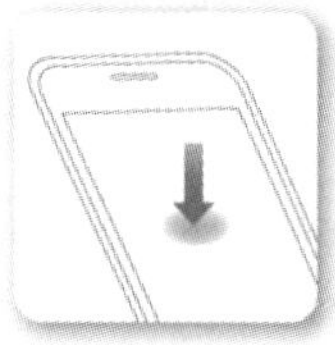

**■ロングタッチする**

表示内容や表示項目などを指で1秒以上触れ続けて、
メニューなどを表示します。

**■ドラッグ（スライド）する**

表示項目やアイコンなどを指で押さえながら、移動します。

**■スクロールする**

表示内容を指で押さえながら上下左右に動かしたり、
表示を切り替えたりします。

**■フリックする**

表示内容を指で押さえながら、すばやく上下左右に動かして離し、
表示内容をスクロールします。

**■2本の指の間隔を広げる／狭める**

表示されている画像やホームページなどを2本の指で押さえながら、
指の間隔を広げたり、狭めたりして表示内容の拡大／縮小ができます。

※ タッチスクリーンは指で軽く触れるように設計されています。

※ 指で強く押したり、先が尖った物(爪 / ボールペン / ピンなど)を押しつけたりしないでください。

(2) ステータスバーに表示される主なアイコン

- ディスプレイ上部のステータスバーに、FOMA端末の状態や通知情報を示すアイコンが表示されます。

| 通知アイコン | |
|---|---|
| （緑） | 通話中 |
| | 保留中通話あり |
| | 不在着信あり |
| （青） | Bluetooth デバイス(ヘッドセットなど)で通話中 |
| | 新着Gmailあり |
| | 新着Eメールあり |
| | 新着SMSあり |
| | SMSの送達通知あり |
| | SMSの配信に問題あり |
| | 新着インスタントメッセージあり |
| | データダウンロード中／完了<br>ダウンロード中は矢印の部分がアニメーション表示されます。 |
| | データアップロード中／完了<br>• アップロード中は、矢印の部分がアニメーション表示されます。<br>• Bluetooth通信による複数の画面のアップロード中は、アップロード未完了の画像数が数字で表示されます。 |
| | Picasaなどにデータアップロード完了 |
| | 留守番電話サービスの伝言メッセージあり |
| | アラームあり |
| | カレンダーなどのアラームあり |
| ／ | バックグラウンドで音楽再生中／一時停止中 |
| | microSDカード／USBストレージ(FOMA端末のメモリ)のスキャン中 |
| | microSDカード／USBストレージ(FOMA端末のメモリ)使用準備中 |
| | USB接続中 |
| | エラーメッセージあり |
| | Androidマーケットからインストール済みアプリケーションのアップデートあり |
| | Samsung Appsからインストール済みアプリケーションのアップデートあり／アプリケーションのダウンロード中またはインストール完了 |
| | アプリケーションのインストール完了 |
| | Googleマップナビでナビゲーション中 |
| | 非表示の通知情報あり(数字は件数) |

| ステータスアイコン | |
|---|---|
| 弱 ⇔ 強 | 電波状態 |
| 弱 ⇔ 強 | 電波状態（国際ローミング中） |
| | 圏外 |
| | 3Gネットワーク接続中（矢印色：グレー） |
| | 3Gネットワーク通信中（矢印色　左：橙、右：緑） |
| | FOMAハイスピード／HSDPAネットワーク接続中（矢印色：グレー） |
| | FOMAハイスピード／HSDPAネットワーク通信中（矢印色　左：橙、右：緑） |
| | GPRSネットワーク接続中（矢印色：グレー） |
| | GPRSネットワーク通信中（矢印色　左：橙、右：緑） |
| | EDGEネットワーク接続中（矢印色：グレー） |
| | EDGEネットワーク通信中（矢印色　左：橙、右：緑） |
| | GPS機能現在地測位中（アニメーション表示）<br>測位完了（アニメーション表示停止） |
| | Wi-Fi接続中／使用中 |
| | Bluetooth機能有効 |
| | Bluetoothデバイスと接続中 |
| | データ同期中 |
| | 機内モード設定中 |
| | マナーモード設定中（バイブレーションあり） |
| | マナーモード設定中（バイブレーションなし） |
| | ハンズフリー通話中 |
| | マイクミュート（消音）中 |
| | ドコモUIMカード挿入状態 |
| 低 ⇔ 高 | 電池レベル |
| | 充電中 |
| | アラーム設定中 |

## 3. 基本操作と使用法

### 1) 電話をかける

図16-1 キーパッド画面

① ホーム画面で「電話」→「キーパッド」タブ
　ⓐ キーパッド、履歴、お気に入り、電話帳
　ⓑ 電話番号入力欄
　　• 入力した電話番号が表示されます。
　ⓒ 検索結果欄
　　• キーパッドをタップするごとに、電話帳や履歴から対応する候補と件数が表示されます。候補がない場合は 「電話帳に登録」が表示されます。
　ⓓ 電話発信ボタン
　ⓔ SMSボタン
　　• SMSを作成・送信します。
　ⓕ 削除ボタン
　　• カーソルの左側にある番号を削除します。ロングタッチすると、カーソルの左側にある番号をすべて削除できます。

② 相手の電話番号を入力する
　• 同一市内へかけるときでも市外局番から入力してください。

③ [電話ボタン] 通話中画面が表示されます。

④ 通話が終了したら「通話を終了」

※ 本FOMA端末では、テレビ電話は利用できません。

※ 日本国内では、ドコモUIMカードを取り付けていない場合、緊急通報110番 / 119番 / 118番に発信できません。

## 2) マルチメディアを使用する

### カメラをご利用になる前に

- カメラは非常に精密度の高い技術で作られていますが、常に明るく見えたり、暗く見えたりする点や線が存在する場合があります。また、特に光量が不足している場所での撮影では、白い線やランダムな色の点などのノイズが発生しやすくなりますが、故障ではありませんので、あらかじめご了承ください。
- カメラを起動したとき、画面に縞模様が出ることがありますが、故障ではありませんので、あらかじめご了承ください。
- 太陽やランプなどの強い光源を撮影しようとすると、画面が暗くなったり、撮影画像が乱れたりする場合があります。
- レンズに指紋や油脂などが付くと、鮮明な静止画／動画を撮影できなくなります。撮影する前に、柔らかい布などでレンズをきれいに拭いてください。
- マナーモード設定中でも静止画撮影のシャッター音や動画撮影の開始音、終了音はなりますのでご注意ください。

### (1) 撮影画面の見方(ホーム画面で)

図 16-2 静止画撮影画面

図 16-3 動画撮影画面

ⓐ 設定状態アイコン

- **(撮影サイズ)**：静止画の撮影サイズを表示します。
- **(測光)**：測光方法を表示します。
- **(GPS)**：位置情報を取得して静止画に付加します。

ⓑ タイマー

- セルフタイマーを設定します。

ⓒ 撮影モード切り替え

- **(通常撮影)**：通常の静止画を撮影します。
- **(美肌モード)**：人物の顔を検出し、肌を明るく撮影します。
- **(スマイル撮影)**：被写体の笑顔を検出して撮影します。
- **(連写)**：静止画を連続(最大９枚)で撮影します。
- **(パノラマ)**：最大８枚の静止画を撮影 / 連結するパノラマ写真を撮影します。
- **(ビンテージ撮影)**：ビンテージ風の効果を付けて撮影します。
- **(分割撮影)**：２回の撮影を一枚の左右に配置した写真を作成します。他の協力者がいないときのツーショット写真の作成などに便利です。
- **(アクション撮影)**：動く被写体を１枚のパノラマ写真に収める連続撮影ができます。
- **(マンガモード)**：イラスト画のような効果を付けて撮影します。

ⓓ 画面表示切り替え

- アイコンの表示 / 非表示を切り替えます。

ⓔ 撮影シーン切り替え

- ポートレイト撮影や夜景撮影など、シーンに応じたモードを設定します。

ⓕ 露出値

ⓖ 設定

ⓗ「ビンテージ撮影」設定

- 撮影モードを「ビンテージ撮影」に設定した場合に、詳細を設定します。

ⓘ 撮影可能枚数 / 録画可能時間

ⓙ 電池残量表示

ⓚ 静止画 / 動画撮影切り替え

- ：静止画撮影
- ：動画撮影

ⓛ 保存先

ⓜ 撮影

ⓝ サムネイル表示

- タップするとプレビュー画面が表示され、撮影した静止画 / 動画の確認ができます。

ⓞ オートフォーカス枠

- 緑：成功
- 赤：失敗
- オートフォーカス枠をタップするか、または  をロングタッチすると、あらかじめピントを合わせた状態で固定できます。

ⓟ タッチズーム枠

- 画面上にタッチした 2 本の指の間隔を広げたり縮めたりして、ズームイン / ズームアウトの操作ができます。

ⓠ 動画の撮影サイズ

※ カメラを起動した状態で約 2 分間何も操作をしないと、カメラは終了します。

(2) 静止画を撮影する

① 静止画撮影画面で被写体にカメラを向ける

- ▯（音量大）／▯（音量小）　またはタッチズーム枠でズーム調節できます(各撮影サイズとも1.0倍～最大約4.0倍)。

② 

- シャッター音が鳴り、撮影されます。

- 撮影した静止画は自動的に保存されます。
- 撮影時に をロングタッチすると、オートフォーカス枠にある被写体にピントを固定した状態で保存できます。

※ 撮影した静止画はJPEG形式で保存されます。

(3) 動画を撮影する

① 静止画撮影画面で をタップして に切り替える

② 被写体にカメラを向けて→

- 開始音が鳴り、動画撮影が始まります。
- (音量大)／ (音量小) またはタッチズーム枠でズーム調節できます(各撮影サイズとも1.0倍～最大約4.0倍)。
- 撮影を一時停止するには をタップします。

③ 撮影を停止するときは、

- 終了音が鳴り、撮影した動画が保存されます。

※ 動画を撮影する前に、メモリに十分な空きがあることを確認してください。

## 3) ウェブ接続ウェブブラウザを使用する)

- 本FOMA端末では、パケット通信（3G / GPRS）またはWi-Fiによる接続で、ウェブブラウザを利用できます

(1) ウェブページを表示するまでの流れ

① パケット通信で接続する

- ステップ1：プロバイダに加入する
- ステップ2：アクセスポイントを設定する
- ステップ3：ウェブブラウザでウェブページを表示する

② Wi-Fiで接続する

- ステップ1：利用形態を決める。公衆無線LANサービス / 社内LANに接続する場合は、サービス提供者 / ネットワーク管理者にお問い合わせいただき、接続に必要な情報を入手してください。家庭内など個人環境で接続する場合は、アクセスポイントを設定し、設定したアクセスポイントの取り扱い説明書などから接続に必要な情報を入手してください。

- ステップ２：Wi-Fiの設定を行う
- ステップ３：ブラウザでウェブページを表示する

(2) ウェブブラウザを使用する

- ウェブブラウザを使って、インターネットの携帯向けサイトやPCサイトを閲覧できます。
- ウェブページによっては、表示できない場合や、正しく表示されない場合があります。

① ホーム画面で「ブラウザ」

ウェブブラウザが起動し、ホームページに設定されているウェブページ(お買い上げ時はドコモマーケット(http://www.dcm-gate.com)が表示されます。

ⓐ アドレスバー

ウェブページのURLや検索したいキーワードをここに入力します。

ⓑ ブックマーク / 履歴ボタン

ブックマークの一覧 / 履歴の一覧を表示します。

図16-4 ブラウザ画面

② ウェブブラウザを終了する

- を１秒以上押す→「タスクマネージャ」→「ブラウザ」の「終了」
- ブラウザ画面でを押してホーム画面に戻っても、ブラウザは終了しません。また、を押してホーム画面に戻っても終了しない場合があります。

③ ウェブブラウザで可能な操作

- 拡大／縮小、スクロール、拡大鏡の使用、前の画面に戻る、テキストのコピー、テキストの検索、テキストの共有
- 表示中のウェブページにより操作できない場合があります。

### 4) ウェブ接続(Googleマップを利用する)

- Googleマップを利用して、現在地や別の場所を検索したり、目的地への道案内情報を取得したりできます。
- Googleマップを利用するには、データ接続可能な状態（3G／GPRS）にあるか、Wi-Fi接続が必要です。
- Googleマップは、すべての国や地域を対象としているわけではありません。

(1) 位置情報を有効にする

- 位置情報を利用するアプリケーションを使用するには、あらかじめGPS機能にしておく必要があります。また、Wi-Fi / モバイルネットワークやモーションセンサーを利用して、より正確に位置情報を検出できるように設定できます。

① ホーム画面で [メニュー] →「設定」→「位置情報とセキュリティ」

② 検出する方法にチェックを付ける

- すべてを有効にすることもできます。

| 項目 | 説明 |
|---|---|
| ワイヤレスネットワーク | Wi-Fi／モバイルネットワークで位置情報を特定できます。 |
| GPS機能 | より精度の高い位置情報を検出するできます。ただしFOMA端末の電池消費量が大きくなります。 |
| センサー補助 | モーションセンサーを利用して、歩行時に位置情報の検出精度を高めることができます。 |

(2) Google Latitudeで所在地を確認する

- 地図上で友人と位置を確認しあったり、メールを送ったりできます。電話をかけたり、友人の現在地への経路を検索したりすることもできます。
- 位置情報を共有するには、Latitudeに参加して位置情報を共有する友人を招待するか、友人からの招待を受ける必要があります。
- ホーム画面で「アプリ」→「Latitude」
  - Googleマップで地図を表示中の場合は、[メニュー] →「Latitudeに参加」/「Latitude」をタップします。

※ Latitudeの詳細については、Latitudeの地図の画面で [メニュー] →「その他」→「ヘルプ」→「Latitude」をタップして、モバイルヘルプをご覧ください。

(3) Googleマップナビを利用する

- 目的地までの運転経路を検索し、ナビゲーションを利用できます。

① ホーム画面で「アプリ」→「ナビ」

- 初めて起動した場合は、ご利用の注意画面が表示されます。「同意する」をタップすると目的地の選択画面が表示されます。

② 「目的地を入力」→「目的地」 欄に地名などを入力→候補地の一覧から目的地をタップする

- 経路が表示されます。

- 目的地の入力画面で「目的地」欄に文字を入力して をタップすると、入力した文字で検索します。
- 目的地を音声で入力したり、連絡先に設定されている住所で検索したりすることもできます。

(4) Googleマップで検索する

- 現在値いがいの場所を出発地に設定したり、電車や徒歩でのルート検索を行ったりするには、Googleマップの「経路」機能を利用します。

① ホーム画面で「アプリ」→「マップ」→ →「経路」→「到着地：」欄に地名などを入力する

- をタップすると、到着地を「連絡先」/「地図上の場所」から選択して指定できます。
- 出発地を変更する場合は、「現在地」欄をタップして地名などを入力するか、 をタップして「連絡先」/「地図上の場所」から選択して指定します。

② 移動方法(車 / 電車 / 徒歩)のアイコンをタップ →「実行」

## 5) ウェブ接続(YouTubeを利用する)

(1) 動画を再生する

- YouTubeは無料のオンライン動画ストリーミングサービスです。動画を再生したり投稿したりすることができます。

① ホーム画面で「アプリ」→「YouTube」

- 初めて起動した場合は利用規約画面が表示されます。リンク先の利用規約を確認し、「同意する」をタップするとYouTubeのホーム画面が表示されます。

② 再生したい動画をタップする

- 動画が再生されます。
- 画面をタップすると一時停止 / 再生開始の切り替えができます。一時停止中は が表示されます。
- 画面をダブルタップまたはFOMA端末を横画面にすると、再生画面を拡大できます。拡大時には以下のアイコンが表示されます。
- ：左右にドラッグして巻き戻し / 早送りができます。
- (グレー) / (白)：タップして高画質(HQ)再生のオン / オフを設定できます。

### (2) 動画を投稿する

- FOMA端末から自分で撮影した動画を投稿できます。
- YouTubeに動画を投稿するには、GoogleアカウントまたはYouTubeアカウントでYouTubeにログインする必要があります。

① YouTubeのホーム画面で →「アップロード」

※ 動画を撮影する場合

YouTubeのホーム画面で →動画を撮影 →「保存」をタップし、操作３へ進みます。

② ギャラリーで投稿する動画をタップする

- アップロードの詳細画面が表示されます。

※ YouTubeにログインしていない場合

表示されたログイン画面でユーザー名とパスワードを入力 →「ログイン」をタップします。

③ 必要な項目を入力・設定 →「アップロード」

- 動画がアップロードされます。

## 6) 接続機能(Blootooth機能を利用する)

### (1) Bluetooth機能を有効にしてFOMA端末を検出可能にする

① ホーム画面で →「設定」→「無線とネットワーク」→「Bluetooth設定」

② 「Bluetooth」にチェックを付ける

③ 「デバイスの公開」にチェックを付ける

- FOMA端末が別のBluetoothデバイスから約120秒間検出可能になります。

※ FOMA端末に名前を付ける場合

「デバイス名称」をタップして名前を入力し、「OK」をタップします。

※ Bluetooth機能を使用しないときは、電池の減りを防ぐため、Bluetooth機能を無効にしてください。

- Bluetooth機能の有効/無効設定は、電源を切っても変更されません。

### (2) Bluetooth機能でデータを送受信する

- あらかじめ本FOMA端末のBluetooth機能を有効にし、検出可能にしてください。

① データを送信する

- 連絡先(VCF形式の名刺データ)、予定表、仕事などのデータや静止画、動画などのファイルを、他のBluetoothデバイス(パソコンなど)に送信できます。

- 送信は各アプリケーションの「共有」/「送信」などのメニューから行ってください。

② データを受信する

- Bluetooth認証要求の画面が表示されたら「承認」
- ステータスバーにが表示され、データの送信が開始されます。
- 設定 / 通知パネルで受信状態を確認できます。受信が完了したら「Bluetooth共有：受信履歴」をタップすると受信したデータを表示 / 再生できます。

## 7) 接続機能(Wi−Fiを利用する)

- 本FOMA端末のWi-Fi機能を利用して、自宅や社内ネットワークの無線アクセスポイントに接続できます。また、公衆無線LANサービスのアクセスポイントに接続して、メールやインターネットを利用できます。

### (1) Wi−Fiを有効にしてネットワークに接続する

① ホーム画面で →「設定」→「無線とネットワーク」→「Wi-Fi設定」

- Wi-Fi設定画面が表示されます。

②「Wi-Fi」にチェックを付ける

- 利用可能なWi-Fiネットワークのスキャンが自動的に開始され、一覧表示されます。

③ 接続したいWi-Fiネットワークをタップする

- セキュリティで保護されているネットワークに接続する場合は、パスワード(セキュリティキー)を入力し、「接続」をタップします。

④ WiFiネットワークの接続を解除する

- Wi-Fi設定画面で接続中のWi-Fiネットワークをタップ →「切断」

※ WPS PINで接続する場合

が表示されているネットワークは、WPS(Wi-Fi Protected Setup)を利用して接続できます。「WPS PIN」をタップした後、アクセスポイント機器側でPINコードを入力します。

※ WPSボタン方式で接続するには

① Wi-Fi設定で「WPSボタン接続」

② アクセスポイント機器側で、２分以内にWPSボタンを押す

## 8) 便利な機能(ThinkFree Office)

- FOMA端末でOffice文書を表示 / 編集したり、新規に作成したりできます。ThinkFree Onlineのアカウントをお持ちの場合は、ドキュメントをオンライン上で管理できます。
- パスワード付のファイルは利用できない場合があります。
- 対応している種類とバージョンは以下のとおりです。(埋め込みされたデータなど、一部の機能はサポートされない場合があります。)

| 種類 | バージョン / 拡張子 |
| --- | --- |
| Microsoft Word | Word97、2000、2003、2007、2010 / txt、doc、docx |
| Microsoft Excel | Excel97、2000、2003、2007、2010 / xls、xlsx |
| Microsoft PowerPoint | PowerPoint97、2000、2003、2007、2010 / ppt、pptx |
| Adobe Acrobat | Acrobat 1.0~9.0 (PDFバージョン 1.0~1.7) |

① ホーム画面で「アプリ」→「ThinkFree Office」
- 初めて起動したときは使用許諾契約書が表示されるので、「同意する」をタップします。

② 「今すぐ利用開始」→「閉じる」
- ThinkFree Officeの「ホーム」タブ画面が表示されます。

③ 「ホーム」タブ画面で「マイ文書」タブ → [≡] →「新規」→ 文書の種類をタップする

④ 作成するファイル名を入力→「OK」

⑤ 文書を入力する

※ キーボードを表示するには、以下の方法で操作します。
- 「文書」の場合は をタップします。
- 「スプレッドシート」の場合は、画面上部の入力欄をタップします。
- 「プレゼンテーション」の場合は、文字の入力欄を選択してからロングタッチ→「テキストの編集」をタップします。
- 画像やイラストの添付、文字の設定などの操作を行うには、画面下部のアイコンで機能を選択します。

⑥ 文字を保存するには をタップする

## 9) 各種設定

- 画面の明るさや表示方法、着信音、通信などさまざまな設定を行うことができます。

① ホーム画面で[メニュー]→「設定」

② メニュー項目を選択して設定を行う

設定メニューからは次のような設定ができます。

- 無線とネットワーク：機内モード、Wi-Fi設定、Bluetooth設定、USB設定、VPN設定、モバイルネットワーク、サーバーと同期
- 通話設定：ネットワークサービス、着信拒否、応答設定、プレフィクスダイヤル、着信拒否時にSMS送信、通話時の状態通知音、発信時バイブ、通話中イベント通知、追加サービス
- サウンド設定：マナーモード、バイブ、音量、通話着信音、通知着信音、タッチ操作音、選択時の操作音、スクリーンロック音、タッチ操作バイブ、バイブの強さ、GPS通知
- 画面設定：壁紙、フォントスタイル、明るさ、スクリーンの自動回転、アニメーション表示、バックライト消灯、省エネモード、画面回転調整
- 位置情報とセキュリティ：ワイヤレスネットワーク、GPS機能、位置情報履歴、センサー補助、スクリーンロック設定、軌跡を線で表示、入力時バイブレーション、SIMカードロック設定、モバイルトラッカー、モバイルトラッカー設定、パスワード表示、デバイス管理機能の選択、安全な認証情報を使用、証明書のインストール、パスワード設定、ストレージを消去
- アプリケーション：提供元不明のアプリ、アプリケーション管理、メモリ使用、バッテリー使用量、開発、Samsung Apps
- アカウントと同期の設定：同期設定、アカウント管理
- プライバシー：データのバックアップ、自動復元、システムメモリを初期化
- SDカードと内蔵メモリ：合計容量、空き容量、外部SDカードのマウント解除、外部SDカードの取り付け、外部SDカードの初期化、ユーザーメモリを初期化
- 言語と文字入力：言語・地域選択、入力方法を選択、Swype(日本語不可)、Samsung keypad(日本語不可)
- 音声入出力：音声認識設定、音声合成設定
- ユーザー補助：ユーザー補助、電源キーで通話終了
- 日付と時刻：自動、日付設定、タイムゾーン選択、時刻設定、24時間形式を使用、日付表示形式
- 端末情報：ソフトウェア更新、ステータス、バッテリー使用量、ライセンス設定、Google利用規約、システムガイド

## 4. 注意事項

SC-02Bをご利用にあたっての注意事項

- 本FOMA端末は、iモードのサイト(番組)への接続や Iアプリなどには対応しておりません。
- 本FOMA端末は、データの同期や最新のソフトウェアバージョンをチェックするための通信、サーバとの接続を維持するための通信など一部自動的に通信を行う仕様となっています。また、アプリケーションのダウンロードや動画の視聴などデータ量の大きい通信を行うと、パケット通信料が高額になりますので、パケット定額サービスのご利用を強くおすすめします。
- 公共モード(ドライブモード)には対応しておりません。
- 本FOMA端末は、オペレーティングシステム(OS)のバージョンアップにより機能が追加されたり、操作方法が変更になったりすることがあります。機能の追加や操作方法の変更などに関する最新情報は、ドコモのホームページでご確認ください。
- OSをバージョンアップすると、古いバージョンのOSで使用していたアプリケーションが使えなくなる場合や意図しない不具合が発生する場合があります。
- 万が一紛失した場合は、Googleトーク、Gmail、AndroidマーケットなどのGoogleサービスやFacebook、Twetter、mixiを他の人に利用されないように、パソコンより各種サービスアカウントのパスワードを変更してください。
- spモード、moperaUおよびビジネスmoperaインターネット以外のプロバイダはサポートしません。

## 5. 重要語彙

① FOMA充電microUSB変換アダプタSCO1 : 갤럭시S와 컴퓨터를 연결해주는 USB케이블

② ストラップ : 휴대폰줄. strap

③ ロングタッチ : 길게 누름. long touch

④ FOMA : 제3세대 이동통신시스템. Freedom Of Mobile multimedia Access의 약자

⑤ マナーモード : 휴대전화의 작동 모드 중 하나로 일반적으로 착신음을 소거하고 바이브레이터에 의해 진동하도록 하는 작동 모드. manner mode

⑥ UIMカード : 제2세대 이동통신시스템에서 사용되는 SIM카드를 기초로 확장된 제3세대 이동통신시스템 중 W-CDMA 방식용으로 사용되는 IC카드. 전화번호 등 개인정보가 UIM 카드에 저장되며 휴대전화를 교체하더라도 이 카드를 교환하면 계속 사용할 수 있음. User Identity Module Card의 약자

⑦ Bluetooth : 휴대정보기기 등에서 수 미터정도의 기기간 접속에 사용되는 단거리무선통신기술 중 하나

⑧ SMS : 휴대전화끼리 짧은 문자 메시지를 송수신 할 수 있는 서비스. Short Message Service의 약자

⑨ Picasa : Google이 제공하는 화상(画像) 관리 소프트웨어

⑩ 3Gネットワーク : 제3세대 휴대전화의 통신네트워크. 일본에는 NTTdokomo의 FOMA, au의 CDMA1X, 소프트뱅크의 SoftBank3G 등 세 가지의 네트워크가 운용되고 있음

⑪ HSDPA : NTTdokomo 등이 채택하고 있는 제3세대 휴대전화방식인 W-CDMA의 데이터통신을 고속화한 규격. HSDPA는 기지국에서 단말기로 보내는 패킷 통신속도를 향상시킨 기술로 종래의 5배 이상의 통신속도를 실현시킴. High Speed Downlink Packet Access의 약자

⑫ GPRS : GSM(제2세대 휴대전화 규격)방식의 휴대전화망을 사용한 데이터 전송 기술. General Packet Radio Service의 약자

⑬ EDGE : GSM방식, TDMA방식의 휴대전화망을 사용한 데이터 전송 기술의 하나. GPRS의 후속 기술에 해당함. Enhanced Data GSM Environment의 약자

⑭ 110番 / 119番 / 118番 : 일본의 긴급통보용 전화번호. 범죄 및 재해 발생 등 긴급을 요하는 경우 해당 지역의 긴급대응기관(경찰, 소방서)에 통보하기 위한 번호. 범죄발생(110), 구급(119), 소방(119), 해상사고 및 사건(118)

⑮ 測光 : 피사체의 밝기를 측정하여 자동으로 노출을 결정하는 것

⑯ ツーショット写真 : 프레임 안에 두 사람만 찍히는 사진

⑰ ポートレイト撮影 : 인물 촬영. portrait

⑱ ビンテージ撮影 : 빈티지 효과 촬영. 빛바랜 사진과 같은 효과. vintage

⑲ サムネイル表示 : 한 장의 사진을 전체 화면에 표시하는 것이 아니라 여러 장의 사진을 작은 이미지로 바꾸어 목록형으로 표시. thumbnail

⑳ パケット通信 : 컴퓨터 통신에서 전체 데이터를 작은 단위로 분할하여 하나씩 송수신 하는 통신방식. 분할된 데이터를 패킷이라고 하며, 연속성이 필요한 음성통화와는 달리 단속적으로 송수신이 가능하므로 요금 산정방식도 음성통화와 다르다. packet communication

㉑ プロバイダ : 인터넷 서비스 제공자. Internet Service Provider(ISP).

㉒ Google Latitude : Google에서 제공하는 위치정보 서비스. 사용자간 상호 동의를 얻어 상대방의 현재 위치를 공유 가능

㉓ ストリーミング : 주로 음성이나 동영상 등의 멀티미디어 파일을 전송하거나 재생하는 방식 중 하나. 음성이나 영상의 다운로드가 완료된 후 재생하는 것이 일반적이나 다운로드와 재생을 동시에 함으로써 사용자의 대기 시간을 단축 가능. streaming

㉔ VCF形式 : 아웃룩에서 사용하는 연락처 파일. vCard파일이라는 뜻으로 확장자 .vcf

㉕ WPS : 무선랜 기기의 접속이나 보안에 관한 설정을 간편하게 해주는 기능으로 기존의 간편 설정 방식은 제조회사마다 달랐으나 2007년 이후 업계 표준규격인 WPS 방식이 사용됨. Wi-Fi Protected Setup의 약자. 설정 방식으로는 푸시버튼 방식과 PIN(Personal Identification Number)방식이 있다.

㉖ ThinkFree Office : 우리나라의 Hancom의 자회사인 ThinkFree에서 만든 오피스제품.

㉗ 埋め込み : 워드프로세서 등에서 문서에 문자나 도형 등을 삽입하는 것. 또는 문서를 작성한 컴퓨터에는 인스톨 되어 있으나 열람하고자 하는 컴퓨터에는 인스톨 되어 있지 않은 서식을 열람하기 위한 프로세스. 읽기전용

㉘ VPN : 공중회선을 전용회선처럼 이용할 수 있는 서비스. 즉 인터넷 상에 존재하는 서로 떨어진 두 개 이상의 네트워크 거점을 가상의 전용회선으로 연결하는 것. Virtual Private Nework의 약자

㉙ プレフィクスダイヤル : 국제전화 또는 비통지설정 등을 위하여 전화를 걸 때 맨 앞에 붙이는 지정번호. prefix dial

㉚ バイブ : 진동 기능. viberation의 약자

㉛ アカウント : 사용자가 특정 네트워크 또는 컴퓨터의 자원을 이용할 수 있는 권리나 또는 이용할 때 필요한 ID. account

㉜ タイムゾーン : 표준 시간대. 국가 또는 지역이 공통으로 사용하는 시간. time zone

㉝ ステータス : 시스템의 현재 상태. status

㉞ spモード : NTTdokomo의 스마트폰용 인터넷 접속 서비스. 2010년 9월부터 서비스 개시. spモード가 등장하기 이전에는 NTTdokomo에서 스마트폰을 이용하기 위해서는 moperaU 계약이 필요

㉟ moperaU : NTTdokomo가 운영하고 있는 ISP. sp모드에서 채택하고 있는 한정접속형 ISP와는 달리 모바일통신에 특화되어 있으면서도 일반적인 ISP로 운영됨

㊱ セキュリティ : 컴퓨터 보안. 컴퓨터시스템을 재해, 오용, 부정 이용으로부터 막는 것. security

㊲ Googleマップナビ : Google이 제공하는 음성안내 기능이 장착된 인터넷 접속형 GPS 내비게이션 시스템

㊳ アクセスポイント : 컴퓨터 통신서비스 회사나 ISP가 이용자의 모뎀이나 터미널어댑터로부터 전화회선 또는 ISDN회선을 매개로 한 접속요청을 받아들여 컴퓨터 통신 및 인터넷 접속을 할 수 있도록 하는 시설 또는 장치. 무선랜에서는 단말기에 접속하기 위한 주파를 중계하는 기기를 말함. Access Point(AP)

㊴ ブックマーク : 즐겨찾기. book mark

㊵ タスクマネージャ : 태스크 매니저. 윈도우의 기능 중 하나. 현재 컴퓨터에서 실행되고 있는 프로그램과 프로세스를 감시, 관리하는 프로그램이며 태스크 매니저에 표시 됨. task manager

**공저자 약력**

김성경
유한대학 산업일본어과 교수
동덕여자대학 문학박사

황규대
유한대학 산업일본어과 교수
와세다대학 공학박사

김항율
유한대학 산업일본어과 산학협력조교수
홋카이도대학 문학박사

전자제품 매뉴얼로 배우는

# 일본어 실무 번역

초　판 1쇄 발행 / 2010년 2월 10일
개정판 1쇄 발행 / 2012년 3월　2일

공저　김성경 · 황규대 · 김항율
발행처　형설출판사
서울 종로구 통의동 7-33 · 전화 (02) 738-6052～4 · 팩시밀리 (02) 736-7134
대구광역시 북구 노원 3가 303-1 · 전화 (053) 425-2811～4 · 팩시밀리 (053) 425-7315
발행인　장지익
등록　라-제9호 · 1962년 5월 1일
홈페이지　http://www.hyungseul.co.kr
e-mail　hs@hyungseul.co.kr

정가 18,000원

ISBN 978-89-472-7230-8 93560